Michael Baigent

古代メソポタミア占星術

前兆の科学と天空の知識

マイケル・ベイジェント 著
倉本和朋 訳

Astrology in Ancient Mesopotamia

太玄社

古代メソポタミア占星術

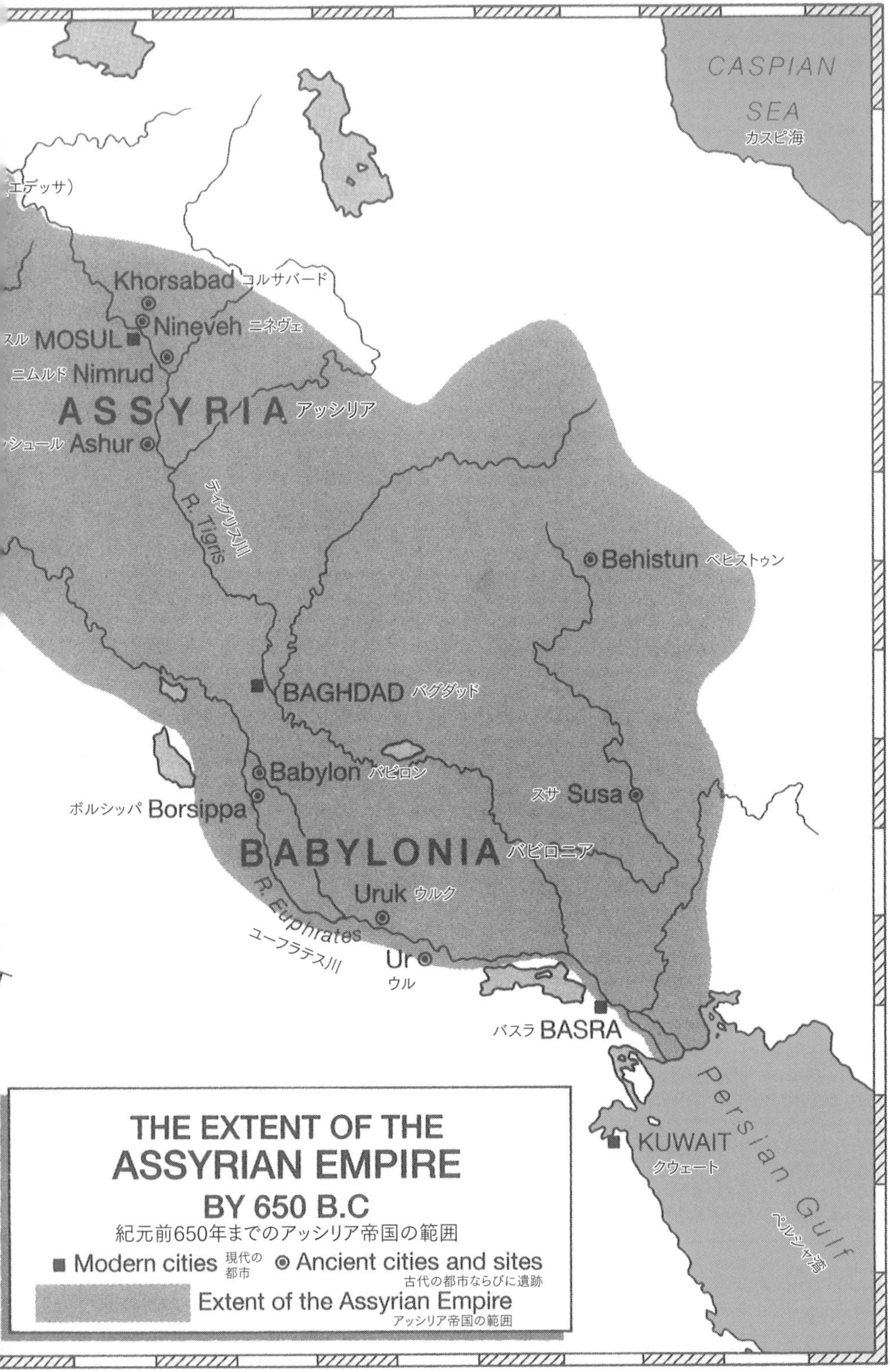

THE EXTENT OF THE ASSYRIAN EMPIRE BY 650 B.C
紀元前650年までのアッシリア帝国の範囲

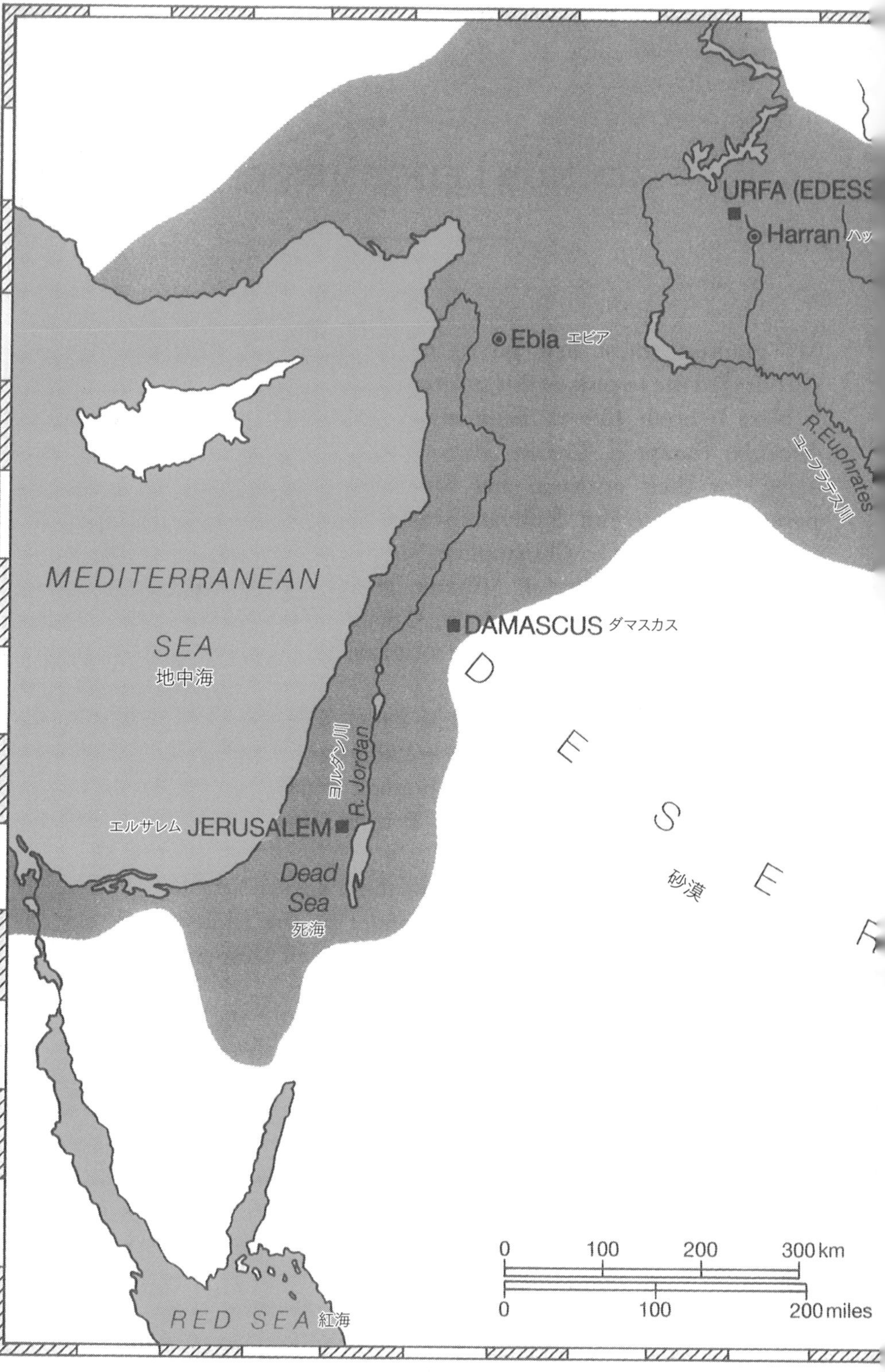
URFA (EDESS
Harran ハッ
Ebla エビア
R. Euphrates
ユーフラテス川
MEDITERRANEAN
SEA
地中海
DAMASCUS ダマスカス
D
E
S
E
R
砂漠
R. Jordan
ヨルダン川
エルサレム JERUSALEM
Dead
Sea
死海
0 100 200 300 km
0 100 200 miles
RED SEA 紅海

目次

第三部　余波

謝辞

まず、私の研究を後押しし続けてくれた妻、ジェーンに感謝の言葉を捧げなければならないでしょう。次に、同僚のダイアン・ビニングトン、ニコラス・キャンピオン、チャールズ・ハーヴェイ、そしてリチャード・レイ。彼らのアイディア、批評、そしてサポートにお礼を言いたいです。またエリン・サリヴァンには、本書が世に出るのにふさわしい場所を見つけてもらったという特別な借りがあります。

私の理解が十分ではなかった範囲に光明をもたらす助言、情報を惜しみなく教えてくれた、大英博物館西アジア部のクリストファー・ウォーカー博士、インディアナ州ノートルダム大学のフランチェスカ・ロックバーグ＝ハルトン博士にもお礼を述べなくてはならないでしょう。

ドイツ語からの翻訳をしてくれたサビヌ・バウフ、私の窮屈な文体、句読点の打ち方を、読者にとってより読みやすいであろう形にやわらげてくれた、カロリン・ウィンジェントにもお礼を言いたいです。最後になりますが、ブルームズベリにある、大英博物館読書室の有能なスタッフのみなさんから受けた恩は、もちろんとてもありがたく思っています。

しかし、何をおいても、メソポタミアの寺院のむこう、はるか遠くまで続いていた、果てしのない星空を夜のあいだじゅう驚きつつ見つめ、それらに魅了されてもきた古代の占星術師たちのおかげなのです。

導入

人間社会での出来事にかかわる占星術をマンディーン占星術といいます。マンディーン占星術が扱う範囲は王国、国民国家ならびにそれらの統治者などです。マンディーン占星術は現代の私たちにとってよりなじみのある占星術である、ネイタル（出生）占星術とは区別されます。ある特定の個人を象徴・表現した出生図に基礎を置いているネイタル占星術は個人の人生、才能、そしてその人物を心理的に動機づけている力をより理解することに重きを置いているのに対し、マンディーン占星術は「国家」のなかに集まった集団を動機づけている力を理解することにより重きを置いているのです。

私たちが知っている最も初期の占星術はここ1世紀半のあいだにメソポタミアで発掘された古代の粘土板に刻まれているものです。それら粘土板に記された現存するテキストから判断するかぎり、ここでの占星術はほとんどマンディーン占星術のみのようです。なるほどたしかに、歴史上の記録として残っている個人の出生図は、マンディーン占星術の中でも最初にまとめられたとされている記録である、紀元前2千年紀前半でのバビロニア王アンミサドゥカの頃から1200年も後のものなのです。

本書の目的として最初に掲げるものとしてはふたつあります。ひとつはバビロニア、アッシリアの各王国で行われていた占星術を探究すること。ふたつめは現代で行われている占星術の実践が、これら古代占星術での解釈ならびに解釈のための技術を受け継いでいるとすれば、それらをどの程度受け継いでいるかを調査することです。

しかしながら、これらふたつを調査する過程で、3つめの目的である初期バビロニアの宇宙論を思索するという、重要で宗教的かつ魔術的な側面にかかわってゆくでしょう。この側面はアリストテレス哲学、キリスト教、イスラム教という、西洋世界を席巻した3つの勢力のさなかを生き延び、ここ最近の千年紀でのヨーロッパ文化の最も大きな変化である、ルネサンスで重要な役割を果たしたものなのです。バビロニア魔術の末えいが、ルネサンス時代を印象づけた芸術的開花の手助け役を務めることとなった経緯についてもお話しすることになるでしょう。

占星術の象徴性は神話に依拠しており、よって本書ではギリシャあるいはローマの神話と異なり一貫性を欠いている、メソポタミア神話の複雑で込み入った領域を探究してゆきます。神話は国家のよき伴侶の役割を務めるので、国家が変わると神話も変わります。ゆえに、古代メソポタミア神話は継続的に変化の状態にあり、神殿などにつき容易に描写して説明を簡単に終わらせる、などということはあり得ないのです。しかしながら、しかと答えるのは不可能であるにもかかわらず、この研究には立ち向かわざるを得ません。というのは、このような国家の神話は魔術ならびに占星術なしではあり得ないからであり、その国家に住む人々の心理的な次元でのリアリティを反映するものでもあるからです。

占星術は真剣に捉えられるべきものです。それは歴史にあらわれる国家の住人を探究する上で重要なものです。しかし占星術を学ぶことが有益であり、それにより過去の知的伝統を明らかにしてゆく洞察力が得られることが自明であるにもかかわらず、占星術の研究を考慮に入れようとする歴史家はほとんどいないのです。この領域を調査するために時間を割いた数少ない人物の一人であるシカゴ大学東洋研究所のレオ・オッペンハイム教授は、メソポタミア文化を理解する上での占星術の重要性を繰り返し強調していました。

しかし、彼のように洞察力を備えた人物が存在するのにもかかわらず、多くの学者たちがいまだに「迷信」「創造性豊かだが愚かな言動」などの言葉で占星術を簡単に片付け終わらせてしまい、意識的にかあるいは無意識に、歴史上にあらわれたこういった占星術にまつわる負の評判を引っぱり出してくるのです。占星術に敵対する態度を取ってきた典型的な人物として考古学者のゲオルゲス・ルゥがいます。彼は占星術を除く他の点に関しては古代中東の趣きに対し鋭い感受性を有しているにもかかわらず、「メソポタミアでの運命にまつわる信仰で最も不愉快なものである占星術は、のちに西洋宗教界に浸透し宗教を堕落させた」※1と書いたのです。この文章での彼は、古代の祭司達に対しほぼ個人的な次元で自身の憤慨を表明しているかのようです。

よくあることなのですが、歴史家は今日の私たちから見てなじみのない、古代人の生活の多くの側面を広く網羅する人物であっても、占星術に対しては一身上の態度として明らかな侮蔑を示すのです。その例として、古代バビロニアのすばらしい研究者であるH・W・F・サッグス教授が挙げられます。彼の著書は多くの要素を広く網羅しており、古代バビロニアに関する研究のテキストは504ページにわたります。しかし、占星術に関する内容はそのうちのわずか3ページしかなく、その一方で特別研究員の歴史家で古代バビロニアについての図書の著者でもあるジョアン・オーツの主張にこたえた件りでは、占いがバビロニアの最も基本的なことのひとつであったのみならず、前兆が書かれたテキストは現存する古代メソポタミア文献の中で最も多い、とも書いているのです。何かがおかしいのは明らかです。

サッグスがなぜこうした態度をとるか、その理由の一部は彼が公にした自身の偏見からわかります。彼は占星術を「日刊紙、女性誌の紙（誌）面をどれだけ占めているかで判断するような類いの愚かなもので、残念ながら私達の文明から撲滅しようにもそれにはいまだに道は程遠い」※2としていますが、占星術を撲滅するべきか否かはともかく、彼が占星術を嫌っているのは彼が女性誌を嫌っているからでは、との思いを抱く人もなかにはいるのではないでしょうか。

占星術という分野に取り組み、またそれを教え尊敬も集めている学者たちの一部に対するこうした個人的な敵意により、他の専門家たちにも多大な障害が出ています。占星術の粘土板の多くがその価値を実際よりも低く見られ翻訳・出版の機会を失い、その結果、占星術にまつわるあらゆる学びが制限を余儀なくされました。というのは学ぶために利用可能な情報源となる資料が、本来あるべき分量のほんの一部しかもたらされないからです。幸運にもここ数十年間は、古代アッシリア学者の一部にこの状況を修正しようとの本格的な試みが見受けられます。

このような制限があるにもかかわらず、ドイツのエルンスト・ウェイドナー教授、イングランドのレジナルド・キャンプベル＝トンプソン、フランスのエマニュエル・ラロシュ、大英博物館のクリストファー・ウォーカー博士、フィンランドのシマ・パーポラ教授、そしてシカゴ大学東洋研究所のハーマン・ハンガーとエリカ・レイナーといった熟練者たちにより英語、フランス語、ドイツ語に翻訳された粘土板を活用し、この分野を理解しようとの試みもなされようとしています。レオ・オッペンハイムのもとで学んだエリカ・レイナーは、エルンスト・ウェイドナーが１９３０年代に最初に着手した、占星術の双書『エヌマ・アヌ・エンリル』の翻訳という重要な仕事を継続しています。この双書に関する最近の仕事は、エリカ・レイナーの生徒であったフランチェスカ・ロックバーグ＝ハルトンによるもので、『エヌマ・アヌ・エンリル』に書かれた、バビロニアの月がもたらす前兆にまつわる彼女の学術博士論文は増補版として出版されました。

数世紀にわたり占星術がどのように発展したかをより完全に理解することは、歴史家のみならず古代メソポタミア人の知的能力、知的表現の成長ぶりを理解するという、より幅広い仕事にかかわる人々にとっても有益です。これについての最上の言葉として、パーポラ教授が占星術と他の占いにかかわる大規模な研究報告を翻訳した文章の導入部で述べた一文、「現代科学のルーツは古代メソポタミアに大いに探し求められるべきである、という事実を考えるに、古代の［占い師からの手紙をまとめた集成資料の］科学史的観点からみた価値は、私たちがあらためて強調する必要のないものです」※3を挙げておきます。

古代メソポタミアの碑文、遺跡のいくつかは18世紀にヨーロッパの探検家によってざっと調査されましたが、正真正銘の発見が行われた時期は、勇敢さ、なし遂げる執念、知的スキルの三つを併せ持った冒険家たちが人里離れた砂丘のなかに埋もれた宝を白日の下に明らかにし始めた、19世紀なかばから後半です。これら才能のあるアマチュア冒険家たちは発掘ならびに発掘物の保存のための手本、先例を有していませんでした。彼らが過ちを犯し、価値のある遺跡などを知らず知らずのうちに台無しにしてしまったのは避けようがなかったことでした。

それにもかかわらず、これらアマチュア冒険家たちは自身の興奮と熱意とを通じ、考古学の研究過程をますます好奇心を募らせる国民の注目のもとにもたらしました。それら国民の中にはさらなる発掘を求め、アマチュア冒険家たちにとってはわずかなものであっても一助とはなった資金を調達した人々もいます。このような勇気づけ、達成の意欲から、大いなる発掘の時代は生まれたのです。

第一部 ◆ 発見

1　アマチュア考古学者たち

ティグリス、ユーフラテス両河川のぬかるんだ水域にまたがるイラクの砂漠の下に、古代都市、寺院、宮殿の四散した遺物が埋もれています。平原を見渡し、砂漠と空とが出会う遠くの水平線に対し平伏した観測者からすれば、これら遺跡は数千年の風化を受けた巨大砂丘のような不毛な景色の上に現れ、風雨にさらされたとてつもなく大きい土砂の塚へと姿を変えたものとして映るでしょう。

時折見分けがつく、過去の断片のみが存続しています。つまり、あたかも風で引き裂かれた骨のように立っている崩れゆく建物、泥を焼いて作ったその建物のレンガは年々薄片のようにこぼれ落ち、周囲の砂の上に落ちてゆきます。後世の人々が望んだ他の残りの部分、考古学者たちが細心の注意をもって取り戻した低層階の部分は、それらが元々有していたであろう力と威厳のある外観を回復しました。

メソポタミアの遺跡はいくつかの例外を除き、どんなに熱意をもって提示されたとしても、エジプトあるいはメキシコのような他の多くの古代文化の遺跡ほどは印象的に映らないでしょう。むしろそれらは誇り高き古代人がよみがえり実際に見たとしたら、年々ゆっくりと地球の大地へと戻ってゆく、さびれ果てた悲しい記念碑のように映るでしょう。これら偉大な都市の消滅は古代の支配者の彫像が放つ純粋な尊大さと劇的な対比をなしており、その彫像たちは現代の博物館の陳列室を盲目的に見つめて立ち、不毛の土地と壊れたレンガの王であったことを忘れられています。

これら巨大な構造物がむしばまれてゆく主な理由は、それらが継続的にメンテナンスを行わなければその土地特有の極端な天候下ですぐにだめになってしまう、とても腐敗しやすい泥レンガでできているということです。しかし、建材固有の制約にかかわらず、この地域に住んでいた古代の人々はどこから見ても劇的で荘厳な建築物をしばしば建てました。寺院塔であるジッグラトのいくつかは現代高層ビルの高さに匹敵します。古代都市ウルにある寺院は高さ300フィート、高層ビルの30階以上の高さで摩天楼並みですが泥レンガ製なのです。羊や山羊を飼いならし、乾燥した平原を移動していた古代の砂漠の遊牧民たちからすれば、遠くに見えるこれら巨大な塔は神々の家、あるいは旧約聖書の預言者たちが決して飽きることなく表明したような地上のすべての悪が集う場所、神々と競った人々の家といった、力ある者が集う中心地のように映ったに違いありません。

今日のこの地ではもちろん偉大な王朝よりも砂漠の方が優勢ですが、古代文化の面影は驚くべき不屈ぶりとともに今も生き残っています。たとえば私たちの時間分割法、これも古代民族の人々のやり方から来たものです。私たちは自問します、なぜ私たちは時間・分を60に分けたのでしょう？　それはあらゆる数学的・天文学的必要性からではありません。単に古代メソポタミアの人々がそうしていたから、というのが答えであり、そして数千年間、私たちは変える理由がなかったであろうこの習慣をそのまま続けてきたのです。

しかし、ティグリス、ユーフラテス両河川に挟まれた土地の過去から私たちを引き離した数千年のはるか彼方の年月ならびに距離から私たちにやって来たものはもっとあるのです。それらはたとえば、私たちの子供たちが聞かされるアブラハムとサラー、アイザックとレベッカの物語、7年間ただ働きをし自身にふさわしくない女性と結婚した男の物語、狩人であり王でもあり、同時に輝く剣とよく磨かれた鎧を持つ戦士でもあるニムロドの物語、砂漠の平原の都市バビロンとウルの寺院に住んでいた占者の物語などです。

西洋の宗教の象徴性もまた、古代メソポタミアから私たちにもたらされたものの多くを明らかにします。「ギリシャ」あるいは「テンプル騎士団」の十字である横木と軸木とが同じ長さで構成された十字の象徴は、太陽神であるシャマシュの象徴としてかつてはありふれたものでした。後に見てゆきますが、この十字はむしろバビロニアの神であり現在の水星であるナブを象徴しているのかもしれません。古代の王たちの彫像を見ると、彼らがこの形状の十字をあたかも私たちが現代騎士道の飾りをまとうように、自身の首のまわりにまとっているのを見ることができます。

旧約聖書に描かれているような西洋の神話もまた、メソポタミアの砂にまみれた平地と都市に深く留められた根源、結びつきを有しています。創世物語ならびに大洪水の記録は考古学者たちにより発見された初期の文献に保存されているのが見いだせます。これらは私たちが神聖視している文献のあまりにも多くを形作った、空想的に描写され事実が曲げられた歴史であるヘブライの書記たちが書いた記録よりも千年紀あるいはそれ以上前にあったものなのです。

今日この地域を旅する人々は、かつてそこにすばらしい都市の数々が存在していたとは信じがたいと思うかもしれません。たとえばニップルという都市があった場所は、砂漠に漂っているというより、広大なアラビア砂漠の中でも一層人里離れた土地を求めているかのようです。とはいえ、これらの土地がかつては村、町、都市にある数千の共同体の暮らしを支えるのに十分な食糧や原材料を産出する、とても肥沃で住む人々に大事にされていた土地であったことも明らかとなっているのです。それら村、町、都市にある遺跡は今もメソポタミア中に散在していますが、考古学者は「遺丘」と呼ばれる町中の塚の存在を6千以上記録し、この地域に住んでいた人の数を数百万と見積りました。それらのうち、わずかな分のみ調査がなされたこれら遺跡は、未来の世代の掘削者がやってくるのを待ち望んでいる多くの宝が埋まっている証拠となっている場所なのです。

アマチュア・愛好家の先駆的考古学者たちは、自身の健康のみならず生命の危険をも冒してまで、かつてペルシャ湾のオマーンから南トルコ、地中海岸からエジプトにまで勢力を伸ばしたシュメール、アッカド、バビロンといった地中に埋もれた王国を白日の下にさらし出してみせました。これら先駆者たちの中でも際立っている4人の人物はイギリス人のヘンリー・クレズウィック・ローリンソンとオースティン・ヘンリー・レヤード、フランス人で最初にアッシリアの彫刻を掘り出したことで名声を博したポール＝エミール・ボッタ、現地中東生まれのカルド・ホルムズド・ラッサムです。19世紀半ばから後半にかけ、彼ら4人がメソポタミア考古学の基盤を敷きました。

掘り下げが必要な学術研究を行う上で政治的基盤の地となったのは、19世紀のあいだは停滞し衰えつつあったオスマントルコ帝国の眠れる州都にすぎなかったバグダッドでした。バグダッドの地を基盤に働いた初期イギリスの外交官の代表者たちは、訪問しやすくなったこれら古代都市に対し、好事家ならではの気まぐれな興味をほんの少しながら示していました。考古学の分野で、イギリス人の熱望を刺激するような印象的な遺跡を掘り出すための組織立った仕事が始まったのは、後任の外交官代表者の代からでした。その後任の外交官はヘンリー・クレズウィック・ローリンソンで、アッシリアの言語、現在正確にはアッカド語と呼ばれる言語を最初に解読する定めであった人物です。ローリンソンは１８４３年にバグダッドのイギリス人駐在員（政府公認）として任命されましたが、この時の任命は巡り合わせによるものではありませんでした。実際ローリンソンは、より高給なインドでの職を辞退しバグダッドに赴任していたのです。彼はイラクとイランの境界で見いだした古代の碑銘を解読するという、自身の人生で既に支配的な位置を占めていたであろうプロジェクト、研究の継続を望んでいました。考古学にとってローリンソンがバグダッドにいることはきわめて重大でした。

１８２７年、若きローリンソンはインドでの軍事活動のためイギリスを旅立ちました。彼は学生時代にラテン語・ギリシャ語を学ぶことを通じ語学に魅了されていたので、インド滞在中もペルシャ語・アラビア語・ヒンドゥスタン語を学び、自身の興味を追求していました。陸軍将校として任務していた１８３３年、彼は情報部隊に加わるや否や、イラン国王向け代表団の一員としてペルシャに送られました。2年もしないうちに、彼はイラン国王の兄弟の軍事アドバイザーに任命されました。この職に就いて以降、彼はイランの南方の町であるケルマーンシャーに赴任しました。

ケルマーンシャーから東へ22マイルほど行った場所であるベヒストゥン山でローリンソンは、切り立った断崖の表面に刻まれた、読み解き難い莫大な碑銘を発見しました。この碑銘は古代帝国が示した威厳の空虚さを示す記念碑で、古代の3つの言語で彫られていましたが、それらはすべて当時は未知の言語であり、ゆえに読むことも翻訳も不可能でした。碑銘を彫ることを命じた古代の王の世界観からすれば、これらの言語は最も偉大なもので、系統の正しい、確固たる、全能の言語であったがゆえ彼は当時、これらが忘却の彼方に帰してしまう時がくるとは夢にも思わなかったでしょう。悲しいことに、その忘却に帰した時間は必然的に、彼の治世以降多くて千年にものぼりました。

ローリンソンはこの碑銘の原文の重要性を認識し、3つの言語すべての正確な筆写版を手に入れ解読を試みるために、この碑銘がある場所を1835年から定期的に訪れ始めました。

ずいぶん後になってから、ローリンソンはこの碑銘が紀元前5世紀のペルシャ王ダレイオス一世が命じ彫られたものと知りました。彼が雇った石工の人々は碑銘の文章を注意深く表面に彫り刻み、仕上げとして防水用の透明なニスを塗りました。碑銘は古代ペルシャ語、エラムト語、アッカド語の3ヶ国語で書かれていました。ロゼッタストーンがエジプトのヒエログリフ解読の鍵をもたらしたように、ベヒストゥンの碑銘もついには古代アッシリア語とバビロニア語の翻訳を可能にしました。これら3つの言語で用いられた筆写は、現在では楔形――ラテン語でcuneusあるいはウェッジ――と呼ばれる、魅力と同時に好奇心もそそる三角形が特徴のものでした。

碑銘の筆写は少なからぬ一身上の危険なしにはあり得ないものでした。古代の石工は、摩耗などにより外観を損なわないためでしょう、最後の仕上げとして碑銘の周囲の石の多くを切り刻み取っ払いました。その結果、3つの原文のうち容易に到達可能なのはペルシャ語で書かれた部分のみでした。ローリンソンは岩肌に高くよじ登り、碑銘の前に突き出た唯一の、とても小さな岩棚の上に立ち、楔形の線を苦心しつつ転写しました。

それはローリンソンからすれば、かなりの努力と勇気を伴う務めでした。彼の足場となる岩棚の幅はわずか18インチ、すなわち約45㎝で、頭上には夏の灼けつくような太陽、足元から下は地上まで400フィート、すなわち122mの険しい落差がありました。

恐れを知らぬ男であるとはいえ、ローリンソンはこの務めが、誰もが脳裏に浮かぶであろう「恐ろしい」という形容詞に比べれば幾分か控え目の表現として映るであろう、「かなりの危険」を伴うものだったと機関誌上で告白しています。さらに事態を悪化させたのは、梯子なしには容易に届きにくい原文の上部にどう至るかという問題でした。あいにく、上部の楔形文字部分に至るのに必須の長さを備えた梯子は、幅の狭い岩棚の上ではしっかり固定できないので、ローリンソンは岩棚の外側ぎりぎりの所に不安定ながらもバランスを取った上で短い梯子を置きそのてっぺんに立ち、片手を岩につきながらもう一方の手で原文を筆写するという驚くべき手段を余儀なくされました。彼は機関誌上に次のように書いています。「この姿勢で私は上部の碑銘のすべてを筆写し、私を満たす筆写への興味が、危険に怖気づく感覚を全て吹き飛ばしたのです」※1

このようにして、ローリンソンは1835年から1837年までベヒストゥン山を訪ね続け、筆写済みの原文を増やしてゆきました。この地での赴任を解除される日までに、彼はペルシャ語の部分の200行ほどを筆写することに成功しましたが、彼にとってペルシャの地を離れるということは、碑銘研究の再開にはこの地域になんとか再び戻ってくるまで多くの年月を待たねばならないということでした。再び戻ってくる機会は1842年、すなわち彼が軍隊を去りバグダッド駐在員としての雇用を得た際に訪れ、バグダッドの地を実際踏んだのは1843年12月でした。翌年の夏、ローリンソンは再びベヒストゥン山の岩棚に立っていました。この時、彼はどのような身の危険があろうとも、三つの言語の碑銘の筆写をすべて済ませる決意をしていました。

ローリンソンは再び狭い岩棚の上で、ペルシャ語の碑銘の筆写を完成させ修正することを始めました。不安定かつ危険なやり方で取られた彼のノートは今日、大英博物館で見ることができます。陳列品に添えられた短い説明文は、その過程で必然的に伴ったローリンソンの冷静沈着ぶりには触れていません。しかしながら、ローリンソンがエラムト語の部分に着手するに至った際、さらなる困難が待ち受けていました。というのは、碑銘の向こう側の部分のみにしか、作業を行う上でサポートとなる岩棚のような足場がなかったからです。しかもそこに至るには、切り立った絶壁を飛び越えなくてはなりませんでした。ここを飛び越え渡る、ローリンソンの最初の試みはほぼ致命的なものでした。彼は向こう側の岩棚に至るための梯子を買いましたが、その梯子は支えとなるふたつの長軸の長さが互いに異なる奇異なもので、普通には使いものにならないものでした。彼は長い方の軸をこちら側と向こう側、両方の岩棚の地面の上に置き、下に配置した短い方の軸の上を伝い行き来しようと試みました。

あいにく、この案はほぼ彼の死の原因となりかねないものでした。梯子は現地の商人たちが作ったものでしたが、ローリンソンが以前利用していたものと異なり、格《こ》すなわち横木が軸受けにしっかり固定されたものではありませんでした。実際、それら横木は釘付けも接合もなく単に組み込まれたもので、ローリンソンが絶壁の真ん中まで踏み出した際ばらばらになり、崖の岩肌をかすめ遥か地上の砂漠へ落下しました。ローリンソンの作業を地上から見上げていた彼の友達が見た恐ろしい光景は、ローリンソンが辛うじて残った軸の材木をとっさに掴んだ上必死にしがみつき、岩棚の安全な場所まで這い上がるというものでした。それはこの間一髪の危機脱出の経験によりそれまでの努力を手放すことなく、すべての原文の筆写を完了するまで鋭意継続したという、彼の一個人として有する勇敢さのあらわれです。彼は3番目すなわち最後の部分である、アッカド語の筆写に臨むこととなりました。

これまでのふたつの原文の筆写が困難なものに思えたのであれば、アッカド語の部分は不可能に見えたでしょう。それは最小限の支えとなるであろう空所や岩棚もない、切り立った岩肌の上にあるものでした。立会人全員から見ても、ローリンソンもついに降参したようでした。彼は助言を探し求めようと決めました。その地域には山の周囲で生活し、野生の山羊を狩猟する多数の部族民が住んでいました。彼らはごつごつした岩から岩へと遊び感覚で機敏に走りまわるのに慣れており、明らかに通行不可能と思われる坂なども思いのまま通り抜ける経験を積んでいました。ローリンソンは彼らに意見を求めましたが、彼らですら筆写するべき最後の部分を見、満場一致で無理だと述べました。

ローリンソンがアッカド語の原文をなんとか筆写するには3年の月日が必要でした。クルド人の少年が彼の成功の代理人となりました。１８４７年、イギリス人が興味をもって取り組んでいるのを耳にした彼は、ローリンソンのキャンプ地を訪れ、アッカド語原文の場所にたどり着くのを試してみると述べました。ローリンソンは彼の申し出を受け、成功した場合の報酬をさっそく提示しました。翌日ロープと杭を持ち少年は表面がなめらかな岩を20フィート程、指とつま先とでよじ登り絶壁の頂上に至りました。登りきるや否や、彼はロープと杭を用いブランコを作り、すべての碑銘の原文の凸凹を紙上に「写し取り」ました。

この時点で、ローリンソンはペルシャ語、エラムト語部分の解読に自信をより深めていました。彼はロンドンを拠点とする『王室アジア社会ジャーナル』という機関誌上に原文を翻訳付きで出版し始めていました。ペルシャ語の碑銘の最初の部分は１８４６年に公になり、最後の部分は１８４９年に出ました。その直後、クルド人の少年がアッカド語碑銘を複写し終えるとローリンソンは解読を試み、１８５１年より同誌上にその報告を出版しました。彼のこの報告には多くの誤りを含むことが今となってはわかっていますが、これにより研究への道が開けたという事実は今日も変わりありません。現在の私たちは、アッカド語を満足のゆく程度まで理解しつつ読むことができるのです。

少年により紙上に写し取られた重要な「銘拓」はどうなったかというと、大英博物館のアッシリア関連陳列室にある彫像の前に数年間保存されたそうなのですが、その多くはねずみの餌となってしまったようです。

これら古代に栄えた場所に興味を持っていたのは、執拗で風変わりなイギリス人だけではありませんでした。ローリンソンがいまだインドで働いていた１８４２年、フランス人のポール＝エミール・ボッタはフランス領事としてメソポタミア北部にある町、モースルに到着しました。彼は大変な好古趣味者だったので、その年の12月までモースルからティグリス川を横切る場所にあったクユンジクの大きな塚を研究していました。周長１マイル以上、高さ１００フィートのこの莫大な塚には明らかに重要な荒廃した場所が隠されているようでした。

今となっては知られていることですが、この塚はかつてアッシリアの首都であった古代都市ニネヴェの遺跡に覆われ、アッシュールバニパル王（在位：紀元前668年～紀元前627年）と彼の父エッサルハドゥン王（在位：紀元前680年～紀元前669年）の王宮もあった場所です。しかしながら、当初ボッタは熱意をもってこの塚の研究を追求していましたが、努力の甲斐なく価値のあるものは何も見いだせず、そもそもそこに宝があるなどと想像するに至りもしませんでした。ますます不満が募った彼はついに絶望し、1843年初め、奇妙な碑銘がある崩れていない多くのレンガならば、自身の住む村であるコルサバードで採れるとの北方の村人の忠告に従い行動しました。ボッタはクユンジクでの研究を辞め、その年の3月、情報提供者の村へと臨みました。

ボッタがまだ到着しないうちに、彼のもとで働く人々がレリーフと碑銘の遺跡で覆われた壁を見つけました。ボッタにはその時あまり時間がなかったのですが、現場に急ぎ向かい、それら発掘物の姿をすばやくスケッチしました。モースルに戻る途中、彼はフランスのその道の権威である人たちにスケッチの詳しい内容を記した最初の手紙を書きましたが、これらの手紙が大評判を巻き起こしました。ボッタは本当の意味でまったく未知の文明を発見したのです。その結果、フランス政府はボッタに現場発掘を継続してもらうべく、十分な資金をさっそく提供しました。

良心的かつ献身的なこれら初期の考古学者たちですが、今日の厳格な基準からすれば、彼らの努力はほとんど科学的ではないでしょう。実際、彼らの手法に対する批判として、彼らアマチュアたちがこの分野に首を突っ込んで来なかったら、考古学はより世の中の役に立っただろうという意見もあります。これら批判をする人々の反感は、考古学という科学が、メソポタミアでの初期の発掘のあいだに明らかとなった様々な問題点に対処できる程度の進歩を遂げた、４半世紀あるいはそれ以上の時間を何もせずに待っていた方が良かったというものです。

この類いの批判は物事を大げさにしているものであり、不当なものです。それは初期段階の誤りであり、より良くしたいという思いからのもので、これらがあって考古学という科学は成長したのです。とはいえ、これら批判が沸き起こった原因である苦悩は理解できるものでもあります。これら初期の研究者たちが、大いなる問題点に向き合っているとみずから認識しているにもかかわらず、見た目に明らかにした分以上に遺跡を破壊してしまったのは確かなのです。ボッタは特にこれら批判者に悩まされました。コルサバードの山のふもとに、アッシュールバニパル王の父エッサルハドゥン王の家である、アッシリアのドゥル・シャルキンドゥル宮殿がありました。この宮殿は２５００年あるいはそれ以上前に火災にあい、結果、発掘した彫刻やレリーフの多くが石灰化し、外気に触れるや否やたちまち粉々になりました。時間とともにめざましい彫刻が発見されましたが、自身が粉々にしてしまい、永久に失われた遺跡以上の分の筆写をボッタがすることはありませんでした。彼が発見したあらゆるもののほとんどは、このように破壊されました。

ボッタはまた病気、地元の地主との紛争、考古学者が埋もれた宝を探していると誤解した地域の長官による繰り返しの妨害などに絶えず直面しました。イスタンブールの帝国の権威からきわめて重大な勅令である「ファルマーン」を受けるまで、ボッタは長官からの圧力により発掘作業の停止を余儀なくされました。この勅令は官有地内で彼が希望する場所は、何の支障もなくどこでも採掘してよいとの公式許可でした。彼に許可が降り、１８４４年5月、ボッタは仕事を再開しました。彼の発掘作業は、自身が見いだした膨大な彫刻をまとめ、それらを積載した船がティグリス川を下りバスラ港に到着したその年の年末まで続きました。それら彫刻は１８４６年にフランス海軍船により母国に運ばれ、「失われた文明」から初めてヨーロッパにやってきた最初の物体として大評判を巻き起こし、ルーブル美術館の展示品として配されました。この分野のもう一方の競争者である大英博物館がこのような仕事をなし遂げるには翌年まで待たねばなりませんでした。

初めてモースルに到着してから間もなくの１８４２年夏、ボッタは（阿片のやりとりでなければ（訳注１－１））古代の遺物への情熱を領事である自身と分かち合った若きイギリス人旅行者の訪問を受け、彼を遺物のあるいくつかの場所へ案内しました。この旅行者であるオースティン・ヘンリー・レヤードはイスタンブールへと旅立ち、そこで彼はイギリス大使秘書を数年務めました。公務を果たしながら、レヤードは自身の考古学調査を始めるのに十分な関心と資金を増やしてゆこうとしました。彼は幸運にもボッタのお気に入りだったので、ボッタがコルサバードでの最初のめざましい発見に続き、フランス官公吏社会に彼の発掘をサポートしてくれるようお願いする公文書をもたらす際、イスタンブール経由でフランスに送られるこの公文書を読んでも差し支えない旨を伝えられました。当然のことながら、ボッタの発見の報告を読んだレヤードは、自身の考古学に対する野心を刺激され、ますます焦りと不満が募りました。彼はいまだ必要な資金を得ることができていなかったのです。

ローリンソンが公務に就くのにバグダッドにやってきたのは同じ年である１８４３年12月でした。自身の研究を進めつつ、彼はボッタがこの地域での発掘を占有することがないようこのフランス人の発見に慣れ親しみ、ますます関わるようにもなりました。それに伴い、１８４５年初旬、彼はまだイスタンブールにいたレヤードに連絡を取り、レヤードが考古学を始める可能性があるか否かをたずねました。結果、英国に戻るところだったオスマン帝国のイギリス大使が、レヤードによる短期間の発掘を個人的に助成することになりました。

これにより大いにやる気になったレヤードは待ちきれず、助成金を入手するや否や、永らく再訪を思い描いていた採掘現場であるモースルへと向かいました。そこはティグリス川沿いにある町ニムルドで、河川を5時間ほど下ったところでした。彼の発掘は１８４５年11月に始まり、ほぼすぐに成果をあげました。

レヤードはそれぞれ人の背の高さの倍もある、彫刻が施された大理石厚板、ふたつの大きな翼をもつ表情豊かな雄牛の彫像のあるいくつかの部屋を白日の下にさらし出して見せましたが、あいにくこの時点でモースルのオスマン帝国高官が介入し、かつてのボッタの場合と同様、すぐに発掘をやめるよう仕向けてきました。続行が不可能となったレヤードは南方のバグダッドに旅行する機会を得、そこでローリンソンとクリスマスを過ごしました。１８４６年1月レヤードはモースルに戻るにあたり、モースルのイギリス副領事の兄弟であるホルムズド・ラッサムを助手として連れてきました。ラッサムはやがてレヤードにとって重要であると判明する人物でした。彼は山を採掘するのに雇った、一癖も二癖もある現地労働者の一団を管理する能力を見せただけでなく、必要な場面で現地の人手を調達できる、顔の広い人物でもありました。

レヤードの公式許可である勅令すなわちファルマーンがイスタンブールからもたらされ、これにより彼はオスマン帝国高官の妨害をものともせずに活動が可能な立場となりました。加えて彼は見いだした古代の遺物を英国に送る権利を有する承諾を得、ほどなく大英博物館の公式代理人として任命され、発掘にかかる費用の援助金となる資金も配分されました。あいにく、その時ならびにそれ以降も送られた資金は余りにも少なく、その現場の規模に見合った発掘を行うには不十分でした。資金援助がこのようにわずかだったのと、ケチな割には少なくともボッタ同様の規模の劇的な発見をイギリスの権威たちが要求してきたこととが相まって、レヤードは注意深い発掘よりもむしろ手荒な略奪行為じみたやり方を奨励されました。これらの要求に応じたことにより、レヤードはのちの考古学者たちからかなりの批判を集めることになるのです。

レヤードはボッタと同様の問題に悩まされました。それは彼が見いだしたものの多くが空気に触れるや否や崩れ落ちてしまうことです。彼が手記で何度も書いていることですが、掘り出した彫刻・工芸品が目前で文字通り粉々になったというのです。彼はひとつのエピソードを綴っています。「かぶとの完全な品物……を発見しました。周囲のがらくたが一掃された時点では、それは完全なものでした。しかし、たちまちばらばらになったのです……。別の形をしたかぶとで、アーチ型の紋章のついたものもいくつか発掘しましたが、目の前にさらされるや否やばらばらになりました」※2

ニムルドの塚の発掘自体が困難なものであるとしばしば判明しました。現地の条件は厳しく、激しい雨が降った夜にはレヤードの宿舎が水浸しになり、やむなく部屋の隅に窮屈に身を寄せ過ごさざるを得ないこともありました。夏には吸血昆虫であるサシチョウバエ（訳注1－2）やサソリなどの虫が彼の小屋にうじゃうじゃ群がり、住むのに適さないものとなりました。猛烈なつむじ風が周囲に吹き荒れ、彼のキャンプ地に大きな損害を及ぼす原因となりました。少なくとも一度は起きたことですが、レヤードが発掘現場から戻ると宿舎が跡形もなくなっていたこともありました。つむじ風により、木製枠が100ヤード以上の範囲に取り散らかされたのでした。天幕はすべて破壊され、彼の家具は周囲の平地に散り散りとなりました。これら猛烈な嵐はまた、発掘が進む最中の塚をも直撃しました。このような場合、唯一の避難場所となるのは近くの大きな彫刻の足元で、そこに腹ばいになるのがよい、とレヤードは書いています。そのような避難場所のない彼のもとで働く作業員たちは、渦巻き立ちこめるほこりと砂とで呼吸がほとんどできない状態で溝に身を潜めるしかありませんでした。

ニムルドでの仕事はレヤードが英国に戻りたいと思うようになった1847年まで続きました。しかし彼は立ち去る前に、彼の言う「人を寄せつけない不格好な」「焼け焦げるような平地から丘のように立ち上がった」クユンジクの莫大な塚の発掘を短期間ながら行う旨を主張しました。この短期間の発掘ののちにあたる1847年6月、レヤードとホルムズド・ラッサムは西へと出発しました。

1847年の8月、レヤードの最初の発見であるニムルドの彫刻を施した厚板が大英博物館に展示されましたが、その前の年のパリでの彫刻同様、それら展示物は一般の人々をかなり刺激し熱狂させました。一般の人々の古代メソポタミアへの興味が高まり、先に述べた展示品がまずは足掛かりとなり、その2年後にレヤードの出版本『ニネヴェとその遺跡』が続きました。この著書はイギリス市民の想像をかき立て、5ヶ月で4刷を重版しました。世間の注目を集めた結果、かつての先例同様、発掘には十分なものではありませんでしたが、大英博物館の権威たちによるより多くの資金が利用可能となりました。

公の場での成功にもかかわらず、レヤードは中東に戻るのに気が進みませんでした。それでも

1849年の終わりには彼とラッサムは次の発掘に備え、再びモースルにいました。レヤードがイスタンブールを経由した際偶然出くわしたことなのですが、彼は個人的に所有してはいたものの、公式許可に基づく権利までは得ていなかったクユンジクでの採掘現場の利権を整理・強化するべく都合をつけました。塚の所有者が資金上の深刻な難題の真っただ中でたまたまイスタンブールに居合わせ、レヤードが援助を提供すると彼は感謝の意を表しました。そのお返しとして、レヤードは塚の発掘のすべての権利を得たのです。

レヤードの2度目の発掘は、初めての発掘で顕著であった表情豊かな彫刻から、碑銘に大いにかかわるものへと変わってゆきました。この方向転換は、これら碑銘に書かれた古代の原文が自分たちにとって読み得るものであるとの高まる自信を通じ起きたもので、その自信は3年前にあたる1846年に翻訳を出版し始めていたローリンソンの仕事に多くを負っているものです。これに加え、ローリンソンが大英博物館の資金3千ポンドを用意しつつ1849年にイラクに戻り、1855年まで発掘を指揮しました。

こうしたさらなる努力の結果、メソポタミアの古代史がより高い精度をもって編成されました。これは歴史のみならず宗教の分野でも重要性をもつものでした。旧約聖書にあるいくつかの物語と類似の文章が多く発見され、これにより聖書を研究する学者たちが刺激を受けました。同時に魔術、占星術、なじみのない異様なやり方の占いなどについて書かれた奇妙なテキストが数多く掘り出されました。

これら古代のテキストには神秘とオカルトの実践についての記述が含まれているという学術界の人々の意識が、19世紀フランスのエリファス・レヴィ、ポール・クリスティアン、パピュス、ジョセフィン・ペラダン、イギリスのエドワード・ブルワー＝リットン、後のマダム・ブラヴァツキーならびに彼女の神智学協会といった人々により奇妙なオカルトの世界にすでに興味を引きつけられていた感受性の強い一般人へとじわじわと広がりました。

★

1849年の2度目の調査でレヤードはクユンジクの塚の発掘を開始し、紀元前700年頃イスラエルを侵攻し、旧約聖書でも触れられていたセンナケリブ王が使っていた宮殿のひとつを発見しました。※3　聖書に現れた人物が存在した証拠が彼の遺品ならびに彼の時代の年代記とともに見つかり、考古学の分野に対し宗教上の批判が集まり、聖書に書かれていることが真実であるのを「証明」するのに何よりも躍起になっている人々を引き寄せることになりました。数ある図書館の中で、この塚で発見された図書館が最初のもので、しかもこの宮殿にあったものです。レヤードは銘記がなされた数千の楔形文字の書字板を移動させました。それらは翻訳のため大英博物館へ送られたのです。

クユンジク同様、レヤードはさらに南にあるニムルドでの発掘を同時並行で続けていました。しかし、考古学でのさらなる成功にかかわらず、彼は中東での生活にますます満足できなくなってゆきました。1851年4月、彼はメソポタミアの砂漠に二度と戻るまいと誓い、再び英国に向け去りました。彼は好ましくない状況にあり、また絶えず問題もありました。

英国に戻るとレヤードは議会の一員としての新たな経歴を開始し、1852年に外務次官に任命されました。後にはマドリード、そしてイスタンブールの大使をも務めました。イスタンブール大使任務中の1878年、彼はナイトの爵位を得ました。しかし、自身の誓いに対し忠実であった彼はメソポタミアに戻ることはありませんでした。

訳注

1－1…鎮痛・鎮静効果を有する医薬品としての阿片。

1－2…あるいはブユ。

2　古代の遺物をめぐっての争い

19世紀後半は残念ながら、考古学に携わるすべての国々の代表者たちがわれ先にと古代の遺物を奪い合うような、みにくい争いを特徴とする時代でした。それは自国を偽りなく誇りに思い得る国がひとつもない時代でした。それら国々の考古学チームは古代遺跡を求め互いに優劣を競っていましたし、現場で働く人々の中には採掘権、発見物の所有権などの問題をめぐり交戦状態になりそうになったこともありました。

こうした問題は初っぱなから出てきました。それらの問題はオスマン帝国のファルマーンから「この国に属するあらゆる土地での」発掘権を得ているイギリス、フランス両国の考古学者にとって避けて通れない、予期し得る結果だったのです。このわかりやすく同時にあいまいでもあるファルマーンの許可により、両国間の絶え間ない対立の基盤ができあがったのです。

この時代が始まったのは１８５５年のティグリス川での遺物の破壊という、アッシリア考古学史上最大の致命的な出来事が起きた頃でした。この年の春、ボッタがコルサバードで見いだした古代の遺物

120箱分のほとんど、ローリンソンが寄贈したクユンジクのレリーフ68箱分ほど、プロイセン王国向けの古代の遺物80箱分、フランスのチームがバビロニアで発掘したすべての遺物がいかだに積載されバスラ港に向け渡航し、バスラ港からフランスへ輸送される予定でした。シャットゥルアラブ水路の水源近くで、いかだが宝物を積載しているものと思い込んだ現地の部族に攻撃されました。彼らはいかだに乗り込み梱包された箱をこじ開けると、石でできた彫像やレリーフしかないことに激昂し、怒りに任せ古代の遺物をすべて船外に放り込みました。船荷が無事なままこの難を逃れ、バスラ港に到着したいかだはわずか2隻のみでした。かなりの努力にもかかわらず、川底から引き上げられた遺物の回復はうまくゆかず永久に失われ、フランスのチームにとっては痛恨の結果となりました。

この際最も多くを失ったのはフランスの考古学者、ヴィクトール・プレイスでした。1851年以来、彼は期間延長となったコルサバードでの発掘を進めていましたが、あいにく現地労働者たちと誠心誠意の関係を築こうとしていなかったので、結果としてフランスの発掘チームはイギリスの発掘チームよりも高額な給料を支払っていたにもかかわらず、取引が不当であるとの評判を得ていました。加えてフランスのチームの姿勢は不敵な気質、すなわち原因の究明が必要な場面でも、それらにじかに向き合わないという態度を取りがちだったゆえ悪化していました。一例を挙げると、フランスチームの一員が自身の発見に興奮し過ぎ、地元の長老を射殺しました。その考古学者は、自身が発見した古代の遺物をねらった長老の方が明らかに先に私を殺そうとした、と思ったとしました。とある著述家は皮肉をこめて書いています、「ヨーロッパの人々が塚を掘り、古い石やレンガを運び去ることに時間とお金を使う狂気の種族だといつも考えていた現地に住む人々は、このような事件を目の当たりにし、やはり思ってい

た通りだと考えました」※1

1852年、ホルムズド・ラッサムが大英博物館の公式外交員として再びモースルにやって来ました。彼のチームは、ヴィクトール・プレイスに雇われた人々とたびたび衝突を繰り返していた、手に負えない労働者を率いていました。ある発掘現場では両チームの争いが高じ、敵意むき出しでの乱闘、取っ組み合いとなったこともありました。

クユンジク発掘の権利についてラッサムは大きな窮地に直面しました。彼の中で塚には価値があるものが埋もれているとの確信がより高まっていったのです。あいにく、彼が発掘に最もふさわしいと考えた場所はすでにプレイスに手がけられていました。プレイスはモースルに到着するにあたり、従来はイギリスの特権でのちにレヤードの土台ともなったクユンジクでの発掘の許可をローリンソンに求めていました。ローリンソンはプレイスにこの塚の大部分を気前よく譲っていました。しかしながらラッサムが現場に戻り発掘を始めるや否や、そこは本当の意味での国境線で分かれていました。最初は両チームとも境界線に沿いそれぞれの地域での活動をどうにか行い、起こり得るあらゆる紛争を回避していましたが、ラッサムのチームがフランスの地域との境界線に極力近いところで作業を始めたので、いずれ衝突は避けられませんでした。

ラッサムのやり方は自身の強い独立心が強くあらわれたものでした。彼はせわしなく移動を繰り返す群雄割拠の国の武将のように行動しました。彼は山賊や野蛮な部族にたびたび遭遇し、危険な目にあう他の考古学者たちのように現地の族長に庇護を求めたりはしませんでした。ラッサムはたいていのやっかいな出来事を回避できる腕っぷしの強い一団を連行していましたが、頼もしい彼らがいたにもかかわらず、突然の紛争を避けるのに十分ではなかったこともありました。ラッサムの友人の指令下にあったオスマン帝国騎兵隊の特派部隊の思いがけない到着で、この時は事なきを得たのでした。

1853年12月初旬プレイスの前線が、現地の人々が発掘の価値があると常日頃から見なしていたクユンジクの塚の地域に徐々に近づいてきました。ラッサムはこの地域に一番乗りで手をつけることを決意していましたが、ローリンソンとプレイスとの間の「紳士協定」によりそれを禁じられていたので、夜間に極秘裏に行うことにしました。こうして12月20日の夕刻、ラッサムのチームは作業を密かに開始したのでした。発掘作業の3日目の夜、彼らは狩りの遠征に向け出発する戦車の上に立つ王が描かれた、巨大で非常に美しい完成品である石のレリーフを闇夜の下にさらし出して見せました。さらに発掘作業を進めると、ラッサムの労働者たちは王室宮殿の美術品展示室のひとつへと至ることとなりました。その展示室には、王室のライオン狩りの場面が描かれているレリーフの彫り物がずらりと複雑に並んだ壁がありました。これら芸術的作品は驚くべきものであり、並外れた質をもつものでした。今日、これらの作品はもともとの配列順が再現された形で、大英博物館のアッシリア展示室の特設コーナーで見ることができます。ラッサムのチームは当時の首都ニネヴェにあったクユンジクの塚に眠っていた遺跡から、紀元前7世紀のアッシリアを支配したアッシュールバニパル王の宮殿を発見したのでした。この発見を済ませたラッサムは、今後は日中堂々と発掘作業ができると考え緊張から解放されました。新たな宮殿が発見された際は、他の考古学者たちは干渉しないというしきたりが確立されました。

彼の発見の知らせが現地の民衆にまもなく届きました。モースルはかなりの興奮に包まれ、好奇心旺盛な見物人たち数百人が、発掘物を見にクユンジクに群れをなしやって来ました。コルサバードでの他の発掘作業にあたっていたプレイスはこの知らせを聞き、クユンジクに至急戻ってきました。彼は実際起きたことに対し、怒りを大いにあらわにすることも許される立場にありましたが、なんと既成事実を受け入れたうえで優雅にふるまい、ラッサムの幸運を祝福したのです。

プレイスが早晩自身のものとなるはずであった発見をだまし取られたと感じたのは疑いないでしょう。のちの1867年に彼はニネヴェについての3冊の豪華本を出版した際、ホルムズド・ラッサムの仕事を完全に無視しました。ラッサムもまた、この発見を成し遂げるのに用いた疑わしい作戦につき決まりの悪い様子を取り続けたようです。19世紀末に出版された自伝でラッサムは案の定、ニネヴェの遺跡ではなく今日の大英博物館で展示されているバラワトの門のイラストを持った自身の写真を口絵として用いました。この門の発見は少なくとも彼が自身の率先性と専門知識とが発揮された上で成し遂げられた、紛れのないものだったのです。

ラッサムのもとで働いた労働者たちにより打ち破られた古代の展示室には、ライオン狩りのレリーフ以上の価値のあるものや、それまで発見された、過去からあったすり切れ、壊れてしまったものに対する肉付けとなるものも含まれていました。

展示室は長方形で50フィートほどの長さでした。そしてラッサムの労働者たちががれきを片付けると、彼らは当時の楔形文字の縮小版（訳注2－1）の筆跡がある、数万点の小さな粘土板が展示室の中央に積み上げられているのを見いだしました。彼らは預言者エレミヤの教えのあった時代に破壊された貯蔵庫の中にある、旧約聖書の時代からの記録のあるアッシュールバニパル王の王室図書館をすべて明らかにしました。

これらの粘土板はその後すべて英国に海上輸送されましたが、無計画で取ってつけたような梱包やラッサムの手荒な修復方法が原因で、英国に着いた時にはしばしば保存状態がたいへん悪化していました。ラッサムの労働者たちはもろく壊れやすい粘土板をバケツに無造作に放り込み、船荷の箱へと順番に移していました。こうした作業上の注意深さの欠如にもかかわらず、多くの粘土板が完全な状態で英国に着きましたが、それ以上に多くの粘土板がばらばらになりながらも後に継ぎ合わされ、結果的に読むことができるものとなりました。学者たちはまもなく自身が貴重な発見物をあてがわれたのだとわかりました。大変な驚きを伴うことの一例として、この図書館に含まれるふんだんな情報のうち、創世と洪水にまつわる聖書以前の古代の記述のある粘土板が見つかりもしました。

その頃チャールズ・ダーウィンが進化論を普及させ、聖書に書かれている言葉が言葉本来の意味から見て真実か否かを疑う現代主義の神学学者たちによる聖書への批判的アプローチが教会の基盤に揺さぶりをかけていましたが、これらの発見により保守的な教会を震撼させるパニックがもたらされました。結果、正統派的信仰が自身の立ち位置を強固にすべく動きました。１８７０年、法王は自身の宣言を神による承認を帯びたものとし、崇め祭られ事実と異なってしまった教会史をも含む史実を無視しつつ「まったく誤りがない」と認めました。

１８７５年、ジョージ・スミスはバビロニアの創世神話を明らかにした図書を出版しましたが、それはまずイギリスの新聞で紹介されました。旧約聖書の記録の内容に明らかに似ているか、あるいはまったく一致している他の初期バビロニア神話の発見とともに、この出版本は学者ならびに素人筋の両方からの強い興味を惹きつけました。

ある人々はこれらの発見を、批判的な現代主義者たちからのアプローチを支持しているものと考え、逆に聖書に書かれていることを文字通り解釈するのを支持し手を差し伸べるべく、聖書に書かれていることが真実であることを提示していると考える人々もいました。歴史や語学上の学術とのかかわりをはるかに超えた利害関係により、古代メソポタミアについてのかつてない、より多くの情報を求める大衆の要求が生み出されることにもなりました。この分野はますます論争を引き起こすものとなり、またいくらかの人々にとっては魅惑的で興奮を伴うものともなりました。

まだ明らかになっていない、より大いなる神秘がある、という意識に対しさらにやってきたのは、前述のジョージ・スミスの図書の出版の前年にあたる１８７４年、アーチボルド・セイス教授が古代バビロニアならびにアッシリアの占星術にまつわる最初の研究（＊１）を出版したことでした。アッカド語の翻訳の専門家で、いかにもこの主題を扱う図書の著者らしい人物であるセイスは、スミスと協力し合い創世叙事詩の新たな出版を手掛け、その本は１８８０年に熱心な人々に諸手を挙げ迎えられました。その後20年のあいだ、アッシリア、バビロニアの魔術、占い、占星術にまつわる発掘により明らかになった、議論の的となるより多くの宗教上、祭儀上のテキストの翻訳とともに多くの作品が出てきました。今になってわかることなのですが、数多くの「現代の」宗教的ならびに哲学的概念を生み出したこれら古代の見解に対する受け入れ口が開かれました。

＊１　セイス著「バビロニアの天文学と占星術」。最初に公になった占星術の記事は『ジャーナル・オブ・アジア』

誌第18号443－449頁収録、ジュール・オッペール博士による翻訳です。

訳注

2－1…"small clay tablets, most of which bore the miniature cuneiform script of the period"（原書25頁）。"miniature cuneiform"の語は「6 前兆に関する名高き双書、エヌマ・アヌ・エンリル」（原書64頁）中にも表記あり。

3　対をなすふたつの河川の土地

数多くの古代の遺跡がその証拠となっているように、メソポタミアは今日のように常に不毛の地だったわけではありませんでした。ティグリス、ユーフラテス両河川に挟まれつつ恵みをも受けていたこの地域は現代の農業地域同様、実りの多い土地でした。かつては集約的な農業と育種が行われていた地域で、旧約聖書に「川はエデンを流れ出、庭を水で満たしました。そこから川は4つに分かれ、4番目の川がユーフラテスでした」[※1]とあるように、真に実り豊かな庭でした。メソポタミアのより低地にある平野の広々とした牧草地を表す古代シュメールの言葉は楽園、楽土を意味するエデン（eden）で、かつて豊潤だったこれらの土地により、人類の起源にまつわるいにしえの伝説の基盤が形作られたのかもしれません。

現代の調査によれば、この地域の気象条件はここ数千年間、降水量も河川の水量も一定で大きく変わっていないようです。変わった点は土壌の肥沃ぶりで、それは大いに悪化してしまったのです。

かつてこれらの土地は膨大な量の穀物を産出したのみならず、野生、家畜にかかわらず多くの動物を養ってもいました。しかし川の安定した流れあってのそれら実り豊かな状態は、もろく長続きしないものでした。あれほどの規模の長さを有するにもかかわらず、あいにく両河川は常に規則正しく十分な灌漑をもたらすわけではあり得ませんでした。これに加え河川の流路も年月を隔て変わってしまい、多くの事例において、この流路の変化が現代の河川がかつて川岸を有していた古代都市から遠くかけ離れてしまった原因となったのです。たとえば、上流域からエジプトの農地へと規則的に栄養分豊かな泥土とともに洪水がもたらされるナイル川と異なり、メソポタミアのふたつの河川は洪水の予測がじつに難しかったというのもあります。ある年には洪水が悲惨な規模で起き、農作物、治水の仕組みの双方に大きな損害を及ぼしたかと思えば、その翌年にはひどい干ばつが起きたりもしました。メソポタミアでは永らく砂漠、低湿地のどちらに転ぶかはわからない、といった様子が観察され続けていたといえるでしょう。

かなり遠い昔から、灌漑に必要な水の供給量を取り締まる上で信頼できる手法を見いだすことが重要でした。南の地域では現代同様1年に10インチ程度の降雨量はあったのですが、農業を行う上では不十分でした。初期の文化では、段丘と水路とを用い効率よく水量を管理することにより、実際にはるかに多くの降水があった場合同様の正味の効果をあげ得ることがいち早く発見されていました。水量の統制がなされていない地域では、農作物の収穫にはおそらく5倍の雨量が必要となってくるでしょう。

そのようなわけで必然的に、少なくとも紀元前5千年紀からは人工水路と貯水池が発達しました。これにより、すべての領域を網羅する広域かつ精巧な灌漑組織が生じました。それ以前に作られた人工水路の中には、巨大ゆえ小さな船が渡航可能なものもありました。ギリシャの観察眼の鋭い歴史家であるヘロドトスは、人工水路の最も大きいものでティグリス川とユーフラテス川とを結んでいたものは幅があまりにも広く、渡るのにボートが必要であったと紀元前5世紀に書いています。※2

効率性の高い灌漑組織に手が行き届いた結果、より中央集権化した都市に住む数百万の人々の暮らしを支える農作物の収穫高が向上されました。水路が沈泥でいっぱいとなりながらも、役人たちによる大規模な管理によりそれらの水路が順調に働くよう保証され、必要に応じて新たな設備が作られるよう展開されてゆきました。あいにく、過去から現在までに至るそのようなすべての国家的事業同様、これらの組織は最大限の効果を挙げ機能することはありませんでした。代々のメソポタミアの王たちが優先度を高く修繕を行うようにしていたにもかかわらず、現代でも遺跡の中に残る何千もの人工水路は全てが使える状態には決してなりませんでした。

広範囲で行われたこれら灌漑と、数千年という多くの年月にわたり適切な排水路が確保されていなかったことにより、土の中の塩分の量が徐々に増えてしまうという遺憾な結果がもたらされました。川の水が大量に流れるなか、塩分は海に掃き出されました。川が制御され、ダムで流れがせき止められ、人工水路に推し進められれば、塩分は地中にとどまり続け、農作物を育くむ能力を台無しにしてゆきます。人々がこの経過による影響に気づいたのはバビロン第一王朝の時代でした。4千年後の今日、塩度が増えたことによって、かつて実り豊かであった土地が不毛の地となり、やせた土壌の表面が風によりまき散らされました。

人類の歴史における社会での重要な変化のひとつは、放浪する狩人から土地に定着しての農夫への移行、すなわち食糧を集める存在からそれらを作り出す存在へと変わっていったことです。人類史における後者、すなわち農業の段階は新石器時代と言われており、鉄を利用することが発見されるまで続いたと考えられています。新石器時代の証拠は、農夫たちが動物を世話し、農作物を育てるのに安定した生活をするため、男女共必要に迫られ作った小屋や家の集まりである共同体の遺跡に見いだされます。農作物を植え耕し動物を飼い慣らすことにより、歴史におけるこの時代を典型づけた共同体が自然に発生、成長しました。加えて安定を維持することで、農夫たちは自身の土地を理解し灌漑の基礎、土地の肥沃さを学ぶようになり、所有権を正式に表明することを必要とし始めました。すなわち、財産としての土地の境界区分が何らかの方法で整えられ、印づけられ、記録もされたのです。土地の肥沃さを維持・継続することを保証する支配神たちを鎮静化することを目的になされた儀式が発達したさまがこの時代に見られますが、おそらくその起源もこの時期でしょう。いくつかの未知の古代母神へと集約された崇拝がすべての証拠により示されました。

前述概念の一例はイラクとイランの国境上にあるザグロス山脈のふもとで発達した新石器時代の共同体であるジャルモです。そこに見いだされる遺跡は、放射性炭素年代測定法による測定では紀元前６７５０年前後のものです。文字の発明よりだいぶ前であるこの初期の時代でさえ、ここに住む共同体の人々はとても発達した宗教を有していました。母神と思われる妊婦を表す小さな粘土像がたくさん見つかり、それらが一家に少なくともひとつずつあったことを推測させます。あいにく、この宗教がその通りのものであったとしても、それにまつわる組織、祭儀上の実践についてこれ以上のことは何も言い得ません。彼らが自身の女神を金星、あるいは月などの天体と結びつけていたか否かもわからないし、それらに関連する神話を発達させていたかどうかもわからないのです。これらの結びつきや関連はおそらくあったようですが、それらは記録として残されていないので今日の私たちには有無の区別のしようがありません。とはいえ、母神が卓越した役割を演じた、のちのメソポタミアのすべての宗教儀式の起源が、ジャルモに見られるような文字がまだ使用されていない新石器時代のどこかにあったことだけはほぼ確かでしょう。

有史時代は３５００年後のメソポタミア南部で始まりました。ふたつの河川が蛇行し海に注ぐ平らな沖積平野上で、高度に複雑で洗練された文化が生まれました。複雑さが増すことに伴い――初めのうちは商業上の――活動を記録する上での手法が必要となりました。

この文化の最も古いものは紀元前３千年頃から始まるウル、ウルク、バビロンなどの滅びた都市で見られます。この頃までに熟練の労働者、芸術家、商人、公務員、書記、その他国際都市で見いだし得るあらゆる職業の人々から成る、高度に階層化がなされた社会を支配する王と聖職者がすでにいました。これまで25万点ほどの書字板が見いだされたことから、読み書きに対しかなりの鋭意努力が注がれたのは明らかで、結果それらは発達もしました。これら書字板には商業上の取引の記録に加え、多くの様々な神々が活用された、高度なまでに複雑な宗教の神話も記録されていました。歴史上で知られている、ありとあらゆる言葉のいずれとも似ていないその言語により区別がなされているこの南部の文明がシュメール文明です。記録を伴う歴史である有史時代の始まりはこのシュメール文明からでした。

シュメール文明が新石器時代の他のより複雑さを伴わない共同体から抜きん出て発達した経緯は、証拠が不十分なため知られていません。しかしながら、考古学はその制約にかかわらず、そのような発展が起きたのが疑いのないことであると実証するのが可能なのです。シュメールの大都市が学術界でウバイドと呼ばれている、より古い時代に成立したより小さな町や村から立ち上がったことが明らかになっており、その時期は紀元前4千年頃とされています。これら歴史上の初期における共同体は考古学者たちがシュメールの都市の遺跡よりも更に奥底、地下数メートル下の最も低い次元まで掘り下げると発見されます。

これら古代の共同体の顕著な特徴のひとつは、考古学者たちが私たちに伝えることが可能な限りではありますがそれらがすべて、例外なく町の中で最も荘厳な建物であり中心となる寺院の周囲に建立されていることです。これにより、宗教の中央集権化も反映されているかもしれない文化の中央集権化がある程度明らかになっています。そしてこれが事実であれば、後に探究されるだろう経過である、優勢となった多くの神々により「中央集権化が進められた」神話が出来上がった経過が実証されているのかもしれません。

1940年代後半、シュメールの都市エリドゥでの発掘により、紀元前2100年までさかのぼるジッグラトの下に、さらに古い時代のもので他の寺院の頂上に建てられた寺院17ヶ所の遺跡が明らかになりました。それらのうち14の上層部はウバイド、そして後のウルク文化に元をたどり得るものだとわかりました。最も低層部の残りの3つの寺院はウバイド以前の文化に因むものでしたが、これによりわかるのは、同じ場所で紀元前5千年頃から宗教上の実践が行われていたということです。同じ宗教がこの時期に、原則として同じ形で続いた可能性もおそらくではないにしてもありますが、記録がないので正しい結論は描き得ません。あいにく、侵略者たちが都市を略奪し、もともとそこにあった神聖な建物を利用し、自身の祭儀上の実践を地域の先住民に強いた可能性もあります。しかし、過去が確かではないにもかかわらず、これら初期の文化にまつわる、とある重要な面が明らかになりました。すなわちそれが傑出して豊かさも併せ持ち、都市の中央に位置している神聖な建物を必要とする、社会的・文化的にも卓越している証拠でもある、組織立てられた祭儀としての最も初期の宗教が始まった証拠だということです。

考古学はシュメール文明が他のいまだ知られていない土地からそっくりそのままメソポタミアの平地に移され、突如神秘的に、しかも十分に発達した状態で現れたという、20世紀に人気を博した考え方を信頼・支持していません。この古代文明を取り囲む多くの謎が存在し続けているのは真実ですが、シュメールの起源にまつわるこのような空想的な見方を支持し得る証拠はいまだ見つかっていません。しかし、この架空の物語を追い払いつつも、今なお存在し続ける神秘の少なくとも一領域を示してみるのは穏当なことでしょう。

シュメール人は自身の過去について書きましたが、これらの物語は事実と神話とが混ざり合った不確かなものです。しかしそれらはすべて、とあるテーマに基づき一致するものなのです。シュメール人たち自身は「洪水前に」生きていた王たちの子孫が住んでいたディルムン島からからやって来た、と書いています。今日、考え得る考古学上の調査にならえば、この伝説の島が現在のバーレーン島であることは確かです。

1954年4月、バーレーン島の数多くの墓のある塚のうちのいくつかを発掘し始めたデンマーク人考古学者ジェフロイ・ビビーが、砂で覆われた塚の下からシュメール時代の寺院を見いだしました。2

年後、3度目の発掘活動のため島に戻った彼は、都市ウルとおおよそ同じ規模にあたる40エーカーの遺丘を調査しました。するとたちまち、彼は大きな都市の壁の遺跡に遭遇しました。以降6年の歳月をかけ発掘した彼は、公共水道設備のある、計画性が高く均整の取れた形で建設された都市を発見しました。彼は印章、そして商業目的で用いられる物を掘り出しましたが、それらは都市ウル、そしてパキスタンのインダス川西岸にあるモヘンジョ＝ダロ、双方で見つかったものと似ていました。※3

このようなわけで、ビビーが見つけたものにより、バーレーン島がシュメールのいくつかの都市と同じ規模の、ウルとモヘンジョ＝ダロとの間の大規模な貿易の中心地であったことが推測されます。見方をさらに押し広げると、彼はクウェート、カタール、アブダビ、そしてサウジアラビアの砂漠へ200マイル向かった場所などはるか遠くの土地にも関係する遺跡を見いだしました。以上がおそらくバーレーン島の中心にあったであろうディルムンが、大きく裕福で重要な場所であったことの証拠でした。

これに加え、砂漠の表層のおそらく20フィート下にビビーは並はずれた建設物を発見しました。古代の技師たちは地下に隠れた水路を築いていました。これらは砂漠の下に、壁で囲まれ屋根も設けられた上で数マイルにわたり延びていました。※4　似たような水路が小さなシュメール風の寺院とともに、オマーンの砂漠で見つかっています。※5

これにより、シュメール文明が海を渡り、オマーンのみならずより遠くへ広まっていたのは明らかです。パキスタンにあるインダス文明での発掘により、後者とメソポタミアとの間に接触があったことも証明されました。おそらく、シュメールの歴史上の王国の王たちが「洪水前に」どこかからやって来たのは確かなのでしょう。しかし、どこからなのでしょうか？　インダスあるいはよりはるか遠方から？

あるいはこれらの伝説は新たな人々の到来でなく、むしろ新たな支配者としての帝国の到来か、文字や技術をもたらした卓越ぶりを反映しているのでしょうか？

私たちはシュメールの文献に、旧約聖書の最初の章に書いてある通りの西洋神話の起源である、よりわかりやすい両者の接点があるのを見いだします。シュメール人は人類ならびに創世の物語を『エヌマ・エリシュ（高みにいる時）』と呼ばれる7枚の書字板に書かれた詩の中でまず書いたようです。アダムとイヴの物語に似た構成部分も存在したようですが、あいにく考古学者たちはまだそれらを見つけていません。とはいえ、この物語はおそらくずいぶん古いものです。三日月形に一体となった女性と蛇とが互いに見つめ合っている小像がトルコのヴァン湖あたりから出土しましたが、それは女性と蛇の双方が女性性の複数の面を表しているという、イヴの物語の核心を表現したものではないのでしょうか？グノーシスの秘儀の教えがこの影響にまつわる伝説を主張しています。※6

シュメール王国は本質的には強力な都市国家連合で、それぞれの都市が各自特有の王と神を有しており、王は現世で神の代理を務める存在でした。おもしろいことに初期のシュメールには13の都市国家があるのですが、これは13の太陰月と関係があるのでしょうか？　しばしば12に1を足したものとして記録される、13という数字が後世で重要と見なされるようになったことの起源なのでしょうか？　結束がなされまとまった都市国家群は13の部分を足した合計と見なされたのでしょうか？

これらの都市それぞれは大きく、周辺に3万人が住む村落、郊外がありました。都市神は領土を所有し、そこに住む人々を支配していたと考えられていました。これにより、寺院と聖職者は利用可能な財力と従業員とを有する大いなる力を持つに至りました。

シュメール人は一つひとつの詳細や業務内容を日干しの粘土板にきちょうめんに記録し、官僚政治を正しく行っていました。これら数万点の書字板からシュメールの都市での人々の生活を生き生きと描き出すことが可能で、それはこれら書字板が仕事の契約、金銭の勘定、賃金、売却されるかあるいは船で送られる生産品の一覧、市場で交換される動物の種類と数などの詳細を記しているからです。

これら書字板から判断すると、これらの都市国家一つひとつでのすべての労働者たちは、それぞれが指導者を明らかに有する様々な貿易同業組合として組織化されていたようです。なるほど、前述通り描き出された社会は確かに高度に組織化された、構造が厳格なものです。これはおそらく寺院と人工水路の建設に貢献した大公共事業計画の成功を説明づけるものでしょう。

初めて知られるようになった王室の碑銘は紀元前２７００年頃のキシュの王のものです。とはいえ、現存する資料というものは馴染みパターン化した既存の文化を記録したものであり、その始まりを記録したものではあり得ないので、これが最初の王朝ではないであろうことは推測できます。この最初の帝国にふさわしい碑銘から結論づけられるのは、歴史におけるこの段階までは、キシュの王は13の都市を含むすべての領地を支配する、シュメールで最も有力な人物として知られていたということのみです。

しかしながら紀元前２４００年頃、紛れもない変化があったためキシュの支配は続きませんでした。数世紀にわたり、シュメール人と異なる言語を話す他の人種が南ならびに西から徐々にメソポタミアに移動してきて、彼らの中から出てきた偉大な指導者が指揮を取り、シュメール文明を倒しました。これらの人々はセム人で、その偉大な指導者はサルゴン王でした。

紀元前2400年、アッカドの王であるサルゴンはメソポタミアの最初の大きな王国を築き上げました。南部のシュメールと北部のアッカドとが同じ主権のもと初めて統一されました。これにより以降2千年間続くこととなった、政治上の様式が出来上がりました。北イラクのアッカド王国がメソポタミアを支配し、これによりこの新たに現れた人種が話すセムの言語はアッカド語として知られるようになりました。しかし、アッカド語はシュメール語とまったく異なる言葉でしたが、アッカド人たちは自身の言語を書き表すのにシュメール人の楔形文字を利用し続けました。これはおそらくサルゴンが支配する以前に文化が混合する時期が永く存在した証拠となるものでしょう。後のバビロニア語、アッシリア語はアッカド語から派生した方言で、シュメール人の楔形文字の様式に修正を加えたものを利用しています。

この癒合を皮切りに、メソポタミアの異なる地域が後を引き継ぎ、この地域での優勢を失うと、王国が別の王国に取って替わりました。バビロニアならびにその後のアッシリアの両王国が名高かった紀元前1800年から紀元前800年までの期間では、秩序立った手法の発展ならびに自然科学である数学と占星術との成文化がなされました。その結果、様々な専門分野それぞれにまつわる技術的なことが書かれた文献の集成がなされ、それらの多くは1800年代にホルムズド・ラッサムにより発掘された首都ニネヴェのアッシュールバニパル王の王立図書館に収納されました。

この地域の破壊は紀元前7世紀に始まりました。紀元前612年、アッシリアの首都ニネヴェが滅ぼされ、再びバビロンが王国の首都となりましたが、これが新バビロニア王国の頃です。そして紀元前539年、バビロンもサイラス王統治下のペルシャに制圧され、メソポタミアでの偉大なセム人による王国支配は終わりを告げました。しかしながら、たゆまぬ交戦状態と侵略による荒廃にもかかわらず、この地域は古典時代を通じて肥沃で生産力の高い状態が続きました。

ギリシャの歴史家であるヘロドトスはサイラス王制圧以後のバビロンを訪れ、この都市の肥沃で実り豊かなさまを書き残しています。この都市が巨大なものであると彼は述べており、形状は四角形で一辺の長さがほぼ14マイル、周長56マイルほどになるとしています。彼にはそれは世界で最も印象的な都市でした。実際のこの都市はヘロドトスが述べたほど大きくはなく、周囲の壁の長さが約10マイルとずっと小さなものであったことが考古学の研究により明らかになっていますが、それでもなお、じつに印象に残るものではあり、またバビロンの郊外すべてを含めればヘロドトスが述べた内容はほぼ真実になるかもしれません。

斜陽のバビロニア文化にとって、時間は尽きようとしていました。紀元前4世紀のアレクサンドロス大王の侵攻に続く古代世界の中心地は、メソポタミアから地中海へと徐々に移ってゆきました。この経緯は征服地に一連のギリシャの都市を創設したアレクサンドロスならびに彼の後継者により急き立てられました。やがて、これら新たな都市は旧王国のかつて重要だった都市に取って替わりました。バビロニアには人口が依然集中していましたがその影響力は永遠に失われ、ギリシャのセレウコス朝が成立するとともに、紀元前３００年に地中海沿岸に創られた新たな都市であるアンティオキアに行政首都は移されました。その後、さらなる新たな侵略の波によりこの土地は略奪され、中央政府の介入の試みも功を奏さず、これら古都はますます廃墟と化してゆきました。

とりわけバビロンにとって衰退の始まりは、アンティオキアに行政が移り、アンティオキア同様ギリシャの新設都市でティグリス川に面した都市であるセレウキアとの貿易が行われるようになった紀元前3世紀にやってきました。セレウキアはたちまちメソポタミア最大の都市となり、人口は最大で60万ほどに達しました。

バビロンの衰退は紀元前126年、パルティアによる侵攻の際都市が陥落し、自身の新たな神々ならびに風習を持ち込んだ異国の種族に占領されたことでより一層進みました。しかし、この時バビロンの時代は終わりました。というのは、以前の活動力を回復するための人口数あるいは都市の重要性がもはやなかったからです。この時点から都市の凋落、廃墟化が急速に進みました。199年、ローマ帝国皇帝セプティミウス・セウェルスがこの都市に入った際見たのは砂漠化した都市で、巨大な壁はまだありましたが廃墟を取り囲んでいるのみでした。後の4世紀、歴史家のゾシムスはこの地域に莫大な、壁で囲われ中央には宮廷と土地がある「王の公園」が存在すると述べており、この公園はペルシャ王たちが狩りを楽しむための野生動物を十分備えているとも言われていました。ゾシムスは当時となっては壁が動物保護区域を囲っているにすぎないバビロンの面影を語っているのだと、歴史家たちは考えているようです。

7世紀までに、戦争と不毛の土壌とによりメソポタミア全域が事実上荒廃させられ、重要な灌漑人工水路のすべてを永きにわたり維持し続けた行政管理もついになくなりました。水が街や都市からなくなると、人々はたちまち散り散りとなりました。比較的短期間のうちに都市も農地も砂漠の砂に覆われ、世界中のほとんどがかつて偉大な古代王国が存在したことを忘れてしまったのです。

4　ニネヴェの王室図書館

「アッシリアでは見いだせない珍しい書字板を道中で探し出し、私に届けるように」※1　アッシュールバニパル王は指令を告げました。紀元前668年にアッシリア王に即位したアッシュールバニパル王はアッシリア、バビロニアの隅々に至るまでの寺院、宮廷図書館に保存されていた粘土板の中に宝が眠っていることに気づいていました。彼は驚くほど学んだ人物であり有能な数学者で、アッカド・古代シュメール双方の粘土板を読むことができ、数多くの異なる都市に住む情報提供者たちと日々積極的に文通を行っていました。幼少時、当時有能であるとの名声を得ていた占星術師であるバラシから占星術を教わっていたアッシュールバニパル王は、なるほど確かに占星術の方面でも有能であったかもしれません。当時王子であったアッシュールバニパル王の家庭教師を任された栄誉に対する、バラシからエッサルハドゥン王に宛てられた感謝の手紙が残っています。※2

アッシュールバニパル王はおそらく当時学び得た膨大な量の情報すべてを所蔵する図書館を造るのを目的に、珍しい書字板を集めるための幅広く組織立った調査を編成していました。興味深いことに、彼の調査はかつて古代シュメール王国に属していたがゆえに、永きにわたり忘却されていた古代の原書が多く残っていると予想される、アッシリア王国の最南端の都市のものが特に完全に揃っていました。

あなたはこれら書字板を頑丈な箱の中に置くのです。誰も書字板をあなたから奪ったりはしません。そして私があなたの前で述べなかった書字板やその大部があり、その書字板が私の宮廷にとってよいものだとお考えなら、それを探し出し私のもとへ届けてください。（＊1）

アッシュールバニパル王は祖先たちの知的伝統の多くが隠され、滅ぼされ、あるいは単に置き忘れられたのを知っていましたが、伝説、歴史、占い、儀式、夢、そして魔術の呪文などの古代の知的世界のすべての文献が、ニネヴェにある彼の宮廷に集まり始めたのは確かでした。彼の調査が総合的かつ上々である以外の何物でもないのは明らかです。そのようなわけで、彼の図書館は私たちの知る限り古代知的伝統の「タイム・カプセル」で、考古学者たちがそれを発見したことは計り知れない社会的重要性をもつ出来事でした。この後見てゆく通り、あいにく、それらはすべてが残存しているわけではなく、発掘・修復された分が全体の何割なのか、正確にはわからないのですが。

彼の図書館に所蔵されていたものを現代の学者たちがその後分析した結果、彼が最もこだわっていたのはすべての「科学にまつわる」原書を探し出すことと判明しましたが、それらは儀式や前兆に関する記述が多数を占めており、純粋な文芸や神話学にまつわる著作は現存する収集物の中でごく一部でした。

しかしながら、そのような徹底した努力によってアッシュールバニパル王は「洪水以前」の時代からの古代の遺物である書字板をも含む、強い感銘を与える品々を図書館に集め収納しました。※3　確かにメソポタミアの学者たちはこうした古代からの学びに気づいており、「内容が秘密裏に閉ざされていて難解かつわかりにくい大洪水以前の石の碑銘を学んだ」と述べた学者もいます。※4

もちろん紀元前8世紀に至るまで、文字は石に刻まれたり粘土板に圧力を加え押し込まれたりしたものだけではありませんでした。１９４９年から１９６３年まで続いたニムルドでの発掘の間、興味深い「本」が掘り出されました。今日では大英博物館に展示されている、このユニークな文化遺物にはちょうつがいで閉じられた一連の象牙製の「ページ」があり、それぞれの「ページ」には少しだけふくらみ立ち上がった縁があり、それゆえ平面に蝋《ろう》状のものを塗り固め保存できるようになっていました。楔形文字の印はこの蝋状のものに型押しされていたわけです。驚いたことに、発見されたものの中には占星術にまつわる大部である『エヌマ・アヌ・エンリル』の断片もありましたが、蝋状のもののほとんどが失われてしまったため、元々この「本」にどれだけその情報が含まれていたかをしかと断定することは不可能となっています。一連の占星術にまつわる情報を記録するこの手法が粘土板での記録による手法と同時に利用されていたという証拠が、占星術師バラシによる報告文中のわずかな言及で示され、彼は自身が記録した引用文が蝋状のものを用いた書字板からもたらされたと述べています。※5

木材も同様に、情報を記録するのに用いられました。ニムルドから出土した書字板に書かれたものの中に、「ギョリュウの木でできた書字板に書かれている内容によれば……」との記載があるのがその一例です。※6　ゆえに思うに、標準的な原書のいくつかは少なくとも木材上に描かれたかあるいは刻まれた楔形文字でしょう。それらが用いられていたのが初期の頃であるのは『エヌマ・アヌ・エンリル』

の第20の書字板にある1行からわかります。私たちは「バビロンの王であるアダド＝アプラ＝イッディナの11年目の年の記録板」を参照すればよいでしょう。※7　この年は紀元前1058年でした。これらの書字板のどれもが過去3千年紀を生き延びなかったことは驚くには値しないでしょう。

ニネヴェの宮廷図書館で見つかった書字板の中で、アッシュールバニパル王向けにバビロニアで作られた掘り出し物が4、5枚の中の一部にありました。紀元前647年初めの原書に記された2日間※8によれば、それらは加筆されたようですが、それはアッシュールバニパル王と首都バビロンから南の王国一帯を支配する彼の兄との間で起きた、市民戦争終了から数ヶ月後のことでした。これらの掘り出し物は、元々の所有者によりかなりの数が寄贈されたのですが、少なくとも一部は戦争での略奪品だったようです。たぶん彼らに圧力がかけられたのでしょう。

歴史家たちには興味深いことなのですが、まず第一にこれら掘り出し物が個人的な蔵書、図書館からもたらされたということ、第二に粘土板のみならず価値ある複数のページからなる蝋状のもので覆われた板も含まれていたということ、以上ふたつがあります。それらに加え、ひとつの板にまるまる書かれた文章があるのですが、それはおそらく蝋状のもので覆われているというよりペンキ状のもので描かれているということです。複数のページからなる原書は16の「ページ」に及んでいたことが知られており、ゆえに粘土板以上のかなりの情報量を保存できました。※9

現代の図書館同様、この目録は原書の題名ごと、ならびに取り扱う主題ごとに一覧が作成されており、またじつに多くの原書が扱われているのは驚きです。目録にある書字板の多くは損傷を受けたものですが、2千ほどの粘土板、300ほどの複数のページからなる書字板が元々はあったと見積もられています。15人のかつての所有者の名前、そして彼らのうち9人は職業も記録されています。その9人のうちの2人は祈祷師、3人は占者、別の3人は占星術師あるいは占星術師の息子（トゥプシャル）であり、1人は司祭の息子ですが、どんなタイプのそれなのかは特定できません。※10

原書の内容については、最もよくあるのは前兆にまつわる文献で、特に占星術と動物の内臓から判断する占いでした。目録には数の少ない他の様々な原書をも記録していますが、それらは『ギルガメッシュ叙事詩』、「秘儀の」文書、儀式にまつわる教科書、哀歌、医療の処方箋、夢に関する本、魔女に立ち向かうための教科書、縁起のよい日の一覧、未知の文献、天文学の書『ムル・アピン』の一部などです。

ある所有者は435の、他の者は342の粘土板を寄贈しましたが、職業人の中で自身が特に専門とする分野にかかわるあらゆる原書を諦め手放した人物が誰一人いなかったので、これらの数字を合わせたものでも個人の蔵書を満たすほどにはなりませんでした。むしろ、自身の仕事に直接関連性のあるものを持っていようとの思いがあってのものでしょう、他の専門分野にかかわるものを諦め手放したのです。

とはいえ、所有者の職業にかかわる領域以外のこのような特別な文献が存在したことは、彼らの教育と学びの幅の広さの証拠です。実際、個人の蔵書が単に存在したことは――一見したところでは広く行き渡った現象ですが――古代メソポタミアの知的世界に深みがあることの証明です。

アッシュールバニパル王の代理人が集めた数多くの古代の書字板は、古いシュメール語の筆跡で書かれたものであったとしても、見いだされるや否やそのまま保存されました。他にはいつも正確とは限りませんでしたが、アッシュールバニパル王のアッカド語へと複写されたものもありました。同じ原書の古代の遺物ならびに再複写されたもの、両方が残った場合もあり翻訳の質がうかがえますが、これにより現代の学者たちがある場合においては自分たちの方が2千5百年前のニネヴェで働いていた書記の中のいくらかの人々よりもシュメール語をより理解していたと述べることになったのです。

どれほど多くの学者ならびに公務員たちがアッシュールバニパル王の宮廷図書館に近づくのを許されていたか、あるいは図書館所蔵の図書が商業ならびに政治上の資料の情報源を常日頃どの程度もたらしていたか、いずれについても自信をもって断言するのは難しいです。この図書館が王国を管理する上での必要性を当初から目的としている、王族の所蔵品であることを覚えておくのは重要です。廷臣以外の誰でも近づくことを許された、ということは最もありそうにないと考える必要があるでしょう。王国の仲介者のような人物を通じ、市役所吏員あるいは商業上の貿易人といった人々が法律、報告、原書を調べることができたか否かはわかりません。

19世紀のホルムズド・ラッサムによる発掘により、壮大なライオン狩りの小壁を有する壁のあるアッシュールバニパル王の図書館の真の大きさ、優雅さが公になりました。結果として描き得るひとつのまとめとして、この長い展示室が学ぶ栄誉と悦びを体現する部屋であったというものがあります。その輝き、堂々としたさまはアッシュールバニパル王がこの図書館ならびに彼が受け継ぎ、そしておそらくよみがえらせた知的伝統に置いた価値の証拠です。

彼は成長するに及んで、王国のすべての大都市から彼の父親へと届く情報のたゆまぬ奔流に気づいたでしょう。エッサルハドゥン王はアッシリアならびにバビロニアの多くの都市に学術上の情報提供者を有していたのみならず、彼の南方での「眼と耳」となる特別な代表者であるマー＝イシュタルという人物がおり、占星術と魔術について語る彼からの24通の手紙が残っています。彼は王に申し分なく仕え、バビロニアの都市で破壊された寺院の再建ならびに引き続き起きた宗教上の礼賛者たちの「再組織化」という大きな役割を果たしもしました。※11

アッシュールバニパル王も同様に、ふだんから彼に報告を届けていた専門家の学者たちによるうまく組織化された情報網を有していました。様々な商業的ならびに政治的出来事のみならず、天文学上重要な観察一つひとつも記録されていました。日々天空を観察し続けることが占星術師たちの任務の一部としてあったことは明らかでした。

これら占星術上の現象の報告は、たいていこれによる王国への影響を手短かに予知する解釈文と併せ書かれていました。これらの未来予知ならびに天の出来事はおおむね占星術の教科書の大部である『エヌマ・アヌ・エンリル』に基づき描かれましたが、その書の題名は最初の1行にある「神であるアヌとエンリルが……」から名付けられました。これを読めば私たちは占星術がこれら2柱の神にかかわっていると付随的にわかるわけですが、アヌは天空の神でエンリルは地の神、ゆえに天と地ふたつの領域が互いに関係しているのがここではほのめかされているのです。

手本としてふさわしいと認められた一連の教科書は数多くの書字板へと続きました。各書字板の見分けを簡単に行うため、それぞれの書字板は末尾の特別な項に大部全巻の題名と大部での続きの書字板の最初の一行とを載せていました。これはアッカドにおける、現代の本の題名を記したページと同等のものです。

ラッサムの考古学上での手法が粗野だったことと、発掘を行う上での計画も記録もほとんどなされなかったこととにより、図書館にある書字板がどのように配置されていたのかははっきりとはわかりません。展示室を二分する真ん中の部分には、数千の木製あるいは粘土製の箱入り焼成《しょうせい》粘土板を収納していた木製の長机あるいは棚があったことはわかっています。それぞれの箱には焼成粘土板の目録が書かれた小さな三角形状の粘土札が付され、検索がしやすくなっていました。粘土札は箱に短い糸で括り付けられていました。

今日、世界中の図書館ならびに博物館に保存されている楔形文字の書字板の数は膨大です。シュメールから新バビロニアに至るまで商業、文芸、科学などあらゆるタイプの書字板が現時点で50万以上存在します。大英博物館だけで13万点の所蔵がありますが、その地下階には「誰も考えたくもない」ほどにぼろぼろのものもたくさんあります。イスタンブール博物館には8万5千点、パリならびにベルリンには2万5千点ほど。エール、フィラデルフィア、シカゴなど北アメリカの諸大学が全部合わせて7万5千点ほどで、この数値はあらゆる個人での所蔵分は含みません。

これらに加え、バグダッドに保存されている大規模な収集・コレクションがあり、どの程度のコレクションなのかはそこにじかに携わっていない外部の学者たちにはわかっていません。数千の文化遺物がこの地域の戦争の最中に略奪されました。これらがいつか古代の遺物にかかわる市場に戻ってくるのを多くの人々が願っています。

占星術にかかわる書字板は主として、クユンジクの塚に眠っていた古代都市ニネヴェで見いだされたセンナケリブ王ならびにアッシュールバニパル王の宮廷図書館からのものです。これらの大規模な収集が存在しますが、それらが跡地において元々あった場所をはっきりさせるのは不可能です。大英博物館に所蔵されている2万5千以上の書字板ならびにその断片であるクユンジクの大規模な収集は、溝を掘り初期の研究での積み重ねを台無しにしたレヤード、ラッサムそして彼ら以後の発掘者に見いだされたもので成り立っています。彼らの発掘はとても場当たり的なもので、発掘物の出土場所の記録も事実上存在しません。ニムルドでのレヤードの最初の発掘での書字板のいくつかは目録が作成されましたが、それらは誤り、あるいはおそらくクユンジクからの発掘物と一緒くたにしてしまうことによりなされたのでしょう。

そのようなわけで、書字板そのものがセンナケリブ王、あるいはアッシュールバニパル王に所持されていましたと明言でもしないかぎり、私たちは2人（あるいはニムルドを含めればおそらく3人）の王の図書館のいずれからそれらがもたらされたか、確信できないのです。

クユンジクの収集の範囲内でいえば、学者たちならびにエッサルハドゥン王、アッシュールバニパル王の「科学的な」忠告者たちから出てきた報告及びその断片がおおよそ3千5百点あります。書字板の断片が繋ぎ合わせられればこの数字は減り、おそらく現在知られている報告の数である3千となるでしょう。

比較的最近までこれら書字板の大部分が翻訳はもちろん、出版もされずにいました。占星術に関する報告を含む1千5百点ほどが1892年から1914年までにR・F・ハーパーによる手書きの複写版として出版される一方、占星術にかかわる277点のバビロニア原書の初めての翻訳がレジナルド・キャンプベル＝トンプソン教授の手で1900年に出版されました。ハーパーの1千5百の複写は

1930年、レロイ・ウォーターマン教授により翻訳・出版されましたが、彼の仕事はとても信用のおけないもので、「大いなる条件付きでのみ」用いられるべきであることが現代になってからの調査でわかっています。※12

これらの制限のもとでの研究が多くの年月にわたり行われて後、レジナルド・キャンプベル＝トンプソンとウォーターマンが翻訳した分の再翻訳をも含め、アッシリアの史料すべてを出版する任務がその端緒を開きました。1970年にはフィンランド学術協会のシマ・パーポラ教授が「科学的な」新アッシリアの忠告者により明らかになっていた占星術にかかわる370の報告を出版し、1983年にはそれらに対する広範かつ詳細な注釈を出版しました。これに加え彼は1964年から他の学者たちと協力し合い手紙の翻訳を行いました。それらの手紙は公文書にあった後の新バビロニアのすべての報告を含め、宗教・軍事・政治など他の範疇に分類されます。

パーポラが1970年に出版した占星術師からの370の報告ならびに他の占いの報告の中で、81のみが占星術、天文学と暦の計算にかかわっていました。しかしながら、全数の中で日付を伝えているのが4つしかありませんでした。さらに彼らが宛てた王たちが誰なのかはわからないままでした。私たちが個々の時代にまつわる知識を広げるために必要な、あらゆる歴史上の出来事の前後関係を踏まえ順序づけることは日付なしではできなかったので、歴史家からすればそれら報告を利用することには初めのうちは制限が大いにありました。しかしパーポラは報告者たちが観察し、しばしば詳細に論じた原書の範囲内にある天文学上の出来事により、それら報告の日付を定めることが可能であるとわかりました。注意深さを要する難易度の高い分析を経て、最終的には231点分の報告の日付が首尾よく明確に割り当てられました。

これらの日付が明確にされ、いずれの王の支配下の時代に割り当て得るかが判明すると、たちまち珍奇な現象があるとわかりましたが、それはエッサルハドゥン王の統治最後の年にあたる紀元前672年から紀元前669年までの4年間のあいだに手紙のほぼ半分が書かれていたということです。加えて、それらは先に述べた期間内に定期的に書かれてはおらず、規模のより大きいあるいはより小さい知的活動の期間が存在することを示す「群れ（クラスター）」の存在を示す形で書かれていました。そのような短期間のうちに、とある一人の占星術師から最も多く書かれた手紙の数は、紀元前669年中頃の2ヶ月のうちにアダド＝シュム＝ウシュールから送られた11通です。※13

この明らかに不均衡な、バランスを欠いたさまに関しパーポラが出した結論は、先に述べた4年間での報告がおそらく王と彼に仕える学者との間での通常程度の音信で、この4年間の場合失われてしまった手紙がほとんどなかったというものです。※14　この4年間前後の他の年の報告がより少ないのは情報のやりとりが少ないのではなく、書字板が過去に失われたかあるいは未だ見つかっていないかであるということです。似たような状況が日蝕のような天文学上の重要な出来事に関する報告でも見受けられ、これら日蝕は予想通りよく記録されているものの、紀元前675年から紀元前666年の間のみなのです。

これまで見てきた通り、エッサルハドゥン王とアッシュールバニパル王の図書館に収納されていた、おそらく番号が付され数えられていたと思われる2万5千ほどにのぼる書字板はいくつかの異なる区域、仕切られた場所で発見されました。ある区域は王室の管理にまつわる報告、すなわち占星術師を含む忠告者からの3千通に至る手紙から成っており、それらにはアッシリアでの宗教・医療・政治・軍事に関する情報がふんだんに書かれています。2番目の区域は王の統治下での政治上の出来事を詳細に記した公式の歴史が収められており、比較的丈夫な粘土板のみならず歴史が書かれた原書を収納している粘土製の円筒がかなりの数、見いだされました。これらのうちかなり多くのものが空気に触れるや否や粉々になり、そこに書かれていた情報は永遠に失われました。

別の区域にはおそらく最も決定的なものであろう、アッシリアの神話ならびに文芸の収集があり、シュメール語ならびにアッカド語に充てられ辞書のような趣きをなしている書字板が200ほど、そして正典的な続き物として配列された前兆にまつわる特別な原書である300ほどの書字板の収集も所蔵されていました。最後に今日の私たちがよく行っているのと同じような理由で保有されていたに違いない、商業にまつわる原書、契約書の束がありました。

考古学者たちはアッシリア人ならびに彼ら以前のバビロニア人が様々な占いの技巧・術に自らを献じたことをすぐに見いだしました。彼らが自らを占いに献じた根拠は、宇宙の本質と人類の務めにまつわる彼らの古代の宇宙論上の信仰にあります。

メソポタミア人にとって、地とその上にある天とは別々に離れた領域ではなくひとつの領域（訳注4-1）内のふたつの部分です。地と天とは互いを補うものであり、一方が他方に信頼を置いているがゆえに両方とも同等に重要なのです。たとえばの話ですが、地が天よりも何らかにおいて「劣る」などといった概念はありませんでした。彼らが専門家である占者から学んだ前兆が神々から送られたメッセージであると信じる一方、これらメッセージ、これら前兆は空を見上げ目の当たりにできた出来事からと同様に、地上での出来事からも容易に描き得るのでした。この点については、考古学者たちにより復刻された占いの手引き書にはっきりと指摘されています。すなわち「上空に現れた兆候は地上のそれら同様、私たちに警告をもたらす」[※15]と。

メソポタミア人の姿勢を理解するための第二の鍵となるポイントは、かなり初期の頃から彼らが人類を神の「血肉」から出来上がった創造物であり、部分的に神であり神々が実体化した存在と見なしていたことです。２千年紀の初めのバビロニアの物語であるノア、アトラ・ハシースは次のように説明しています。

1柱の神を殺めてもらいましょう
そうすればすべての神々は浸された中で清められます
彼の血肉から
ニントゥに粘土をまぜてもらいましょう
そうすれば神と人が
粘土の中ですっかり混ざるかもしれません
私たちが残りの時間、太鼓の音を聴いてもよいように
霊魂に神の肉から現れてもらいましょう[※16]

宇宙にまつわるこの見方を理解する上での第三の要因は、人類は神に仕えるものであるという古代の信念です。

誕生の女神に子孫を創造してもらいましょう
そして人に神の骨折り仕事をこらえてもらいましょう
あなたは誕生の女神、人類を創造する女性
ルル［人］を創造すれば彼は隷属に耐えるかもしれません
彼にエンリルに割り当ててもらった隷属をこらえてもらいましょう
人に神の骨折り仕事を背負ってもらいましょう※17

このように神が要求しているものを正しく知ることはきわめて重要でした。彼らがなぜ星座の見える夜空を、神々の命令が書かれた天空の書であるシティアル・シェームと見なしたかについては疑いがありません。

メソポタミア人はすべての異例の現象を前兆、修練を積んだ占者なら読み取れるかもしれない神の伝達と見ていました。結果、これら占者すなわち専門家である知的同業者仲間（一般的に「聖職者たち」と呼ばれますが、彼らが独身者である様子はありません）の一員たちは宮廷あるいは寺院に所属し、そのような幅広い自然現象からくる前兆を解釈することに自らの時間を捧げていました。これら熟練者からすれば雲の動き、風向き、流星――地上では動物や子供が奇形で生まれたりしたかもしれません――

稲妻、雷、地震あるいは洪水など天にあらわれた出来事は、正しく読み取れさえすれば決して根拠のないことではなくすべて意味があり、すべて潜在的に神々の要望のあらわれだったのです。これらを正しく読み取ることが占者の務めでした。

もちろん、これ以降見てゆく通り、私たちはこれら古代の概念を扱っているあらゆるものについて自説を譲らない、独断的なものにはなり得ない一方、明らかに先に述べた前兆はあり得る未来の兆候として考えられたのであり、やがてやってくるであろう変えられない出来事の兆しとしては考えられていませんでした。神々の意志である未来は交渉が可能で（訳注4－2）柔順なものであり、今日私たちがこの語を理解しているような意味で〝運命づけられた〟ものなどでは決してなかったのです。

前兆を理解するための様々な技術一つひとつには標準となる教科書、専門的文献がありました。たとえば、通常でない出生から読み解く占いにまつわる教科書は、その第1巻の最初の1行に「新たに生まれた動物が……ならば」とある『シュンマ・イズブ』と呼ばれる標準的な双書としてまとめられました。動物の通常でない振る舞いを観察することで前兆を描いた占者は『シュンマ・アル・イナ・メレ・シャキン』（「都市が丘の上にあれば……」）なる双書を有し、儀式において殺された羊、たいていは雄羊でしたがそれらの肝臓・肺・心臓・腸・脊椎骨・胸骨・胃などの内臓から判断し、占う人々は『シュンマ・マルトゥ』（「もし胆嚢が……」）なる双書を用い、※18医療を用い祈祷を行う者は『エヌマ・アナ・ビット・マルシ・アシプ・イッフィク』（「祈祷師が患者の家に行くのであれば……」）を所持し、占星術師たちは偉大なる『エヌマ・アヌ・エンリル』（「神であるアヌ、エンリルが……時」）を持っていました。

図書館にあった占星術の書字板を詳細に分析したことにより、ふたつの重要な事実がわかりました。ひとつめは占星術が長い期間を経て発展したことで、ニネヴェからはアッシリアの凋落、ならびにその後引き続き起こる異国の哲学の流入それぞれの時代の直前の学びの状態が表現されている書字板がありました。ふたつめはこれら書字板ならびに王への報告中に見いだされる占星術はマンディーン占星術として知られているもので、個人ではなく王・国家にかかわる占星術です。個人の出生図はどこにもなく、またどの教科書もそれについて触れていません。同様に、アセンダントの概念も黄道上の宮もともに古代ギリシャの古典時代以来、占星術を行う上で必須であるわけですが、双方ともに記載がありません。結論としては、それらは後世で発達したものであり、アッシリアならびにバビロニアの占星術師のあいだでは実践された技術のうちに入っていなかったのであり、それらが必要とされたプロセスが出てきたゆえに長い時間を経、現代の占星術師たちにより用いられるに至った、発展した技術であることを証明しているということでしょう。

アッシュールバニパル王ならびに彼の父に手紙を書いている占星術師たちはさほど特殊化されてはいなかったので、多くの様々な占いとの競争がありませんでした。唯一の例外は内臓占いで、いけにえの動物の肝臓を調べる肝臓占いや肺・肝臓・気管・胆嚢・腸を調べる占い・研究も含みます。

内臓占いの伝統は別の、高い技術を有する専門家の伝統として油断なく重宝され保護されてきたものでした。彼らの技能は雄羊の耳に質問を発することを必然的に伴います。動物は殺され、内臓には重要なこぶやしみがないかなどをじっくり調べられます。これはある一定の不確かさへの余地を残すと見ることも可能な一方、その手順はそういった不足分を調整できるようになっています。最初の調査によりふさわしい答えがもたらされなかった場合、「正しい」結果を手に入れるべくさらなるふたつの試みがなされるのが習わし、伝統となっていました。占星術師の側からすれば、そのような技術から距離を置くことは賢明のように思われたであろう一方、一般的に前兆を解釈することにおいては、かなり創造性に富んだ、占星術を行う上でも見られる柔軟に対応する性質が重要だったようです。

後世において見られた証拠によれば、王は先に述べた経緯を重々承知していたのであり、それを根絶するかあるいは管理しようと様々な段階を踏みました。たとえば旧約聖書には幾分か脚色されているにせよ、おそらくいくつかの実際に起きた状況あるいは出来事の記憶を含む物語があります。『ダニエル書』にはバビロニアのネブカドネザル王が夢により悩まされたことが記録されています。彼はその意味を知りたくて、すべての宮廷占星術師ならびに魔術師を招集しました。彼は夢の解釈を要求しただけでなく、もし期待を裏切ったらすべての占者を処刑し彼らの家を壊すと脅しました。占星術師たちは解釈するために夢について説明するよう王に頼みました。

忠告者たちに対し明らかに疑いを持っていたネブカドネザルはこの申し出を断りました。不正行為の可能性を取り除くべく、彼は占星術師たちは夢を解釈できるだけでなく、その内容もあらかじめ知っているべきであるとだけ言いました。この条件によってのみ解釈を信用できると、彼は説明したのです。

占星術師たちと占者たちはどうか夢の話をしてくれるよう再び王に頼みましたが、これを聞き王は怒り自身の要求に従うことができず時間稼ぎをしていた彼ら全員を非難しました。占者たちは非難はもっともであり質問に答えるのは自身の能力を超えたものだと認めた上、とはいえそのような難問を出す王はこれまでいなかったとつけ加えました。不満に思った王は激怒し、ネブカドネザルの宮廷で仕えていたバビロニア名ベルシャツアル※19であるダニエルを含む全員を処刑すると言いました。この事件によりダニエル（あるいはこの物語のもととなった人物）は自身の能力を見せる機会を得ることになりました。※20

★

現代の学者たちはメソポタミアの知的伝統の仕組みをより理解しようと試みるべく、当時学者になることはどのような意味があったかということを探り始めました。情報源である、現存する文書のほとんどが書き手ならびに彼らの環境についての情報をほぼ明らかにしていない一方、エッサルハドゥン王とアッシュールバニパル王に送られた報告により著者の公的ならびに私的双方の個人情報の断片が含まれていたのがわかりました。これらの報告を厳密に調べることにより書き手の生活にまつわる見解を築き上げるのが可能になるのです。

報告を書いている学者たちは5つの専門的技術分野に分類されます。まずひとつめは書記（トゥプシャル）で、彼らは占星術師であり天空や気象にあらわれた前兆を解釈する専門家でした。ふたつめは腸卜僧《ちょうぼくそう》（バル）で、たいていは雄羊ですが動物の内臓を学ぶことで未来予知を行う専門家です。3つめは祈祷師（アシプ、マシュマシュ）で、不吉あるいは病気を回避するのに必須の魔術儀式を行う人々です。4つめは医師（アス）で、疫病を薬や他の治療法を用い医療的手段で対応する人々です。最後にな

る5つめは歌手（カル）で、神々の怒りを鎮めるべく複雑なチャントである賛美歌を詠唱する人々です。※21

これら専門家である学者たちはふたつの社会集団に分けられます。すなわち王のそばに仕え、ふだんから王に近づく機会の多かった集団と、王に仕えたり近づいたりすることなく地方都市で働いていた集団です。特権を得ていた「側近者」である学者たちは、社会での階級がどれほど高かったにせよ宮廷内には住んでいませんでしたが、ニネヴェの住宅街地域に家を所有していることが多かったようです。彼らが著名かつ宮廷内で大いに敬意を払われていた人々であった一方、自身がたえずおべっかを使ったり誉めそやしたりしていた王を常に恐れ暮らしていたのは明らかです。これら高位につく学者たちは社会的な地位の高さや王にとって重要な情報をもたらす存在であったにもかかわらず、国のあらゆる決定に影響を及ぼすほどの力は持っていませんでした。

彼らはかつて人々が推測したような、マキャヴェリ風の「政界実力者」である宮廷内で力を持つ政治的陰謀団をつくったりしませんでした。むしろそれとは対照的に、彼らは従順な「学術的」役割を果たし、学術上の標準の教科書に基づき王からの質問に答える立場を維持しました。事実、すべての残存する報告は王から明確に示されたいくつかの質問への回答として書かれています。これらの報告のうち、王あるいは政治上の方針を巧みに扱い操作するよう求めた内容のものはありませんでした。そのような廷臣とはしばしば国の出来事にみずから巻き込まれ関与することを通じ、一層の権力を求めるようになる存在なので、短い期間内のものとはいえ資料は豊富にあるにもかかわらず、そのような行いを推測させるような証拠が明らかにないのは、王が廷臣たちのそのような活動を厳しく弾劾していたことを証拠づけているのです。

エッサルハドゥン王とアッシュールバニパル王との周辺に集まっていたこの「側近者」を分析すると、いくつかの注目すべき家族関係があったことがわかります。少なくとも3組の父と息子との関係があり、それらのうちのひとつは永きにわたって続いた名家一族の親子でした。記録されていた「側近者」の四分の一は著名な名家の一族で、占星術を含め250年以上にわたる専門知識の連綿とつながった伝統を有していました。※22

エッサルハドゥン王統治下の間、この知的名家は2人の兄弟が代表しており、占星術師たちの中の長であったナブ＝ゼル＝レシールと、エッサルハドゥン王とアッシュールバニパル王双方の祈祷師であったアダド＝シュム＝ウシュールです。ナブ＝ゼル＝レシールの息子であるイシュタル＝シュム＝エレシュは伝統にならって振る舞い、アッシュールバニパル王の占星術師たちの中の長へと上りつめました。彼は「王の一覧表」中に言及される栄誉を達成しました。総数72に至る、じつにたくさんの報告が後世に残りましたが、それらは彼を嚆矢《こうし》としています。アダド＝シュム＝ウシュールの息子であるウラド＝グラは王に仕える祈祷師であり医師でしたが、王のお気に入りでなくなり地位を失いました。回復されたふたつの報告書によれば、彼の父が彼の代わりに王の利益を図ったようです。※23 これら熟練者たちちすべては200年ばかり前の統治者であるアッシュールナツィパル二世の占星術師の長の子孫だったのです。

こういうタイプの名家は地方都市にもつきものでした。タブ＝シリ＝マルドゥクという学者、彼の父親そして彼の叔父すべてがバビロンに住み、皆王に占星術の報告を書いていました。

パーポラ教授が次のように解説しています。「学術上の忠告を行い宮廷に務める重要人物は2、3の特権を有する家族の管理下にある人々であり、彼らが世代から世代へとこれら任務を独り占めした正真正銘の学術上の『マフィア』だったのは……明らかであると思われます」※24

占星術師など報告の書き手一人ひとりは熟練者と見習いの双方で成り立つ組織立ったチームの首領だったのでしょう。少なくともアッシリアではこのチームは10人の学者たちから成るのが標準的で、なぜなら指導者の肩書きであるラビ・エシェルテは「10人の集団の首領」の訳語だからです。※25 書記の訓練は長期間で多大な努力を要するものでした。彼は自身が問題とし異議を唱えることはなかったであろう、的確さと正しさとを擁する修練の「聖なる書物」を深く学ぶことにとりかからなければなりませんでした。それにもかかわらず、これらの学者たちは知識量をたゆまなく増やし一層豊かにしていました。蝕と天体の相にまつわる多くの予知が旧式かつ太古の科学的技法に基づいていた一方、「正典と認められた」教科書には見いだせない、よりずいぶん洗練された天文学的手法に由来をもつ技術をより深い精査に基づき試み証明した人もいました。これら新たな技術はそれ以前の千年紀にわたり蓄積された、占星術師たちによる組織立った天文学上の詳細な記録である大量の資料に基づく学術上の作業により生じました。この経緯があったがゆえに、紀元前5世紀ならびに後の古代ギリシャなど古典期での典型となった、数学に基づく天文学が起きたのです。

生徒にとってさらに混乱となったのは、アッカド語のみならず古代のシュメール語をも学ばなければならなかったことでした。彼らは同じ楔形文字を記号上ならびに表音上で用いることの双方の能力を伸ばす必要があったのであり、特に後者は古代の教科書に取り組む上で一層の複雑さと困難が伴う要素でした。なるほど、これらの難易度は確かにこの分野の技能の一般性を目減りさせるものでした。

それぞれの都市で、占星術師たちのチームは天空観察が途切れぬよう継続する必要がありました。これらのチームは王室の宮廷御用達であるか、少なくとも王から直接支援を受けていました。いくつかの都市では、こうした占星術師の組織は数百年に及び存続し、機能していたことが裏付けられています。※26

古代ギリシャ、ヘレニズムなどの古典時代、すなわちアッシュールバニパル王より600年ほど後の時代にはバビロンとウルクは占星術師の都市として有名でした。2世紀のギリシャの旅行家、地理学者であるパウサニアスは他の住人たちはティグリス川沿いの新たな州都であるセレウキアに移り住んだとはいえ、占星術師すなわち「カルデア人」たちはバビロンのベル寺院の近くの地域にまだ住んでいるとしていました。※27 ストラボ（紀元前54－24）、プリニウス（23－79）、占星術師ヴェッティウス・ヴァレンズ（2世紀）の3人全員がバビロニアの占星術師の学校が自身が生きた時代頃まで続いたと述べています。彼らの主張は考古学上の記録により裏付けのあるものとなっており、バビロニアから出土した天文学の教科書は42年・43年までのものがあり、※28日蝕の記録が楔形文字で記された書字板で75年の日付があるものが見つかっています。※29

紀元前最初の千年紀では経済・政治上の大いなる変化が見られ、それにより知識人たちが寺院や宮廷とかかわることなく働くことができる状況が出来上がり、彼らを用命できる人々すべてに自身の才能を振る舞うことも可能になったようです。その到達点はペルシャの侵略者たちのもとで起きましたが、その際占者たちはもはや宮廷や寺院に所属していませんでした。これにより――まだ不明点はあるものの、何らかの方法で――占星術に数学が入ってゆくための下地ならびに占星術師が国家よりも個人と関わるようになることが強調されるための下地がもたらされました。まず黄道が用いられるようになり、次いで個人の出生図、そして千年紀の転換の頃にアセンダント――出生の瞬間、東の地平線に上昇している宮を表す――が発明されました。

＊1　ウォーターマン著『アッシリア帝国の王の書状』第4巻、２１３頁参照願います。ニネヴェで見つかった『エヌマ・アヌ・エンリル』の書字板の写しは元々南方から来ており、順序立てて取り上げられたのかもしれません。ロックバーグ＝ハルトン著『バビロニアの天の占いの様相』１７４頁の『エヌマ・アヌ・エンリル』の20の書字板のひとつに言及している箇所を参照願います。明らかとなったその書字板はウルク、バビロン、ボルシッパから出土しました。

訳注

4－1…"earth and the heavens above were not separate domains but were two parts of one realm"（原書47頁）。"domain""realm"双方共「領域」と訳出しましたが著者ベイジェントはふたつの異なる単語を用いています。

4－2…未来に起きるであろう出来事が折衝・交渉可能なものであるとの考え方は、ベイジェントとの共著『マンディーン占星術』を有するニコラス・キャンピオンも述べていることです。「7　超自然的なものとメソポタミアの宗教」（原書94頁）中にも言及あり。

5 アッシリアの学者たちからの手紙

夜が訪れ、メソポタミアじゅうに影を落とし始めると、占星術師たちのチームは寝ずの番に備えました。エッサルハドゥン、アッシュールバニパルの2人の王のもと、彼らはたえず天空を見上げ続けるよう申しつけられていました。空を見上げ続け、目撃したであろう天の出来事に見合った前兆を記録するだけでなく、月がひと月の終わりに見えなくなって以降再び現れる瞬間をとらえ観察するのに躍起になっていました。新たな月が最初に現れるのはバビロニアの太陰暦にとって重要な「きっかけ」で、それは新たなひと月の始まりを示していました。過失、視界の悪さ、いかなる理由であろうとそれをし損ねた占星術師は誰もが王から汚名を着せられる恐れがあり、それにより自身の地位を失う可能性もありました。というのは古代の占星術師たちは空に現れた意味を読むことだけでなく、国の暦を管理することも務めだったからです。

それよりほぼ千年前、ハンムラビ王がバビロニア王国に公式の暦を導入しました。これにより占星術師たちはふたつの務めが要求されることとなり、それらは蝕の予知ならびに新月が最初に見える夕刻はいつか、あらかじめ計算し割り出すことでした。しかし、千年紀が過ぎ同時に数学も進歩したにもかかわらず、真に精度の高い暦はアッシュールバニパル王の時代まではまだありませんでした。実際、これが成し遂げられるにはさらに千年紀以上の時間が求められました。

紀元前7世紀頃になっても、天体の動きを観察し計測することはきわめて簡単に割り切りすぎたものでした。たとえば、火星が徐々に土星に対しコンジャンクション、すなわち合になろうとしているトランジットをたえず監視していた占星術師が紀元前669年3月13日、エッサルハドゥン王に次のように報告しています。「まだ指5本分ほどの距離があります。それ［＝合、コンジャンクション］はまた確かではありません……それ［＝火星］は1日あたり指1本分ほど動きます」（＊1）この手紙はメソポタミアの占星術師の務めの主だったひとつである、前兆を描き出し得る天空に現れたすべての物理現象を観察し記録することを例示しています。これらは私たちがこれまで触れてきた天に現れた出来事のみならず、現代の占星術師であれば考慮の範囲に入れないであろう気象上の現象あるいは地震、異例な出来事などの地上の出来事も含み、たとえば王の戦車にひかれたマングースの話は縁起の不吉な解釈のもととなりました。この出来事は軍事上での冒険的企てを求める動きに反対するよう忠告を受けた王にとって十分に重要でした。彼の敗戦があり得たからです。※1

こういった観察を経て増えていった情報は王に対しふたつの方法で提示されました。ひとつめは遠慮なしに情報を差し出すような陳述のみといったもので、たとえば「火星がさそり座から出ていて座を進んでいます。閣下である王はどうかこれをご承知ください」※2　このような報告により純粋に科学上の目的が満たされ、現代の天文暦ほどではないにせよある程度のものまではもたらされました。情報を提供するだけでなく、出来事を解釈し政治上の忠告を添えるための報告がより必須でした。「火星がさそり座から出てゆき、転じてさそり座に再び入るのであればその解釈は以下の通りです……警備を怠らないでください。王は厄日に外出すべきではありません」※3

いくつかの手紙により、天体の動きや異例の出来事、あるいは翌月の幸運な日、不運な日にまつわる特定の情報を王が占星術師または占者に早くから要望していたことが明らかになっています。※4

しかしこれら知的活動にかかわらず、王は月そしておそらく日にちについてもいまだに戸惑っていた可能性があったようです。紀元前669年の書字板には以下のように書かれています。「閣下である王がお書きになり送ってこられたのは『今は何月だ？』というもので、今はアッダルで今日は27日、来月はニサンヌです」※5

これらの報告には占星術師たちの職業上の知的生活ならびに一個人としての生活、両方にかかわる情報が驚くほどふんだんにあり、王は明らかに家父長的役割を堅調なまでに満たし、占星術師たちの家庭問題の詳細にまでかかわるよう望まれていました。バビロニアの占星術師ベル＝レイが公務の報告を済ませてのち、以下のような嘆願文をつけ加えている手紙があります。「王様、逃げてしまった私の女中を捕まえてくださいますでしょうか？」※6

王がこのような些細な問題に関与していることは、すべての占星術師たちが王位からじかに雇われていた人々であるという事実を反映していました。王だけが彼らの得る利益の受領高や彼らの生活様式の変化に対し認可を与え得たようです。バビロニアの別の占星術師であるネルガル＝イティルは王に宛て次のように書いています。「驢馬《ろば》を送り遣わしてくださいませ。そうしていただければ、足が楽になります」※7　医療上の処方の承諾もまた、王からのお墨付きが必要だったようで、「バビロニアの魔術師、ビル＝イプシュの具合がとても悪いです。医師に来させて彼を診るよう王から指示してもらってください」と書かれています。※8

報告に対するこれら私的な加筆文から、占星術師という職業が浮き沈み、誤り、恵まれた立場からの失墜などのないものではなかったことがいくらかはっきりとわかります。占星術師たちは特権を得ている自身の地位も生活手段も王に負っていたので、王の気に入らなくなるといともたやすくすべてを失いかねませんでした。彼らの地位はつねに不安定だったようで、失敗への恐れならびにその帰結は次の通り報告にあらわれています。「私たちは困っており恐れてもいます。そういったわけで今こうして王に手紙を書いています」※9　そしてさらにこうも書いています。「とても心配で、報告どころではありません」※10

そういうわけで、成功を収めた占星術師が自身の成功が事実であることを王がちゃんと気づいているか否かを確認するのになぜ骨折りしなくてはならなかったかを私たちはおそらく理解できます。紀元前666年7月30日、占星術師アックラヌはアッシュールバニパル王に宛て次のように書いています。「蝕の際木星がそこに居合わせれば、王にとってすべては上々です。高貴な高官が彼（訳注5－1）のかわりに死ぬでしょう。王はこのことに留意いただけたでしょうか？　主席裁判官が亡くなるまで、その時点でまだひと月も経っていませんでした」（＊2）月の動きから正しい予知を行ったことで自身の成功をおそらく誇りに思っていた——ついでながら、彼らが未来を正しく予知するのがいかにまれなことであったに違いないかがこの話でわかります——であろう、別の占星術師は王に要点を理解してもらう必要があると考えました。彼は月の最初の日に「14日目に月が太陽とともにあるのが見えるでしょう」と予知したことを強調しつつ書き、誇らしげに宣言した通り、実際に起きた出来事が彼の予知の正しさを証明しました。※11

すべての占星術師たちはみな地位が同等というわけではありませんでした。イシュタル＝シュム＝エレシュのように、知性が卓越していた人物が何人かいて、イシュタル＝シュム＝エレシュの場合彼は指導者でもあったので、王との永き関係による威信と利益を享受しました。他の占星術師たちは互いに切磋琢磨することで敬意を得ていましたが、地方に留まり続けるのを基盤とし権力の中心に近づくことはなく、顕職にまで昇級することはありませんでした。しかし他の占星術師たちでさらに役職の低い者たちはいわゆる二流で、占星術師たちのチームの中で競争力のある一員かあるいは自身の進歩を夢見ている生徒だったりしました。

占星術師たちの人生はつねに不確かなものでした。報告によれば彼らが支援あるいはより具体的に食糧、住まいを嘆願する事例が詳しく述べられています。このような懇願により、占星術師たちは一旦王が気に入らなくなると、宮廷あるいは寺院からもはや仕事をもらえなくなり、おそらく後者の管理区域からも追い出された可能性が推測されます。

占星術師タビアは詳細は不明ながらいくつかの重要な職務怠慢を犯したのち名誉ある立場から凋落し、王に食糧を求めたびたび泣きを入れましたがのちに占星術師としては正式に追放され、レンガ造りの役割を任ぜられ生計を立てました。※12　彼の不名誉は別の占星術師アダド＝シュム＝ウシュールにも繰り返され、彼は王に物乞いをしつつ言いました。「父としての私はあなたの召使いです。ああ王様、閣下よ。あなたのお顔をあなたが受け入れている人々同様私も拝めますように。悲しいかな！　私は食糧が乏しく死にそうです。犬っころのように物乞いをせざるを得ません。これまで私は怠慢だったりしなかったのに」※13

物理的観察である占星術の実践面はつねに多くの技術上の問題がつきまといました。多くの場面において、占星術師たちは雲や砂塵の嵐により観察が不可能になったと報告しています。観察を行う上での機械装置もまた手助けとならず誤りをもたらすことがあったようで、ある書字板には時間を計測する道具でおそらく水時計の類いのものである〝アブカル・シクラ〟の故障により正確な観測ができなくなったとの報告があり、水時計が夜のあいだじゅう止まってしまったことにより、占星術師たちは時間の経過を記録し得なかったとのことでした。※14

観測用の道具の故障がなくとも、不確実さならびに誤りはつねに存在しました。アッシリア、バビロニアの数学上の手順が進歩したとはいえど、日蝕を継続的に予知するのはいまだ不可能であり、これら日蝕にまつわる出来事はそれが起こる可能性がないときでもかなりの心配りをしていなくては観測ができなかったので、このことは重要な不足項目でした。それら出来事を見抜くことができなければ王の憤りを買うことにもなりかねなかったことが次の記述からわかります。「王が『起きるのか起きないのか明確な返答を送ってくれ』と書いておられる日蝕につきましては、私が見たところ起きません。その兆候は明らかではなく、私はうなだれています。わかりません」※15

歴史を通じ、学術を行う人々の顕著な特徴のひとつとして、自身が学ぶ分野で傑出することにより身についてしまう鼻持ちならないほどの利己主義・尊大さ・うぬぼれというものがあります。こうした態度により激しい論争がもたらされましたが、それらは教義上のぶつかり合いよりもむしろエゴの衝突に基づきいつも起きたのです。これら事象には関心のない傍観者からすれば、ふだんは洗練された学者たちがまるで生存すら危うくなったかのように戦っているように見えるでしょう。私たちはふつうは議論の一端のみにしか関与していないにせよ、古代メソポタミアの知的世界もこのような学者間の論争と無縁ではありませんでした。占星術師アックラヌはある時、とある解釈を蔑視しばかにする余りその誤りの内容をくわしく説明することすらできませんでした。説明するかわりに彼は王に無遠慮な返信を送っています。「この前兆はたわごとです。王様はこれを無視すべきです」※16 これにより彼と強情な仲間との口論が起きたか否かは私たちにはわかりませんが、王は誤った返答をしたとされた人物にアックラヌの答えをほぼ確実に投げかけたでしょうから口論はありそうなことです。

パーポラ教授により翻訳された数多くの報告中に、私たちは天文学上の識別をめぐり3人の占星術師たちが怒り論争し合う詳細を見いだします。実際にはこの論争は誤解から生じました。エッサルハドゥン王は誰とは特定できませんが、とある占星術師から翌月水星が上昇すると知らされました。彼はイシュタル＝シュム＝エレシュに手紙を書き、これが正しいか否かをたずねました。現代の計算によれば、この王の質問の時点で水星はすでに上昇していました。イシュタル＝シュム＝エレシュは自身の目で観測済みだったのでしょう、この時点で水星の上昇を知っていました。結果、紀元前669年3月24日付の報告で彼は誰とはわからぬ自身の仲間の誤りをアッシリアの箴言を用い即座に退けました。「無知な者は判断を誤り、無学な者は力ある者に迷惑をかける」※17　イシュタル＝シュム＝エレシュはこの話をさっさと切り上げ、金星について論じ始めています。

これを読んだ王はあいにくこれを誤解し、水星でなく金星が上昇したものととらえました。少し心配になり、王は別の意見を求め2人の宮廷占星術師、ナブ＝アッヘ＝エリバとバラシに金星が上昇するか否かについての意見を求めました。2日後、ナブ＝アッヘ＝エリバは王への返信で金星はまだ見えないと怒りつつつけ加えました。「王に宛てた人物……は恥ずべき人です。とんまでいかさまな……。金星はまだ見えません……。王にそんな返答をよこしたのは誰です？　……明日一つひとつ急ぎ調べます……なぜ嘘をつきこういった事象を豪語するのでしょう？　わからないのであれば口を閉ざしておくべきです」※18

同じ日である紀元前669年3月26日、バラシもまた王に返信をしたため、ナブ＝アッヘ＝エリバ同様に仲間に対し軽蔑的な姿勢をうかがわせて次のように書いています。「閣下である王が『すでに見えると言われた』と私に宛てた金星についてですが、これを閣下である王に書いた人物は自身が何を言っているのかわかっているのでしょうか……繰り返しますが、閣下にそのように書いた人物は誰でしょう？　彼は水星と金星との違いもわからない人物なのですね……」※19

予想通り、誇り高き熟練者間でのこの論争は紀元前669年3月28日の宮廷で、たがいに口角泡を飛ばすほどの激論で締め括られましたが、そのてん末を告げるバラシの報告が残っています。紀元前669年3月29日、彼は次のように書いています。「水星については……昨日、イシュタル＝シュム＝エレシュがナブ＝アッヘ＝エリバと宮廷で議論の機会をもっていました。その後、夕方に2人は観察に

出、それを確認し満足していました」※20

こういった腹を立てた者どうしの衝突とはべつに、メソポタミアの知的な人々の中には、現代の私たちのあいだでもあることですが、原始占星術国風（訳注5－2）の古めかしい職業上の専門用語を用いることで自身の立ち位置を守る狭量な熟練者もいました。ある時王はイシュタル＝シュム＝エレシュに占星術上の注釈の意味を詳しく述べるよう求めました。年配の占星術師であった彼は、書字板を読むことができたとしても部外者にはたやすく理解し得ないような、アッシリアの占星術特有の混乱を招きかねない言語上のしきたりが露わになるような詳しい説明を綴り返信してきました。「閣下である王が私に『あなたの言う「金星は朝、安定しています」（訳注5－3）という言葉はどういう意味なのか、いつ教えてくれますか？』とお書きになられました、金星についてですが、注釈に以下の通り書かせていただいております。すなわち『金星は朝、安定している、について……「朝」という語はここでは明るくなるという意味で、明るく輝いているということです。そして「その位置は安定している」という表現は西に上昇する、ということです』」※21

解釈一つひとつすべてがアッシュールバニパル王の図書館にある正典の双書『エヌマ・アヌ・エンリル』から描き出されたわけではありませんでした。占星術師たちは明らかにそれらに代わるいくつかの、おそらく口伝による規範外の伝統で公式での教えではない、ほぼ知られていなかった伝統により伝わった解釈をつけ加えてもよしとされていました。

イシュタル＝シュム＝エレシュからの報告には、求められた解釈が口述に由来していたことが明白に書かれています。彼はさそり座を抜けた後逆行に転じ再びさそり座入りした火星の観察から引き出した前兆につき語っていますが、それは王が宮廷から外に出るべきではない悪い日であるというものでした。しかしイシュタル＝シュム＝エレシュはこの解釈は「双書」からではなく「師匠たちの口伝の伝承からである」とつけ加えていたのでした。※22

占星術師たちは出来事から未来予知を行うのにつねに緊張を強いられていたようです。しかしながら、時たま気分をすっきりさせるために出てしまったような本音が文献の表面上の静寂ぶりから出てくることがあります。パーポラ教授が翻訳した報告の中のひとつに、その観察については「何も言うことがありません」と書かれたものがあります。※23 もちろん、前兆があり占星術師たちがそれを見逃したのであれば、彼は結果的に信用を失うでしょう。おそらくこういった類いのことがかつては不名誉な中にあっても決して「怠慢ではなかった」気の毒なタビアあるいはアダド＝シュム＝ウシュールに起きたのでしょう。概して占星術師たちは前兆への対応が早く、なかには急ぐあまりそれらをわかりやすく表現しない者もいるようです。パーポラ教授は現代の官僚政治に似た一例を挙げています。すなわち「今年はあまりにも乏しいゆえ収穫をもたらしそうにない雨についてですが、これは王の人生ならびに活力にかかわるよい前兆です……おそらく［王は］『それをどこで見た？　言え！』と言うでしょう。報告には……こう書かれています。『兆候が空に起こりそれが取り消されず、また降雨量の欠乏があなたの国で起きたのであれば、敵に反する道を王に選んでもらえ。彼はどの国に行こうとそれらの国々を征服し、また人生も永きものとなるだろう』」※24

この忠告は、雨が降らなければ戦争に行くとよいというものです。おそらく私たちはこの忠告には実際的な面があることをうかがえるでしょう。というのは、雨が降らなければ農作物も得られず、飢饉も起こるでしょう。男性の人口の大部分を本土から取り上げ、他の都市を略奪し食糧を増やし故国に残されたより少ない人々に芳しくない収穫の食糧を分け合ってもらえばいいのではないか、ということです。

寺院からの追放、食糧の不足、おそらく（聖書のダニエル書にあるような、バビロニアの占星術師たちの運命である）処刑といった、失敗による恐ろしい結末から推して、占星術師たちが自身を守るべく不幸が降りかかるようなあらゆるお咎めを逃れるべく未来予知を大まかに、緩く述べることがありました。彼らはまたそのような緊張下にあったので、少なくとも記録が取られたとある時代のあいだじゅう、歓迎されざる未来予知を組織的に排除することが宮廷で行われていました。この証拠はセンナケリブ王の父親の統治下に起きた状況について語られている、とある占星術師からセンナケリブ王に宛てられた手紙に見いだされます。その著者は王室の占星術師が「あなたの父親である王に関し何ひとつ知らぬまま、すべての書記ならびに腸卜僧につき以下のお膳立てを行いました。すなわち『もし気まずい兆候が現れたら、王に告げましょう。「あいまいな兆候が現れました」と』。彼らはすべての好ましくない未来予知を組織的に検閲したのです」[※25]と述べています。

こうした立場を示す極端な例がとある報告に見いだせます。すなわち関与した占星術師が観察した天体の特定の動きには悪い前触れはうかがえなかったとみずから述べていたというものです。それにもかかわらず、自身の立場を守るために彼はあらゆる活動を推奨できないとし、その理由を「火星が輝いている時、皇太子様が王様より先に入るといつでもおつらい結果になるでしょう。それがゆえに私たちが責められる部分があるでしょうか？　ゆえに、そんな時は戻るべきでないのです」[※26]と述べ、あらゆる不運があろうとも責任を取らないことにしました。

もちろん、状況がまったく不確かな場合、以下のような免責条項がつねにありました。すなわち「閣下である王がお書きになったことに関し……私が送りました直後でした。この件につきましてはそもそもこの日考えること自体が良くないです」※27

＊1　指1本は1度（1°）のうちの5分（5′）と同等なので、火星が1日に指1本分動くというのは、今日知られている1日にほぼ1度に及ぶ火星の動きと異なり矛盾していると言えます。しかしながら、パーポラはこの時火星は逆行し指2本分の割合で後退しており、一方土星は指1本分の割合で順行していたとホロスコープ上で算出し、ゆえにここでの火星の相対的な動きは指1本分であり、それは古代の天文学者たちが記録している通りであるとしています。指24本分が1キュービット（＝腕尺。肘の長さで約50㎝）にあたり、新バビロニア時代には2度と同等でした。パーポラ著『アッシリアの学者たちからの手紙』54、第1巻35頁ならびに同書第2巻61頁参照願います。またザックス、フンガァ共著『バビロニアからの天文日誌ならびにそれにかかわる文献』第1巻22頁も参照願います。

＊2　この報告は100日にわたる蝕の期間の87日目に始まる一回性の出来事にかかわっています。これに続くアックラヌの警告は、王の代わりがアッカドの王位に急ぎ就かされるというものです。『アッシリアの学者たちからの手紙』298、第1巻255頁参照願います。また同日の議論は同書第2巻304〜306頁参照願います。

訳注

5－1…関連登場人物が他にもいるかもしれず、誰が「彼」であるか、この短い件りでは特定はできないものと考えます。

5－2…"primal astrologese"。"-ese"は「……国・地方の」「……風」を表す接尾語。

5－3…"Venus is stable in the morning"（原書61頁）。

6　前兆に関する名高き双書、『エヌマ・アヌ・エンリル』

世界で最も古いものとして知られている占星術にまつわる原本は、大英博物館の引き出しに保存されています。それは赤味を帯びた厚い粘土板で、側面が丸くなったものです。保存状態が申し分なく盤石なものであり多くの人々が手にしやすかったので、これらが学者たちの日々の生活の一部をなしていたであろうことは容易に想像できます。粘土板の表裏は丸くなった側面同様、新バビロニアの筆記の特色であるきちょうめんな小型楔形文字で書かれた文の行でびっしり覆われています。粘土板の隅から隅まで一見乱雑なかたちで奇妙に配されているのは数多くの興味深い深く刻まれたギザギザで、おそらく書記が教科書を書いているあいだかあるいは書き終えた後のある時点で、軟らかい粘土に尖筆を沈め生じたものでしょう。あるものは幾何学的な集まりをなし、他のものは単独で生じたりしているこれら「穴たち」が果たす機能は謎のままです。他の書字板にもこれらはあるものの、考古学者たちはこれらがなぜ存在しどういう意味があるのか、まだ説明づけることができていません。

占星術による未来予知について書かれたこれら書字板もまた、19世紀にニネヴェの王の図書館で発掘されたもののひとつです。それは金星の動きから描かれた前兆を組織立ったかたちで編集したもので、ここでの実例は比較的最近になってからの写しですが、その起源となる原本は紀元前17世紀中頃のバビロニア王であったアンミサドゥカの頃に書かれました。今日の学者たちにアンミサドゥカの金星書字板として知られているこの書字板は占星術の標準的な双書として形作られた教科書である『エヌマ・アヌ・エンリル』、すなわち天と地の神の本のひとつでした。

この前兆の教科書がアンミサドゥカ治世下の時代に書かれたということは、この教科書の中でも示されてはいるものの（＊1）、古代占星術史の熟練者であるシカゴ大学東洋研究所のエリカ・レイナーとディヴィッド・ピングリーの2人に1975年に受け入れられました。※1 その古代遺物が調査され証拠づけられたことにより同時に明らかになったのは、この教科書が紀元前7世紀のニネヴェにたどり着くまでの数百年のあいだ、複写され広まりまた原文が変造されたりもしたということです。その比較対象となるバビロン第一王朝時代に書かれた、起源となる版である教科書は存在しませんが、変造された教科書があまりにも多くの編成のし直しがなされたものなので、天文学的にみて真に秩序立った原版の形に戻す必要があるものとわかりました。

この書字板に一覧として記録されている前兆は、金星が最初に地平線上に見えた日から再び見えなくなる直前の最後に見える日の期間より引き出されており、すなわちこれら前兆は金星が太陽のまわりを動くその動きにかかわっているとわかります。金星はそのようなひとつの周期（朔望あるいは会合周期と呼ばれるもの）をまっとうし、584日を経たのちに元の位置に戻ります。金星が東の空に最後に見える瞬間、金星は地球から最も離れようとしています。それから2ヶ月と少しののち、金星は再び姿を現しますが今度は西の空に見えます。約8ヶ月間西の空にとどまり、再び見えなくなりますがその期間は2週間程度までなど様々で、再び東の空に見えるようになり新たな周期に入るのです。

この書字板に書かれた10番目の前兆により、その日付への鍵がわかります。実際、この「前兆」はまったく本物ではなく、むしろそこで述べられている通り、黄金の王位の年である12番目の月の中の25日目という、とある特定の日に金星が見えなくなったのが観察された古代の記録でした。他の記録から、それがアンミサドゥカ王治世の8年目であったことがわかっています。このようにこの前兆を真の天文学上の出来事へと当てはめてのち、レイナーとピングリーは前兆の最初の周期である1から10まで（訳注6－1）は、アンミサドゥカの統治下での最初の8年間での金星が太陽のまわりを動く5つの朔望周期からなる8年の周期にかかわっているとしました。※2

その書字板の残りは教科書が原形を損なっているせいもありより不明確ですが、レイナーとピングリーは引き続いての10の前兆のいくつかはアンミサドゥカ治世の2周期目の8年間を網羅しているかもしれないと指摘しました。しかしながら彼らはまた、いくつかの前兆はこの王の時代のものではまったくないとも主張しています。結局、この原本、教科書にかかわるさらなる情報が自信をもって引き出されることはありませんでした。

金星書字板の基盤は描き出された一連の前兆ですが、金星が最初に、あるいは最後に観察された様々な場面ほど複雑なものはありません。それに応じ、前兆を述べた韻文はとても単純で教科書を通じ一定の書式にならっています。

アラーサムナの月、11日目、金星は東の空から消え、見えなくなりました。2ヶ月、n（訳注6－2）日間それは空を留守にし、テベティの月、n番目の日、金星は西の空に見えるようになったので、この土地での収穫はうまくいくでしょう。※3

この書字板に記録された60の前兆一つひとつは波があり、つねに穏やかとはかぎらない王国の管理上の重要事項に対応しており、それらは洪水、利用可能な食糧、王の活動、そして戦争の有無に関する予知をもたらしていました。しかし他の後の占星術書字板にくらべ、金星書字板は単純化されたもので、その予測ぶりは洗練されたものではありません。とは言え、こういった但し書きにかかわらず、それはアッシュールバニパルの図書館に保管されていたことからもわかるように、最初に編纂されて以来千年以上にわたり占星術師たちのあいだでよく知られ続けたものだったのです。

この書字板の歴史的重要性はその定式化されたつくりにあり、天の現象から引き出された前兆が組織立った形で編集されている最古のものとして知られています。天体の地平線とのかかわりの他、数学上の学説あるいは星の位置といったものがなくとも、古代バビロニア人はこれら単純な天体の動きを社会的、経済的出来事と結びつけていました。

ここに系統立った占星術研究あるいは「規律」が発展したことを例証づける証拠があります。これら単純化された金星の前兆に始まり、その研究は永きにわたり発展の時代を経、最終的に複雑な前兆を扱った原本、教科書である『エヌマ・アヌ・エンリル』という頂点に至ったのです。

しかしながら、少しばかり注意が必要なのは、金星書字板がしっかり組織立った占星術の始まりを表したものであると決めてかかることはできないということです。私たちが確信できるのは、この書字板が発見され成文化された前兆を一覧表としてまとめた最も早い時期のものであるということになります。とは言え、それ以前に成文化された教科書が他にもあったとすれば、それらの内容は同様に後の占星術双書へと組み込まれたでしょう。もっとも、この双書にはそのような教科書が存在する証拠はないのでした。

しかしながら、私たちは金星書字板より以前に存在した占星術上の前兆をまったく知らずにいるわけではありません。もちろん、これら前兆がいくつかのより昔の伝統から出てきたに違いないことは明らかです。アンミサドゥカの時代の占星術はそれ以前にあった基盤を土台に成り立っているのは間違いありませんが、前バビロニア時代すなわちシュメールの時代からの占星術教科書の大いなる収集が見つかっていない一方、ふたつの素朴で原始的な原本が考古学者たちのあいだで知られています。これらはおそらく現代の私たちには何もわかっていない、興味をそそられる古代伝統の残り、遺物です。おそらく、遠方の吹きさらしのさなかにある、メソポタミアの他の遺丘により私たちに答えをもたらしてくれるシュメールの図書館がいつの日か明らかになるでしょう。

すべての学者たちがこれらふたつの原本を「占星術的」として受け入れているわけではありませんが、これらを読むとすべての必要な基準を満たしているのは明らかです。明らかになっていないのは、それらが伝統から離れ孤立した占星術の前兆の技術なのか、あるいは他にまだ見つかっていない書字板のある双書『エヌマ・アヌ・エンリル』の前身にあたる、より原型的なものの断片なのかということです。

ふたつの原本のうちより初期のもので、損傷があるゆえ申し分ないとはいえないものは、紀元前2334年から紀元前2279年、すなわち金星書字板が編集される700年ほど前までアッカドを統治したサルゴン王の時代にさかのぼります。

金星が……時……4つの方位すべてを統べた王でありますサルゴンの前兆……。金星が……時……なのでそれはサルゴンの前兆……。※4

この書字板に書かれたことは断片的であるにせよ、王に影響を及ぼすとされていた、金星から描き出されたいくつかの前兆をかつては一覧として記録していたことは明らかです。加えて、その形式は前兆がきちんと秩序立てられ編集されていたものと推測され、初期の時代の占星術上の規律が伝統として発展し存在したことにまつわる論争ももたらされています。しかし、これらが金星書字板と類似していることを指摘したい誘惑に駆られる一方、比較を精査に行うことはできかねます。情報は今ここにはなく、私たちができるのは憶測のみです。

二番目の書字板は紀元前2028年に始まる24年間、ウルを統治したとされている、イビ＝シン王の時代のものと思われます。

木星が振り向き、西に向かい上昇し、空にあるのを見たとき風が吹いていなければ、飢饉が起き災害が優勢となるでしょう。ウルの王であるイビ＝シンが鎖に繋がれアシャンへ行き……※5

この前兆は歴史上実際に起きた出来事を記録しており、イビ＝シン王がエラムト人に虜として捕えられたさまが記録されています。

これら初期の断片に潜んでいる本当の意味は、確かなものとはわかり得ません。私たちにはたとえば、これら前兆が作り出されたこの時代、土地特有の知的環境を想定することもままならず、これらの著者が宮廷や寺院に雇われていた公式の占星術師、聖職者であったか否かも、あるいは知性の優れた俗人であったか否かもわからないのです。さらにいえば、これらの仕事を行った男性あるいは女性が享受した社会的地位、権力者たちから見たその重要性、あるいは占星術そのものの重要性も私たちにはわかりません。当時占星術が後世に享受することになる知的地位、組織立った学校で熟練者たちに教えられる規律をすでに有していたか否かもわかりません。そして最後に、地上で起きた出来事が直接天体に関連づけられることを通じ得られた科学的あるいは哲学的根拠である、これら前兆がどのように考案されたのかもわかりません。

10万点にのぼるシュメールの書字板が発見される一方、前述のふたつとは別の、占星術を扱った書字板はまだ見つかっていません。意義深いのはおそらく、彼らの天文学のすべてのなかで現存するに至った、あるいは発見されたもので25個ほどの星々の一覧表です。一覧表とはいえ、これらの断片は天空を組織的かつ技術的に研究した形跡があることを論じてもいます。なるほど、その記録は現存しないながらも、この一品から引き出された前兆にまつわる技術はあり得ないものと考えられる、ということはなさそうです。この分野でのより一層の発見によりシュメールの「原始占星術」についての考えが完全に変わる可能性がある、と私たちは結論づけなくてはならないでしょう。

もうひとつの憶測をつけ加えるのも妥当でしょう。すなわちこれらふたつのシュメールの占星術上の前兆の具体例は、シュメール王国を支配していた二人のセム人支配者から出てきたというものです。おそらく基本的に、占星術研究は文化にかかわる事象を表現したもので、なおかつセム人、後にアッカド人と呼ばれる人々の個人・集団双方の心理状態を扱う心理学であるというものです。

しかしながら、セム語族でないシュメール人が占星術を用いていたかもしれないことを示す、少なくともふたつの表示があり、月神であるシンの誕生を述べる古代神話の1行には「運命を定める神々、7柱の彼ら……」[※6]とあります。これら7柱のうち4柱は天、地、空気、海の創造者が1柱ずつで、残り3柱は太陽、月、金星の三位一体[※7]と推測されている一方、ここでは肉眼でみえる7つの天体への言及がどうやらあるようなのです。それらを運命の先触れとして論じることにより、それらへの占星術上の態度が当時受け入れられていたことが強く推測されます。同様に、「グデアの夢」の話の中に占星術の実践にまつわる強力な示唆が出てきます。この夢では神と女神とがラガシュの古代の支配者であるグデアの前に現れ、「聖なる星々と調和する」寺院を建てるよう指導するというものです。[※8]

シュメール期に正式な占星術の伝統が存在したことに関しある程度のためらいがあるにもかかわらず、紀元前1900年から紀元前1600年のバビロン第一王朝の頃までには少なくとも占星術が組織立った規律となったことが金星書字板の存在により証拠づけられました。すなわち、占星術が天体・星々の動きから王や国家にとって重要な前兆を描き出す、高度なまでに訓練を積んだ専門家たちの集団にまかされる分野となったということです。

これに加えて、書字板が厳正で系統立った天文学の歴史にとって重要性を持つに至りました。そこに書かれたのは天体の動きが組織的に観察された最初の記録だったのです。結果、天文学者たちが金星が現れたり姿を消したりするのを夜な夜な見続けていたと考えるのは妥当であり、金星を見ていたのであれば他の天体は見ていなかったなどと考える理由はないでしょう。なるほど、3千7百年ほど後の学者たちがこれら書字板の日付を特定できることそのものが、その観察の正確さを物語っていると言えます。

金星書字板に書かれた情報がハンムラビ王統治下での特徴である標準化への努力に由来があるというのは、ありそうな話です。この王はアンミサドゥカよりも百年前に生き、バビロニアのちっぽけな王国を受け継ぎ、10年におよぶ戦を経てメソポタミア全土を掌握し最初の王国を建立した人物です。

ハンムラビ王の統治は中央集権化、標準化そして統合へのあくなき試みで注目すべきものです。彼は自身の王国の臣民たちにとっては常識であり続けた、そして現代の私たちも知っている、有名な法典を編み出しました。彼は暦の標準化にも着手しました。彼のもとにいた天文学者・占星術師たちは彼らの方法・手順に基づき天のすべての出来事を記録していました。あらゆる他の情報はないながらも、ハンムラビ王治世下で金星書字板の基盤、さらに時代を遡ってより昔におそらく口伝で伝わっていたであろう伝統の基盤は敷かれたようです。

王国の市民生活、経済活動を標準化することに飽き足らず、ハンムラビは宗教にまつわる事象に目を向けました。彼は王朝の天空をみだりに変更し始め、王国にとってよかれと考え神々を変更する決意をしました。彼はそれまでは目立たぬ神であったマルドゥクをバビロニアの都市神へと昇進させ、メソポタミア神殿の新たな首領としました。なるほど、すべての現存する宗教上の文献はハンムラビのもとで書き直され、この神の当時明示された傑出ぶりが表現されていると言えるでしょう。マルドゥクが至高の地位に昇り詰めたことにより、古代占星術にまつわる別の謎が出てきました。マルドゥクは木星と同一と見なされましたが、そうであればマルドゥクが神殿で得ていたのと同様の、傑出した高い地位を木星も空で得、認められていたに違いありません。しかし、木星がこういった高い地位を与えられたとして、ではなぜ金星が前兆の出処として体系的に記録された最初の天体だったのでしょう？　木星からもたらされた前兆も金星のそれと同様、国家にとってより重要なものではなかったのでしょうか？　あるいは金星は神話や政治上の基準よりも天文学上の尺度のもとで選ばれたのでしょうか？　占星術師たちは木星の周期と異なり、金星のそれは容易に観察し得ました。

現状の知識の範囲内では、私たちはこれらの質問には回答し得ません。おそらく、木星から描き出された前兆の詳細を綴った他の書字板が古代には存在したのでしょうが、それらは失われたかあるいはあまりにも修正を加えられたがゆえに、それらの残余分のうち双書『エヌマ・アヌ・エンリル』中に組み込まれた分も『エヌマ・アヌ・エンリル』の元の内容ともはや見分けがつかなくなったのでしょう。

もちろん、金星は本来卓越した神で、マルドゥクが昇進する以前の数千年間、この地域で崇拝されていました。ゆえに、金星の卓越した立ち位置がハンムラビの政治上のたくらみにより深刻なまでに危険にさらされることはなかったということが、金星書字板の存在によりおそらく何よりも高らかに示されました。

占星術の前兆を含む書字板にまつわる証拠から描き出される結論は次のようなものです。すなわち

2千年紀の始まりのあいだ、天体の動きを研究し記録するのみならず、前兆にまつわる一連の秩序立った分類が徐々に展開されるよう仕向けられた、かなりの勤勉、精励ぶりが存在したというものです。それぞれの星々・天体は一つひとつの性質が明確になると、それらの動きと王や国家にまつわる地上の出来事とを関連づける様々な不吉な現象は前述の分類に添えられました。

証拠となる裏付けに基づけば、最初の展開に引き続いての前兆の原本、教科書のその後の成長ならびに強化、地固めが起きました。この分野の熟練者の一人であるノートルダム大学のフランチェスカ・ロックバーグ＝ハルトン教授は双書『エヌマ・アヌ・エンリル』の来歴の研究を行いました。彼女は複数の博物館・大学に保存されている様々な収集中の断片の正体を十分なまでに明確にし、紀元前2千年紀頃標準化された占星術の「規律」が徐々に展開された様子を示しました。金星書字板の第一王朝期にでさえ、書字板に記された他の前兆が体系的に順序づけられた証拠があり、たとえば月蝕の前兆は理論づけが行われ一貫性のある分類がなされました。ロックバーグ＝ハルトン教授が指摘している通り、前兆の原本、教科書の「組織原理」が設けられ、学者から学者へと原本が繰り返し複写され受け継がれていき、ついには「天の前兆の学術上の伝統を呈するに至った」のです。（＊2）

この経緯をさらに証拠づけるものがバビロニアならびにアッシリアの図書館のみならず、隣国である北方のアナトリアにかつて存在したヒッタイト王国にもあります。1907年、北トルコのアナトリアとメソポタミアとの間の通商路上の都市ボアズキョイの近くに古代ヒッタイトの首都ハットゥサスが発見されました。その後の発掘により多くの書字板が白日のもとにさらされましたが、それらの多くが占星術にかかわるものでした。ヒッタイト語の筆跡で書かれたにもかかわらず、それらの少なくともいくらかはバビロニアを起源とする文献からの直訳だったのです。

第二次世界大戦直後、そのようなヒッタイトの書字板がひとつ、占星術史研究の開拓者であるベルリンのエルンスト・ウェイドナー教授により明らかとなり研究もなされました。蝕の前兆が書かれた一覧表も含むこの書字板は「双書の最初の書字板」とされていました。ウェイドナー教授が指摘した通り、この一品によりいくつかの形式による占星術双書が初期の時代に存在した証拠が学者たちにもたらされました。※9　ハットゥサスは紀元前12世紀に突然の攻撃により滅びたので、それによりいくつかの原型となる双書が存在した時点の日付がもたらされました。

これらアナトリアの発掘により、占星術が発展したさまを示すさらなる証拠がもたらされましたが、1956年に出版されたヒッタイトの前兆が書かれた数多くの書字板のうち、占星術に関連があるものはたくさんありました。これらのなかには『エヌマ・アヌ・エンリル』の導入では、と思われるものも見つかりました。さらにいくつかの書字板には、後に占星術双書中に見いだされることとなる太陽の前兆が書かれており、それらは「規律」である正典となる教科書の双書が最終的に成文化されるに至る、その展開ぶりの少なくともほんの一部を明らかにしているのです。（＊3）

バビロニアの占星術書字板がヒッタイトの首都のみならずエラムトの首都であるスサの東部でも見つかったことにより、バビロニアの占星術がその形成期である紀元前2千年紀後半にも自身の時代を謳歌していたに違いないことが裏付けられました。考古学者たちにより発見された、この時期以降の占星術関連の作品群の中に、『エヌマ・アヌ・エンリル』の月ならびに太陽の前兆を含む断片もありました。これらの前兆は元はアッカド語でしたが地元の言葉であるエラムト語に翻訳されました。※10

古代シリアの都市カトナの旧跡を発見したフランスの考古学者チャールズ・ヴィロローは1927年、寺院を発掘しそこにかつて図書館が存在したことの証拠ともなる、数多くの焼成粘土板を発見しました。翌年さらなる3つの粘土の断片が、寺が建っていた塚のふもとでみつかり、それらのひとつは『エヌマ・アヌ・エンリル』の月蝕の前兆が書かれた書字板からの抜粋であることがわかりました。カトナは紀元前1360年頃、ヒッタイトに滅ぼされたので、この頃より以前に『エヌマ・アヌ・エンリル』は編集されたのみならず、それらがシリアへもたらされるほどの知名度を誇っていたと言って差し支えないでしょう。発掘の最中にもたらされた証拠によれば、カトナは起源をメソポタミアに有する寺院共々バビロニアの植民地で、そこには占い・占星術を含む数多くの教科書もあったそうです。※11

結論として言えるのは、ニネヴェの聖職者たちによる集中的な知的活動が勃発したことによって、占星術が組織立った形でまとまったわけではないということで、さらに遡っての古代である、バビロニアの第一王朝時代に発展しその頃の聖職者たちにより完全に受け入れられ発展したのでもありません。むしろ、紀元前2千年紀のあいだの長い期間を掛け発展したのです。バビロニア第一王朝での双書の起源となるものから、最終的に紀元前7世紀のニネヴェの図書館で明確となり標準として認められ正典となるまでの革新的な改良をたどることも可能となりました。さらにいえば、この発展の大部分は金星書字板の時代である紀元前1700年頃から紀元前1000年頃までに起きたと言い得るのです。

双書『エヌマ・アヌ・エンリル』の書字板中、特にその署名欄に、私たちは歴史的事実にまつわる複数の情報という要素を見いだしますが、それらはこの双書の特定の部分が書かれ成文化され校合された日付を私たちにもたらし、そしておそらくその歴史上の時期を反映してもいます。また同様に、初期の書字板にはたとえばイビ＝シンの亡命のように歴史的にも正確なものとして現在知られている資料を含むものもあり、後の書字板のいくつかには紀元前2千年紀後半の政治的出来事にかかわる資料の原本も含まれていました。それらのうち、最古の断片は紀元前14世紀のカッシート王ブルナブリアシュ二世に触れています。※12

ふたつ目の具体例ではおおよそ紀元前1126年から1105年の間統治したネブカドネザル一世に触れています。その断片は数世代前の頃、エラム人が略奪し自身の首都スサへ移したマルドゥクの像がバビロニアに戻されたという、付随的ながら重要な結果をもたらした、彼がエラムトに対し勝利を収めた際行った軍事作戦に言及していました。※13　3つ目の具体例はウェイドナー教授が気づいたもので、大英博物館に保存されている未公刊の文献中にありますが、紀元前11世紀に統治したラマン＝アパル＝イッディンに触れているものです。※14

ウェイドナー教授が出した結論はいくつかの占星術的伝統が同時並行に発展し、紀元前千年紀に切り替わる頃それら複数の伝統が組み合わされることにより双書『エヌマ・アヌ・エンリル』の最終形が出来上がったというものです。この見方はエリカ・レイナー教授とディヴィッド・ピングリー教授の仕事を通じ近年、科学的にも支持を得ています。

レイナーとピングリーは金星書字板同様、占星術双書にも内在的資料が十分存在していると認識しており、それらは特に書字板50ならびに51で、筋の通ったまとまりのある双書へと最終的に編集がなされた時点の日付として有力なものを擁しているとしました。これら書字板中に、学者たちがアッシュールバニパル王の図書館からもたらされた書字板に書かれていたとしていた天文学上の発見を、占星術師たちは用いていたとの記述があります。これら占星術師たちは特に、その最初の行に書かれた言葉からとられた『ムル・アピン』（アンドロメダ座ガンマ星とともに現代のさんかく座をなしている『アピンという星』）と呼ばれるふたつの書字板に書かれた教科書から伝わった天文学になじんでいました。※15この作品の最初の書字板には実証が可能な天文学上の出来事が載っており、それらには恒星のヘリアカル・ライジング（明け方に上昇すること）の詳細やそれら恒星の位置、南中や西の空に沈むことについても書かれていました。現代の学者たちはこれにより古代バビロニアのすべての星座を事実上明確にすることができたのです。

この書字板はまた北緯36度（＝ニネヴェの北緯度数）ならびにほぼその頭上で天頂から天底まで走っている想像上の円で、地球の赤道上の南北の点を通る子午線を通過する恒星の一覧を有していました。この原本に書かれた特定の恒星を明確にすることについて学者たちの間で論争がかつてあり、今なおそれらは続いていますが、レイナーとピングリー両教授はシカゴにあるアドラー・プラネタリウムを用い、明確な星の詳細にかかわる問題を回避しつつ地平線を横切る星座すべてを投影し、現存する資料に書かれたことが最も当てはまる日付はいずれなのかを見いだそうと試みました。彼らは北緯32度（バビロン）ならびに36度（ニネヴェ）上で紀元前2千年から紀元前千年までの間に計算上現れたと思われる200の恒星を投影し、結論として天文学上の資料に照らし合わせた場合最もしっくり来るのはニネヴェの北緯での紀元前千年であるとしました。※16

この結果により推測されるのは、占星術上の前兆が永きにわたりバビロニア人により研究され用いられた一方で、落とし込まれた事実情報が決定的な双書である『エヌマ・アヌ・エンリル』として編集・結実されたのはより北方のアッシリアにおいてであったというものです。

この時期の歴史的背景がこの説を裏付け得る理由となることが推測されます。というのは2千年紀の終わり頃、メソポタミアにある複数の王国が崩壊し始めたというのがあります。ヒッタイト帝国は消滅し、バビロニアを支配していたカッシート王朝はエラムに敗れていました。数十年のうちにエラムの都市も多数の死傷者を出す戦で崩壊し、自身の地域を大いに弱体化させていました。しかしながら北方のアッシリアは強力な王の成功のもと、国の強化と繁栄を謳歌し始めていました。しかし当初の成功にかかわらず、千年紀の転換期にアッシリアは混乱に陥り低迷期を迎え、１００マイルの長さと50マイルの幅のみを有し周囲は敵に囲まれた国家へと勢力を落としました。しかし、統治範囲の面積は大いに減じたものの、アッシリアは独立を維持し同じ王家のもとでの支配を続けていました。紀元前９１１年、新たな王子がかつての領土を取り戻す永きにわたる戦いを開始し、アッシリアは復興が始まりました。

おそらく、恐れと望みの両方が共存する事情のもと、聖職者と学者は未来を予知する上で最も優れた科学に対し、心を入れ替えたかのような、あるいは死に物狂いになってまでの熱意を向け、占星術師たちにとって王に忠告を行う上での手助けとなるわかりやすい規格となるものを編集しようと務めました。そしてアッシリアの国家の幸運が実証したように、この議論が部分的に正しかったとしたら占星術とその熟練者の名声も確かなものとなったでしょう。

★

双書『エヌマ・アヌ・エンリル』はそれらを作り上げた占星術学校ごとにその長さが異なります。実際の前兆の数は一定であったと推定される一方、書字板の数は68から70とまちまちですが、このより高い数値はバビロニアとボルシッパの学校から発行された双書を代表するものです。『エヌマ・アヌ・エンリル』は古代の原本を忠実に複製したもので、長い年月を通じ一定の書式で伝わったとまず第一に考えられていました。より最近の研究により、これは事実ではないとわかりました。双書の大部分が数度にわたり改訂・再整理を重ねられる対象となったことは明らかです。これにより、双書の中で異なる時代から引き出された事例同士はあらゆる点から鑑み一致しないように思われました。これら内容の相違から、メソポタミアの様々な占星術学校により作成された、それぞれ異なる写しが存在することが想定されました。これら相違の根底にあるものとしてウェイドナー教授は前兆の資料を順々再整理した5つの異なる学校、すなわちバビロニアとボルシッパ、アッシュール、ニムルド、ニネヴェ、ウルクの学校の存在を明確にしました。※17

同様に、書字板個々の丁付けも学校ごと、ひとつの学校のなかでの同じ科目の教科書ごとに食い違い、矛盾のあるものとなっています。より小さなもので標準のそれらにくらべ内容が常軌を逸した版が見つかりましたが、それらは占星術師たち個々が内密に作った作品と考えられています。占星術師たちはおそらく私的な利用あるいは急な場面での相談用として、双書から厳選された抜粋が書かれた書字板をしばしば作成していたと考えられています。これまでに見つかったいくつかの虎の巻様の要約はひとつあるいはそれ以上の書字板から数行のみを引用したものである一方、双書に記載のある技術上あるいは言語上の注釈を含むものもありました。これらの抜粋を収録した虎の巻様のものはあまりに多くの占星術師たちに用いられたので、公式の正典として次々と利用されるようになったのは明白です。

間違いなく、アッシリアならびにバビロニアの占星術師たちの全員でないにせよその多くは正典でない他の教科書に加え、『エヌマ・アヌ・エンリル』の標準書字板の内容を小規模なものとした、私的な収集を有していました。これまで見てきた通り、イシュタル＝シュム＝エレシュがニネヴェの王に宛てた手紙に同封した前兆の解釈が「双書でなく師匠たちによる口伝からであり……これは双書からのものでないばかりか正典でもありません」[※18]としていたものがそれらのうちのひとつです。


双書『エヌマ・アヌ・エンリル』を再構築する上で現在底本となっているものは、1944年にウェイドナー教授により研究、出版されたふたつの公式目録である損傷を受けた遺物でした。[※19]最初の目録はアッシュールからのもので、部分的に残っているのみで書字板39から60を掲載しており、なかにはそれぞれの書字板の内容を示す最初の一行を含まないものもあります。ウルクで見いだされたふたつ目の目録はより重要なもので、それぞれの書字板の最初の1行のみならず、たくさんの前兆が書かれているからです。教科書の内容は、どうか教科書を損傷からお守りくださいとのアヌ神への短い要求から始まりますが、ウェイドナー教授はこの神が要求された務めをし損ねた事実をユーモアがなかなか通じそうにない状況下でうれしそうに指摘しています。

損傷ゆえ、この目録は書字板1から26のみを掲載したところで終わっています。しかしながら、これだけでも双書『エヌマ・アヌ・エンリル』の有益な情報がわかります。これら教科書はふたつの組み分けが識別可能で、書字板1から14、同15から22がそれぞれひとつのものとしてまとめられています。これらふたつの組み分けは両方共、月の前兆を扱っていますが、最初のものは実際に現れた月の姿から判断した前兆を、２番目のものは月蝕の前兆をそれぞれ扱っています。この特別な目録を写した書記もまた書き写した日付を残しており、それはウルクの紀元前１９４年2月24、25日の夕方となっています。[※20] その著者は自身が古代のものではあるけれども保存状態のよくない原書を写しているということを、興味深い補遺として加筆しています。彼が底本としていたものがこれら全部であれば、比較的最近である前述時点で伝統は確かに一時的に止まっていたとまとめ得るでしょう。

いまだ完全には再構築されていない占星術双書全体には、７０００ほどの前兆が含まれていたと推定されています。この双書の存在は１８７４年、アーチボルド・セイス教授により紙上で部分的に触れられていましたが、フランスのチャールズ・ヴィロロー教授がこれに関する自身の作品を１９０３年から１９１２年にかけ出版するまでは学術的な再構築の対象とされませんでした。[※21] この作品は基本的に確実かつ堅固なものだったので、当時は重要であり続けました。

その後、１９４４年から１９６９年にかけ出版された論文でウェイドナー教授は様々な博物館で収集されていた多くの断片を繋ぎ合わせ書字板1から50までを明確にしました。私たちがすでに見てきたことでもありますが、彼は最初の22の書字板は月からもたらされた前兆を、一方書字板23から40までは太陽にかかわる前兆をそれぞれ含んでいることを見いだしました。書字板41から49は気象上の前兆を、書字板50は天体にかかわるそれを掲載していました。

ウェイドナー教授の仕事はシカゴ大学東洋研究所の熟練者たちのグループにより継続されてきました。レイナー教授らは双書の注意事項の大部分を明確にしようともしてきました。彼らは書字板50から双書の最後までは天体・星座・恒星から描かれた前兆が配されていることを見いだしました。私たちがすでに触れてきた金星書字板はバビロニアの目録では63番目とされています。

6つの書字板のみがその内容を明確にされ続けていますが、現存するおびただしい数の断片からこれらすべてが天体ならびに恒星を扱っているのは明らかです。火星から得られた前兆は少なくともひとつあり、おそらく書字板58番あるいは66番です。さそり座にまつわるものもあり、他にもうお座、かに座、「おおかみ座」、しし座もあります。

占星術師たちから王に宛てた報告では、双書から描き出された部分はきちんと規則正しく引用され、それらをみると太陽、月、火星、木星、金星、水星、土星向けの個々の書字板が存在していたことがわかります。最後のふたつである水星、土星を除き、それぞれひとつあるいはふたつの書字板が明らかになっており、ゆえに少なくともふたつあるいはそれ以上の書字板がそれらに献じられました。

加えて流星、鍬星（訳注6－3）、レグルス、プレアデスにすべてあるいは部分的に献じている書字板もあったようです。気象にまつわる前兆も言及されており、それらは霧、雷、雲、稲妻そしておそらく地震——後者にまつわる主題を扱った書字板は別途存在する可能性があるのですが——の具体例を含んでいます。最終的に、書字板の体裁ならびに丁付けにおいては様々な種類があり、それに伴い多くの写しが作成もされたものの、前兆の基本的な順番は一定なものとしてあり続けました。

『エヌマ・アヌ・エンリル』の書字板
バビロニア版

書字板１：月の姿、出現
書字板２：月の姿、出現
書字板３：月の姿、出現
書字板４：月の姿、出現
書字板５：月の姿、出現
書字板６：月の姿、出現
書字板７：月の姿、出現
書字板８：月の姿、出現
書字板９：月の姿、出現

書字板10：月の姿、出現

書字板11：月の姿、出現

書字板12：月の姿、出現

書字板13：月の姿、出現

書字板14：月の姿、出現

書字板15：月蝕

書字板16：月蝕

書字板17：月蝕

書字板18：月蝕

書字板19：月蝕
書字板20：月蝕
書字板21：月蝕
書字板22：月蝕
書字板23：太陽の姿、出現
書字板24：太陽の姿、出現
書字板25：太陽の姿、上昇？
書字板26：太陽の姿、上昇
書字板27：太陽の姿、上昇

書字板28：太陽の姿、上昇

書字板29：太陽？

書字板30：太陽？

書字板31：日蝕

書字板32：日蝕

書字板33：日蝕

書字板34：日蝕

書字板35：日蝕

書字板36：日蝕

書字板37：日蝕
書字板38：日蝕？
書字板39：太陽／気象上のこと
書字板40：太陽／気象上のこと
書字板41：太陽／気象上のこと
書字板42：雲
書字板43：稲妻
書字板44：雷
書字板45：雷

書字板46：雷／プレアデス

書字板47：気象上のこと？

書字板48：気象上のこと？

書字板49：風？

書字板50：恒星

書字板51：恒星

書字板52：イク座（＊4）

書字板53：プレアデス

書字板54：星座？

書字板55：星座
書字板56：火星
書字板57：火星？
書字板58：火星？
書字板59：金星
書字板60：金星
書字板61：金星
書字板62：金星
書字板63：金星書字板

書字板64：木星

書字板65：木星

書字板66：火星？

書字板67：？

書字板68：？

書字板69：？

書字板70：？

これら書字板中の黙示的なさまは今日用いられるものとはまったく異なる、天空にまつわる特有の流儀です。獣帯が発明される以前での古代の天での地理学の概念は、私たちがすでに触れた教科書『ムル・アピン』中にその標準となる起源が見いだせます。

この天文学的作品は空にある月と天体の位置づけを行う上での原初的なやり方を詳しく述べています。

月と天体の日々の動きを図表化する上で今日のように黄道上での動きと関連づけるのではなく、星座の位置を照合しました。これにより、黄道上にまたがる12星座が存在する獣帯を用い引き出されたものとはまったく異なる体系が成り立ったのは明らかでした。しかしながら、古代の手法の影響を受け、今日用いられている12星座もまた前述照合を行う上での地図上の地点の一部として早い時期から用いられました。

現代の12星座に加え、古代の天文学者たちはプレアデス、オリオン、ペルセウス、ぎょしゃ、（まだ正体が明らかになっていない）シヌヌトゥ、（うお座の西側の魚とペガサスの西の部分から成る）「つばめ」、アヌニトゥ（うお座の東側の魚）をも用いていました。[※22]

さらにいえば、これらと恒星は「通り道」と呼ばれる3つのグループに分けられますが、それはアヌ、エンリル、そしてエアすなわち天の神、地の神、そして水の神の3柱から成立したものです。

レイナー教授の調査によれば、これらの通り道は今日の黄道のように空を通る3つの大きな帯として視覚化されているわけではなく、星が上昇する際通る東の地平線を3つに分けたものとしてみられたのだそうです。（＊5）こうしてこれら通り道はみな等しく〝道〟あるいは〝門〟と命名され得たのです。

東の地平線を臨むと、中央の通り道（実際には現代の黄道に近い）がアヌの通り道で、その南側がエアの通り道、北側がエンリルの通り道でした。それぞれの通り道は、「それぞれの」星々が私たちの見ることができる半球へと入ってくる入り口となっています。

前兆そのものが天体・星々・星座をそれぞれ互いにかかわりをもたせた一方、これらかかわりはあらゆる数学上の表現を欠いていました。これら星のかかわりを定義づけるのに用いられた用語はすべてがじつに不正確でした。たとえば天体同士が合、すなわちコンジャンクションあるいは衝、すなわちオポジションだった場合、それらの用語は単に互いにそばにある、あるいはかけ離れているという意味で、現代の私たちが言うところの天体間のアスペクトというものにはけっして言及されませんでした。

しかしながら、これらかかわりの重要性はそのような星々の接近ぶりを計測する上での数学上あるいは観察上の正確さでなく、むしろその関係性そのものにありました。というのはそれが双書『エヌマ・アヌ・エンリル』の基盤を形成する、星々どうしのかかわりからなる解釈だからです。

関連性があるのはこれら天体どうしの組み合わせが初期の占星術師たちにとって効力があったということが意味するものです。ある組み合わせがベネフィック、すなわち有益と見なされ、他のそれらはその真逆と見なされるのはなぜ、と私たちは質問するかもしれません。これら初期の占星術師たちはどのような基準をもって出来事を判断したのでしょうか？　これら初期の膨大な文章と技術が多くの世紀を経て、私たちのもとに届いたことにどのような意味があるのか、そしてそれらが現代の私たちの占星術教科書中にどのような形であれ見いだし得るものなのでしょうか？　それは正確なのでしょうか？　あるいはそれらを読んだ私たちのだまされやすさを示すのでしょうか？　後者であれば、なぜすべての教えが生き残ったわけではないのでしょうか？　どのような選考の経緯を経て、多くの技術・解釈が切り捨てられた一方で、確かな技術・解釈が残存したのでしょうか？

私たちは前兆の中身に取りかかることから始めなければなりません。というのは、未来予知の基盤は天体と星々を現世での化身とするこれら神々の伝説中に見いだし得るかもしれないからです。だから私たちが注意を向けなければならないのはこれら神々、彼らの神話、そして彼らを体現していた天体なのです。

＊1　原書、教科書に記載されている最初の8年間の終わりにはアンミサドゥカの治世の8年目と同じ「年の名前」がつけられています。ゆえに、それらは同一とみなされます。レイナー著『アンミサドゥカの金星書字板』9頁参照願います。

＊2　ロックバーグ＝ハルトン著『バビロニアの天の占いの様相』9頁参照願います。双書『エヌマ・アヌ・エンリル』の来歴を描写する試みとしてエルンスト・ウェイドナー教授著"Die astrologische Serie Enuma Anu Enlil", Archiv fur Orientjorschung 14" 175～181頁があるのを記しておきます。

＊3　ラロシュ著"Catalogue des textes hittites II" 95頁、エントリー・ナンバー193aにハットゥサスで見いだされた書字板KUB Ⅳ 63への言及があり、そこには『エヌマ・アヌ・エンリル』双書の太陽の前兆の一部が書かれており、日付は紀元前2千年紀です。それにより、その双書が存在したという証拠にはならないものの、その双書に見いだし得る前兆の編集物がハットゥサスの凋落より以前に存在し、その発展ぶりを示していたことの証拠にはなります。ラロシュ著"Catalogue des textes hittites II", Revue hittite et asianique 59、94頁以下参照願います。

＊4　ペガスス座α、βそしてγ星とアンドロメダ座α星から成る「野原」座。レイナー著『エヌマ・アヌ・エンリル、書字板50－51』11頁参照願います。

＊5　レイナー著『エヌマ・アヌ・エンリル』17、18頁参照願います。現代の私たちの捉え方（可能な場合のみ）を含むバビロニアの星々の完全な目録は同書7～16頁参照願います。

訳注

6－1…5つの朔望周期（584日×5＝2920日）≒8年（365日×8＝2920日）。

6－2…nは自然数（natural number）を表すものとして訳出。

6－3…原文は"Plough Star"。「鋤星」と訳出しましたが天文学上そのような名の星が存在したか否かにつき訳者は不案内です。しかし、こうとしか訳し得ないものと訳者は考えました。「唐鍬星」の事では、との意見が編集部から出ましたが、「唐鍬星」が英語で"Plough Star"の意であると証明もできませんでした。読者の方々のなかで、この星につきさらなる興味・探究心を抱いた方がおられましたら、拙和訳でなくベイジェントの述べた英語"Plough Star"の語から入るのを推奨します。

7 超自然的なものとメソポタミアの宗教

「すべての宗教にとって基礎となるもの、もちろん、古代メソポタミアの宗教にとっても基礎となるものですが、それはこの世のものでない力と直に向き合った際の他に類をみない、唯一無二の体験であると私たちは信じています」[※1]とトルキル・ヤコブセン教授は書いています。彼は宗教の発展にまつわる研究を始めましたが、〝超自然的な〟あるいは〝光で照らされるかのような啓発〟と名づけることが可能な——言い換えれば〝神性〟を直接体験することでもある——深遠で意味深く、体験したものにとってその根本をなすに至るものによりもたらされた役割を高らかに表明しつつ前述の研究に取り組んでいるのはメソポタミアの歴史家のあいだで彼ひとりだけなのです。ヤコブセン教授にとって、宗教の始まりはそのような体験を伴うものなのです。

この唯一無二の体験が伝えられ解釈がなされるためにも、その表現は何らかの形で筋の通ったものとして描写されなければなりません。それは言葉、言語により概念、象徴、隠喩へと要約されなければならず、そしてこれら概念、象徴、隠喩は神話というレンガでできた建物の構成要素となっています。

国家の神話は天空という鏡を反映したものと見ることが可能ですが、それは神話が国家の隠れた面を映し出すからであり、神々の物語は国家における象徴的な形で表現された、生命の無意識の領域にあるものなのです。

神話を通じ、文化は自身のうちに存在する現実を理解し受け入れようとします。これら神話は大衆の最も奥深くにある層、ならびに個人の霊魂を構成する部分から生じますが、それらは魂の一番奥の部分で起きている経過が象徴的に表現されたものです。

人類がみな共通に有している活力・エネルギーの型となるものはふだんは個人・集団双方の次元で無意識裡に葬られていますが、それらは神話の中に溢れ出ています。心理学の開拓者であるカール・ユング博士はこれら活力・エネルギーの原型を〝元型（アーキタイプ）〟と命名し、それらは〝集合無意識〟、すなわちすべての人々により等しく分かち合われている深い心理次元から引き出されると説明しています。（＊1）

この集合無意識のなかに横たわっているのが〝本源をなすイメージ〟という、神話のように白日の下で意識できる世界に象徴的なかたちで出てくる、朗々と共鳴するモチーフ、動機に起因する古代での鋳型です。

神話に受け継がれている強さ、力というものは溢れ出る元型の型となるものの存在を個人的に認識すること、そして個人的にそれらと共鳴することのふたつを通じそれぞれの人の中で解放される感情能力のうちにあります。

まず無意識という、これら型となるものは意識の表面下に絶え間なく流れていますが、それらはなんの警告もなしに噴出し得る場合があるものであり、おそらく大衆の動きという形でか、あるいはこの無意識の活力・エネルギーを結晶化、具体化し大衆にこの活力・エネルギーに焦点を合わせさせ、暗渠にあったものを世界中に放出させるよう巧みに操る扇動家、民衆指導者の中に出てくるものです。

国民の無意識が文化という形で噴出することにまつわるわかりやすい具体例として、戦争へとしばしば導かれてゆく経過がありますが、その指導者は彼が統治する国民の精神での異常な面に焦点を当て、じきに戦争という形となってしまうだろう社会でのすべての病に焦点を当てることが可能な贖罪、他人の罪を負わされる犠牲に焦点を当てるようになるでしょう。そこで社会の構成員たちは、その国の神話に出てくる戦争の英雄の一部として振る舞い活躍できる機会があるのであり、人々が思い出すであろうそれら英雄はたいてい殺され、友達の腕の中で死んでゆくような人物なのです。

天空の物語は実際には地上の物語です。神話は永遠にこれらふたつの領域にかかわりますし、もちろん占星術の基本となる前提もこの関係性にかかっています。天空の出来事は地上の出来事を予示します。占星術という技芸、アートそのものは実践的なやり方で神話に働きかける手段と見なすことが可能です。

神話ならびにその無意識との関係を理解すること、宗教上の願望対象ならびに神話が紡ぎ出される経緯の背後にある表現、そして超自然的な体験の力の真価を認めること、これらすべてなしに比較宗教学の分野での学術的仕事は、宗教上の表現での汲めども尽きぬ多様さから道理にかなったものが導き出されるのは望むべくもないでしょう。結果として、多くの仕事が単なる類別、危なげのない見えすいた知的真似事に堕してしまい、それら仕事は宗教を理解することが相互参照を行う上での別の頭脳訓練であるかのように共通要素を結びつける程度のこととなってしまうのです。それらの仕事はまた言語・文化という制限を突き破りその表現を必死に探し回っている、個人的であると同時に普遍的でもある体験というものを忘れているのです。メソポタミア史を研究する偉大な歴史家の一人で、シカゴ大学東洋研究所に所属するレオ・オッペンハイム教授は「すべてがあまりにも器用になされた比較がまとめて飾り立てられすらすらと体系化された文章、ならびに地球上をジグザグに進むことで獲得され、周知の人類史を通じもたらされた類例」※[2]を作り出す人々をあざけり蔑視しました。たとえば月を探しているのであれば、その現れた方角を指摘する百万本の指を説明し照合するだけでは月の姿にまつわる知識をより掘り下げることはなし得ないのです。

人間が神性とより進歩的な関係を築く上で、超自然的な体験は究極にして最大の一歩です。さらにいえば、この根本を成す深遠な体験がその性質上、筆舌に尽くしがたいものであるにもかかわらず、それを体験してしまった人々はそれでもなおそれを表現し、しばしば他者に対し自身が理解したものへと案内し向き合わせようと試み伝えようとします。「私は真夜中に太陽が昼間のように輝いているのをみました」※[3]とアプレイウスが記したように、あるいはヘルメス・トリスメギストゥスの有名なヘルメス文書である『ポイマンドレース』に書かれた、「さぁあなたの考えをその光に向けなさい……そしてそれを知り経験するようになさい」※[4]のように。旧バビロニアの時代においてさえ、この専門用語は人々のあいだで流通していました。すなわち「この目で太陽を見させてください。そうすれば私は光を堪能し十二分に満ち足りるでしょう。その光が十分なものであれば、はるか遠くへと追放されたのは暗闇です。死に亡くなった者が太陽の光を見られますように」※[5]ギルガメッシュは太陽神シャマシュにこのように語っています。

こうしたものがありつつも、これら件りに対しいくらかの知識を持ち込むことなしには私たちには何も明らかにし得ません。アプレイウスはこのことを認識し、以下のような表明を弁明とともに行いました。すなわち「今あなたは何が起きたかを耳にしましたが、あなたがこのことを理解できるほど賢明な人物であってくれればと思います」※6

宗教史ならびに文献により、言語という厳しい制限を乗り越え超自然的な体験同様個人的に意味深い体験を意思疎通する唯一の方法は、何らかの形で類推と隠喩を用いることです。これら隠喩は超自然的なものを直に体験することと、宗教上の副次的、二次的な性質を有する信念ならびに聖書上の予言者による表現への信心とを根本的に、深遠な形で結びつけるものとなります。人間の超自然的な体験へのリアクション・反応として神話、神学、祭儀上の崇拝、儀式を受け入れ採用する知的伝統である宗教があるのです。

ゆえに隠喩を用いると、超自然的なことに対する返答のなかで、個々の文化あるいは文化期での崇拝者たちにより分かち合われているものすべてが要約され結晶化されます……。中心をなす隠喩はいずれかを選ぶ際、文化あるいは文化期が超自然的な体験のなかで何を本質的なものとし、何を取り戻し伝達したいかが必然的により明らかになります……。根底にあり……その宗教を全体的に特徴づける上で決定的な役割を演じる「のがそれです」※7

象徴はつねに見た目以上のものをもたらします。それは内なる力を宿しています。それは私たちが知覚したものを前方へと急き立て、より開けた地平線へといざなうことができます。こうして宗教上の象徴、宗教上の隠喩により私たちは表層的なものを超え神性あるいは超自然的なものへとより一層牽引されるのです。

宗教上の隠喩ならびにそれらのとある民族の文化史での発展――文化そのものが変化するにつれ現れる付加と修正――を研究することにより政治上、経済上の出来事が歴史上に記録される、その母体となるものがもたらされます。宗教上の隠喩の歴史は文化を意識することの進化の歴史です。なるほど、古代神話を読むことは考古学の一形態で、その文化のまさに基盤となるものに直接つながる開かれた部分でもあるのです。

神性は〝内在的なもの〟、すなわちすべてのもののうちに分け隔てなく存在するものとしてか、あるいは〝超越したもの〟、すなわち世界の向こう、私たちの周囲にある物や形式の向こうにあるもの、双方のうちのいずれかとして体験が可能です。同一の神話が様々な形に変形、多様化した古代中東の宗教は、超自然的なことを右記双方の実験的形式で取り入れていました。バビロニア人とアッシリア人にとって超自然的なことは内在的なものとして体験され、神々の力は神々自身の全能ぶりを損じることなしに対象の中に住まうものと考えられていました。この具体例はアッカドの膨大な叙事詩中に見いだし得ますが、それはいくつかの自然物を通じ話す神の姿に直面する英雄が、物理的対象ならびに一柱の神性の属性としての神性の力との両方にまみえるというものです。

これは神々を天体として採用し当てはめる姿勢にも見られます。シュメールの〝ウトゥ〟という言葉は太陽とその力を動機づける力の両方を意味しますが、それらは換言すれば太陽神の力は太陽のうちに内在的であると見なされるということです。同様に金星の場合、この天体に内在しつつこの天体を統制しそれ自身へと生命力を吹き込んでいる女神イシュタルの宝庫として崇拝されています。しかしながら彼らは天体を神あるいは女神〝である〟とは信じていませんでした。

この信仰はメソポタミア人の自身の神々の像に対する興味深い態度を説明するものとなっています。神々は石、木、金属で作られた彼らの化身のうちに内在しつつ維持されていました。結果、日々の儀式はそれら像の前で聖職者たちにより演じられますが、それら儀式はこれら化身のために日に二度、入念な食事が調理され振る舞われることを必然的に伴うというものです。※8

神々の像が都市から運び出される宗教上の祝祭のあいだ、全住民が神そのものを運び出していると信じていましたが、それゆえにその短い期間のあいだ、神が都市を去ったとも信じていました。それにまた、神が失われ、破壊され、あるいは外国の侵略者たちに運び去られたあらゆる都市には大惨事が降りかかるとも信じられていました。

占星術に敵対している旧約聖書に書かれた宗教もまた、神性に対し異なる態度を取っていたのはおそらく付随的なものではないでしょう。旧約聖書の年代記は占いへの猛烈な非難で気色ばんでおり、内在的でなく超越的なものとして体験された神を怒りつつ要求する声で充満しています。たとえば火柱、暗雲など物理的に異なる形態を通じ意思疎通しつつも、それら形態とは異なる存在であり続ける神。

モーセが燃える灌木の中の神性と直面する物語では、神性が灌木と異なる存在であると考えられるのはまったくもって明らかであり、この特別な場面ゆえに神性は単に灌木を利用し続けたのです。ヤコブセン教授が指摘した通り、これと同じ体験に直面したバビロニア人は神性を全能な存在としてのみならず、灌木それ自体の生命の中心にあるものとしても見なしたでしょう。※9　このように、バビロニア人は神性と灌木の両方を崇拝したのでしょう。逆に文献に信頼を置く限りではありますが、旧約聖書のヘブライ人は神性がそれらのうちにしばしば宿るとされたとしても、灌木を崇拝する習慣を有してはいませんでした。

文明がアナトリアでの小規模な定住から平地に成り立った大都市圏へと移り変わった数千年にわたり、メソポタミアの宗教は同じ信仰、同じ祭儀の実践あるいは同じ神々を維持、継続しませんでした。宗教は文化と並行して成長しました。この成長は明らかにゆっくりしたものだった一方、様々な時代に出現した文書を研究することを通じ、この地域の宗教上の発展における、それぞれがまったく異なるいくつかの段階の輪郭を描くことは可能です。

当然、それぞれの段階の端々すなわち変遷の時期は不明瞭です。この新たな段階を入念に作り上げるための成長の歩みをなすであろう、これら経過への有益な助言がなくとも、新たな文献が確かな変化に立脚しているようです。

私たちが伝え得るかぎりではありますが、メソポタミアの最も初期の宗教の類型は、野の生産力ならびに動物の健康を維持し続けてくれる肥沃の神々、女神たちへの崇拝をもともと含んでいます。それら成長を統治し、都市共同体をヒエラルキーに基づき階層化した地元の戦士にして王である人物の出現により、それぞれが与えられた務めにおける専門家である神々一柱ずつもまた社会での厳密なヒエラルキーに組み入れられ順序づけがなされました。

いずれかの段階で統治・支配する神という概念が現れました。この神は天空の王と見なされ、地上の王がそうしたように多くの二次的な形態が住まう宮廷を統治しました。（＊2）そして地上の王同様、この統治者である神はすべての神々が集う天空の大いなる広間での選挙、喝采・拍手で賛意を示す発声投票で選ばれ任命されました。天空は語り手によりつくられ、地上を反映するものとなりました。こうして、神々の神話における社会組織ならびに道徳によりアッシリア人、バビロニア人にとってじつに重要な社会要因が明らかになりました。（＊3）

しかし興味深いことに、天空のヒエラルキーが設けられるや否や、それが地上でのヒエラルキーの基盤として見なされるようになりました。上空からの「王権」の家系とは「官職保有者ではなく官職の代表が超人的で神わざ的なものを起源とする存在である」[※10]ことを意味しました。従って、アッシリアならびにバビロニアの王の権威の源をなすものは王の家系、権門などのおかげというのではなく、神々に選ばれたということでした。実際には、これにより支配する王の側による後継者選択が生じていますが、名家という感覚はありつつも政治上での長子相続というものはありませんでした。占いを含む様々な技術を用いることで、王の息子たちの中の一人が「皇太子」として選ばれ、この選択がなされ公の場で宣言されるまでは後継者が誰になるのかは確かではありませんでした。

宗教史家たちはこの発展を紀元前3千年紀の社会状況が神話に反映されたものとして見なしています。天空の統治者として確固たる就任を得た神々とともに、地上を統べる者である王は彼らの代表者と見られるようになり、「王権が天空から降りてきたのち」シュメール王名表の記録が始められました。[※11]

12枚の書字板に書かれたウルク王ギルガメッシュの古代叙事詩には彼が「神々の子孫［あるいは子供］」として呼ばれた話があります。※12　王は神々に望まれた様々な活動を監視する責任とともにある人物だったゆえ、神が彼ならびに彼の統治する都市に何を望んでいるかを正しく認識している必要がありました。ここで占いの実践が市民の重要な目的を満たしており、占いを通じ王は神の意思を知ることができたからです。王は前兆を探し求めなければならず、それは出来事を予示しそれらに備えるためのみでなく神々の彼への要求を見いだすためでもありました。

紀元前2千年紀の切り替わりの頃、メソポタミアの宗教上の見方に重要な変化が起きたとヤコブセン教授は論じています。※13　この期間、歴史上の記録で初めて個人が神々に直に語りかけ、嘆願し、要求し、成功や幸運、健康を乞いましたが、それは神々が自身の宇宙での務めを地上にまで滴らせ、嘆願者の利益のために地上での出来事にかかわってくれる瞬間を期待してのものでした。

個人的な神、すなわち個人の運命に対しじかに責任を負う神の概念の明白な具体例が初めて古代の原本に出てきました。

〝神よ、私をもうけた私の父であるあなた様、
私の顔を持ち上げてくださった……。
どれだけのあいだ、あなたは私を見向きもしなかったでしょう、
私をお守りくださらなかったでしょう？〟※14

シュメール後期の詩の中でこのように嘆く若者。彼の祈りは回答を得、詩は文体を変えつつ続きます。

〝男よ――彼の悲痛な嘆きは彼の神に届きました、
彼を満たした悲嘆とうめき声が若者を想う彼の神の心に真実として触れました、
道理のある言葉、彼により口にされたありのままの言葉、彼の神は受け入れました……。
彼の神は彼の手を不運な言葉から引き出し、
彼の文章と調和しつつそこにいた運命のデーモン、彼は顔をそむけました、
彼は若者の苦悩を悦びに変えました……〟[※15]

こういった「個人の」神にかかわる類いの原本が少量見つかりましたが、それらは紀元前2600年、紀元前2150年、紀元前2000年、そして最も新しいものは紀元前1700年のものでした。千年紀の終わり近くまでのもので見つかったものはありません。メソポタミアの範囲を越えた場所でこういった原本が見つかるのは比較的のちになってからで、紀元前1350年頃のヒッタイトでの資料、紀元前1230年頃のエジプトのもの、そして千年紀の変わり目でのイスラエルのものがあります。

原本の不足によりあらゆる決定的な結論づけはできませんが、このことは紀元前2千年紀の初めをまたぐ頃起きたメソポタミアでの宗教上の発展であるとの感を抱かせるものではあり、それは当時彼らの居住地域へのセム人の移民が増えてきたことによる影響とのかかわりがおそらくあるものでしょう。

この変化における、個人的な宗教は「紀元前2千年紀初めのメソポタミア」にさかのぼることができ、

「人間と彼の個人的な神との特定の関係に」深く組み込まれ「限定されている」※16とヤコブセン教授は述べています。これは日頃用いている占いの技術の形式にも関連しており、というのは占いにより神と人類との意思疎通の経路というものはもたらされるからです。※17

ついでに言うと、イスラエルの文化の場合、宗教に対する一個人の態度は個人から国民へと展開してゆきました。※18　国民は「選ばれた者」となり、神性を独占し契約の箱の代理人を通じそれと継続的にかかわっていました。こういった態度から、歴史とはメソポタミア人が信じていたような大いなる年月の周期が繰り返されるだけではない、国民の未来における達成に向け動くものであるという、目的意識のある有意義な歴史観が発展しました。イスラエル人にとって歴史は直線的で、メソポタミア人にとって歴史は繰り返されるものでした。

歴史的に、このことと占星術の組織立った方法論とのあいだで同時に起きたこととしてふたつの興味深い点があります。ひとつ目は最も初期のシュメールでの占星術書字板が、個人的な宗教を論じた初期の原本の時期と同時期のものであることです。ふたつ目は、のちの宗教上の原本が占星術の発展の始まりが見られたバビロン第一王朝の時期に収まることです。なるほど、最近発見された原本は紀元前1700年あたり、金星書字板『エヌマ・アヌ・エンリル』の章で言及がなされたアンミサドゥカ王の治世の始まりの頃に当たります。

これを鑑みふたつの経過、すなわち個人的な宗教と占星術、両者の興隆のあいだのかかわりの可能性に留意すべきでしょう。心理学的に鑑み、両者のあいだには類似性があります。ヤコブセン教授は神性への個人的な接近がはらむ逆説的な性質を指摘しており、外見上は嘆願者は謙虚さと謙遜ぶりを劇的に表現、さらけ出している一方で、表面下ではほぼ限りのない自尊ぶりを厚かましいほど無遠慮に有しているというものです。※19 嘆願者は束の間、宇宙の中心的存在となり、神に自身に対してのみ注意の目を向けてくれと要求しているのです。

これは神々が地上で興味を抱くことを詳細かつしっかりと述べ、ずっと後になってからは個人と神々とのかかわりを象徴的に詳述する「ネイタルの」出生図を有する占星術との関係性なしにはあり得ないことです。しかしながらそのような出生図はアッシリア、バビロニアの占星術の一部をなしてはおらず、それらが生じるのは最後のバビロニア王国が崩壊してから200年後のことです。おそらくむしろ、「ネイティヴィティ（＝出生）」の前兆を用いることが発展したという宗教上の概念からです。これらはメソポタミアで永く用いられました。

こういった出生を用いての占いの手順の類いは、天の事象から引き出された前兆を含まざるを得ませんでした。※20 従ってこのことにより、考古学者たちによる発見がいまだなされていない何らかの方法を用い、子供の運命を決定づけるための正確な出生時点での天体の位置を記録することが導き出された可能性があります。この段階でネイタル・ホロスコープすなわち出生図が生まれましたが、それは最初のもので紀元前410年、メソポタミアをペルシャが支配していた時代でした。※21 もちろん、これは個人的な宗教が明らかに始まって以降とても長い時間が経ってからのもので、この事実そのものが説明を要するものです。

バビロニア人とアッシリア人は過去と未来が絶えず現在に流れ込む世界に住んでいました。時間そのものが周期的でとめどなく流れるものと見なされていました。これは歯を食いしばり禁欲的により良い未来へと時間が行進する、ユダヤ教およびキリスト教が影響を及ぼした現代とはまったく異なる感覚です。そしてこの概念ゆえに、千年紀の救世者へのあらゆる渇望を祈り続けているのです。

過去と未来、善きものと悪しきものがともに満ち引きする、流動性のある宇宙では、すべてが交渉可能であるべきと見なされることが予想されるはずです。前兆が悪いことを予示するのであれば、儀式が演じられることでその影響が取り除かれ、悪いことを引き出した神がなだめられます。悪いことと思われることは、個人あるいは国家が知らず知らずのうちにとはいえ特定の神、あるいは女神の意思を逸脱してしまったがゆえに現れました。結果、悪いことを避ける前に悔恨を真に証明すべく神に謝罪し、儀式をもって神前で身を低くする必要がありました。

占いは占星術師たちに難しい問題を提示しました。悪いことが予知される一方で、予知した時点ではそれは実際にはそこにはありませんでした。影響を取り除くための儀式はいまだ適用し得ません。聖職者ならびに嘆願者にとって悪いことがやってくるのを待つのは必須でしたが、キャンドル、水、お香を準備し悪いことを待ち受ける嘆願者、魔術上の道具を持ち床上をゆっくりと慎重に歩む聖職者――これは明らかに出来事がたどるうえで意に満たない順路でした。明らかにいくらかの異なる、体系立った手順が考案される必要がありました。

そしてもちろんそれはナムブルビの儀式でした。これは厄除けの儀式すなわち〝脅威となる〟悪いことを避けるように仕立てられたものです。嘆願者がやがてやって来るであろう悪いことに対し、先に行動を起こせるようにするものです。ナムブルビはシュメールの言葉で「それを元通りにする」すなわち「予示された悪いことを元通りにするための儀式」の意味です。※22　その存在ならびに利用はメソポタミアの占い技術にとって特別な付加物で、というのは占いなしにはそのような儀式は無意味だからです。

予示された運命を避けるために存在する儀式は、メソポタミアの運命の概念である「シムトゥ」を調査することを要求するものです。これは難しい概念で、ギリシャ人によりのちに抱かれた決定論的な見方とは異なり、現代西洋の取る態度の背後にあるものです。シムトゥは神、王あるいは力や特権を授与する明確な権限を有するあらゆる個人からやってくる思し召しに言及します。※23 神々は死ぬべき運命にある人間に力、あるいは成功といった贈り物を授けますが、それは王は政治的官職、土地、あるいは特権を配置できるようになり、個人は跡取りに対し財産を割り当てることができるようになるといった具合です。シムトゥは公的な掟に基づき厳然と存在し、社会あるいは神性の高位から低位にいたる秩序すべてと意思疎通する存在を示しています。※24

しかし個人にとっての「〝シムトゥ〟の成立」という明確な宗教上の概念があり、これはおそらくそれぞれの人が生まれた時点で神から受け取る幸運あるいは不運の総量で、個人がその後の人生でのパターン、様式を決める明確な行状をもたらす特異作用です。※25 そのようなわけで、のちの時代の出生ホロスコープは、その人物に割り当て分配されたシムトゥが記録されたものと見なし得るのです。

ここ最近の2千年間のほとんどにわたり、占星術の核心部分に横たわる、その基礎をなす前提は前述の因果関係でしたが、これは天体の動きが地上での特定の出来事に直接その原因をもたらすというものです。これにより、天体の動きを観察することが不変かつ決定論風の質感をもつことにつながるようになり、時節が来れば上空に観察されることから地上で運命づけられた一連の出来事があらわれると考えられました。じつに多くの現代の占星術家たちがもはやこの前提に寄与するわけではないとはいえ、それが最も一般に想定されている考え方であり続けているのも真実です。

この信条は古代ギリシャから継承されたものです。彼らは創造者よりも下位にありつつ被創造者たちのヒエラルキーのうちにもある有限の宇宙を信じました。そして主にアリストテレスの影響により、彼らは天体が地上での出来事が直に受けた物理的変化の原因になっていると信じました。この影響が正確にはどう働くかについては、その後ずっと思考を働かせていた人々にとっての課題となっていましたが、首尾よくというわけにはゆきませんでした。

バビロニア人、アッシリア人はこのような信条は有していませんでした。彼らにとって天（と地上）──天の出来事とそれにかかわる地上の出来事──の前兆の存在はあらゆる意味で、天の出来事が予知された地上の出来事の原因になるとか、あるいは予知された地上の出来事が運命づけられたものでこれまでに起きた天の出来事の不可避な結果であるといった、結果として生じる信条を必要とするものではありませんでした。（＊4）

重要なものとして考慮されていた異常あるいは普通ではない出来事、あるいは文献によれば地上での「不吉」そして不吉と予示された出来事は起きる可能性があることの「兆候」あるいは「警告」です。それは神々が運命を統治する上で決めたことが結果としてあらわれることを示すものです。しかし予知された出来事は魔術的儀式を通じ回避し得たのであり、ゆえにそれらは避け得ないこととは決して捉えられませんでした。

ロックバーグ＝ハルトン教授は以下のように書いています。

因果関係あるいは運命にまつわる観念が天を観察しての占いの背景にあるわけではないことの証拠は、占者たちが前兆を……不可避でも容赦のないものでもないものと見なしていたという、明らかな事実からきています。厄除けの儀式によりどんな悪いことが予知されようとも、それらを払いのけることは可能でした……。そのような「ナムブルビ」の儀式は効き目のあるものと信じられていましたが、それはもたらされた現象により予示された出来事が必要性、あるいは因果関係により融通のきかないものとしては見なされなかったからです。ゆえに決定論はメソポタミアの占いの概念（あるいは「理論」）の根底にはありませんでした。というわけでバビロニアの原本にある、前兆の性質は絶対的な因果関係のそれではなく、警告あるいは兆候のそれでした。※26

140あるいはそれ以上のナムブルビの原本は、これまでの発見から紀元前8世紀後半から紀元前6世紀後半のものとわかりました。それらのほとんどはニネヴェ、アッシュールといった都市で見いだされましたが、彼らの言語はより南方であるバビロニアに起源があるものと推測されます。それぞれの書字板には脅威となる、特定された様々な種類の悪いことに向け演じられる儀式の一覧表が、神前で語られる祈祷の教科書とともに書かれています。（＊5）

これら原本が何度も複写されたことは、それらが日常で用いられるほど重要な機能を果たしていたことを示すものです。これら儀式は前兆の原本にもあらわれますが、それらは関連するナムブルビ儀式の詳細が書かれている箇所に、しばしば中断・途切れがあります。

儀式そのものはほぼたいてい嘆願者と聖職者の2人のみが参加しました。それは演じられるのに数時間掛かりましたが、2日間続けて行われる儀式の中での部分的な実践であることがふつうだったようです。儀式を行う場所は日常の喧騒から隔離される必要がありました。それにふさわしい場所が選ばれるや否や、祭壇が用意されました。

まず儀式的行為が行われ、儀式が行われる場所がその周囲から分け隔てられ、燭台がその場の4つの隅々それぞれに掲げられます。その場を孤立させるのにたとえば幕、あるいは少量の小麦粉が用いられるかもしれません。魔術的に分離された空間はたいてい中世、あるいは現代の魔術師たちが、自身の儀式を演じるのに円を描くのと同様のやり方で求められるように思われます。

場所を準備したのち、儀式を演じる人物は自身を清めたのでしょう。彼らは洗ったり入浴したり髭を剃ったりし、きれいな衣服を着ます。場所そのものが掃き清められ、清められた水がまき散らされ、ヨウシュネズかヒマラヤスギのお香、あるいは没薬が焚かれます。

場所が選ばれ正しく準備が整うことで、厳粛な儀式が始められます。災いがもたらされる前に予示された悪いことが除かれる効果のある、指定された祈祷とともに食物、あるいは飲料が神々に提供されます。これら祈祷は正義の神であるシャマシュ、ひどい嵐の神であるアダド、あるいは魔術の神々のエアかアサルヒにほとんど捧げられました。

最後となる儀式の祈祷のまとめでは、演者は再び自身を清め、草木をほぐしたり小鍋を割ったりなどの行いにより悪いことが「ほどかれ元に戻され」るのを示すために、ささやかな象徴的振る舞いを行います。嘆願者が日常の暮らしに再び戻ってゆく上での儀式化された手法がこれに続きますが、彼は後ろを振り返ることなく儀式が行われた囲い地を去り、自身が今後日常の騒乱で必死に生きてゆくべき場所である家、あるいは都市に帰るにあたりふだんとは異なる道を選ぶよう告げられます。居酒屋に入ることが推奨されますが、それは彼がそこで飲んだり話したりするためです。嘆願者はその後しばらくのあいだにんにく、魚、あるいはニラネギといった、信仰により禁じられた食物を避けるという飲食上の規則にしたがい、呪文が銘記されたお守りを身につけます。※27

ナムブルビの儀式はもちろん「魔術的」です。魔術は神々との調停の一形式です。それは神々がいかに絶大の力を有し、私たち人類とは距離を置き遠方にいようと、彼らもまた宇宙の不変の法則に従っているという前提に依拠しています。魔術師がそれら法則を知り、それらと調和的に働くことができれば、神々ですら従わざるを得ないのです。

魔術師の務めはあるがままの自然を変更、あるいはその方向性を直すことで、自然界の未来での行き先が占星術により明らかになるのであれば、魔術師は出来事の向かう方向を違ったものとし、別の未来を作り出す機会を得るのです。

こうしたナムブルビの儀式とともに、私たちは超自然的な経験という高尚な位置づけを残し、宗教上の教義での限定的な崇拝の領域のうちにあります。魔術的儀式は神々ならびに人類の双方により用いられ得る宇宙での共鳴を伴う活動と返答という宇宙的法則である、特別な世界観から出ています。この神々と人類双方の共鳴を伴う活動の教義はバビロニア人、アッシリア人にとって重要で、なるほどそれは彼らの魔術実践の基盤をなしたのです。

　右記共鳴を伴う活動という発想は占星術の基礎をなすもののひとつでもあります。ギリシャ、ローマでの保護下において特にそうでしたが、占星術上の実践が発展するに伴い、それぞれの神、それぞれの天体は熱心な人が神の手助けを求めるべく用いたそれぞれにふさわしい木、金属、色、数字、印象を有していました。この手順は魔術のお守りやタリスマン、護符を作る上での核心にあるものです。やがて占星術、魔術双方の規律が互いに並走することをやめ、一緒になりました。この経緯は占星術での悲観的な未来予知を避けるナムブルビの儀式を用いることから始まったと言い得ます。

　魔術と占星術とのこういった共存は3千年紀あるいはそれ以上の時代を経て発展し、文字通り西洋文化そのものの進路をそっくりそのまま変えることで終わりました。それが古代バビロニアから最終的にもたらされた、広く行き渡った共鳴を伴う魔術の概念で、これはのちの15世紀にボッティチェリの教師であり、フィレンツェの言語学者、哲学者でもあるマルシリオ・フィチーノによりその意味を解き明かされ、この先私たちが見てゆく通り、長じてイタリア・ルネサンスの核心に置かれたのです。

＊1　無意識ならびに元型にまつわるユングの文章への導入は彼の著書『思い出、夢、省察』194頁以下参照願います。
＊2　フランクフォートは「秩序立った社会からでなく、混沌と強い不安から作り出されたものとしての起源である王権」を論じており、王が混沌から秩序をもたらしたとしています。フランクフォート著『王権と神々』236頁参照願います。

＊3　フランクフォートは紀元前2千年紀までに発達した「統治者」である神という概念が最終的に一神教をもたらしたとしています。地上での君主が絶対的な統治者であったように、天空の統治者も絶対的であるべきというものです。このように神の力に集中、統合、一神のうちに力が融合の傾向が見られるようになりました。フランクフォート同右著書78～84頁参照願います。また234頁以下も参照願います。

＊4　ロックバーグ＝ハルトン著『バビロニアの天の占いの様相』15頁参照願います。ロックバーグ＝ハルトン博士は親切にも出版が予定されていたN・ヘザーリントン編『宇宙論百科：現代宇宙論の歴史上、哲学上そして科学上の基盤』収録の彼女の記事である「バビロニアの宇宙論」の原稿を私に送ってくれました。そのなかで彼女は「バビロニアの占星術は……決して決定論的にはならず、天の前兆の重要性を説明するための星の影響に基づく物理的学説を要求しませんでした」と結論づけています。ロックバーグ＝ハルトン著「メソポタミアでの運命と占い」366～368頁参照願います。

＊5　基本的な儀式が書かれた書字板、ならびにその詳細の翻訳はキャプライス著『アッカドのナムブルビの原本』参照願います。

第二部 ◆ 神話と天体

8　シン　月、時間の父

メソポタミアに最初に王国を築いたのはシュメール人です。のちのセム族、アッカド人はアラビアからやってきたと考えられています。彼らの到来が始まったのはとても早い時期で、というのは紀元前4千年紀に最初に書かれた記録の初めに、キシュ第一王朝からの王の一覧にセム人の名があるからです。シュメール人の神話は複雑多岐にわたる神々の集まりを有する、高度なまでに洗練されたものでした。それとは対照的に、セム人の宗教の起源は3柱の神々にあったようで、それらはすなわち月、太陽、そして金星でした。それに応じて、セム人は紀元前2334年、サルゴン王の頃シュメールから権力を引き継いだ際、シュメールの神殿すべてを獲得しつつも、彼らは自身の星の神々である月の神シン、太陽の神シャマシュ、そして金星の神イシュタルの三位一体をその頂点に据えました。

この経緯にはいくらかの興味深い点があり、元々セム族は月、金星を男性とする一方、太陽を女性としていたと考えられています。シュメール人の神殿を取り入れたのに続き、彼らは月を男性とし続けたものの他の2天体の性別は変えました。すなわち太陽は男性、金星は男性・女性の両方を同時に、のち

に専ら女性としました。（＊1）

シュメール人にとってはナンナ、アッカド人にとってはシンである月の神は、星の神位の長であり続けました。彼は神位の双子である太陽と金星の父と考えられ、シュメール時代初期以来卓越した存在でした。この天のヒエラルキーの観点は昼は夜から出てくるものであり、太陽は月から生まれ、光は闇から出ずるものであるという古代の概念を忠実に反映しています。このシュメール人の考えはおそらくいまだに文字表記として残り、しかも現存する宗教の中で不可欠な部分をなしている、最も古くからの伝説のひとつである旧約聖書の最初の数行にもあらわれています。

そして闇が深みの表層にありました。そして神の精霊が水面上を動きました。そして神のたまわく、「光よそこにあれ」

なるほど、その対照は英訳聖書により普及した、歪んで伝わった見方にくらべればより近いものです。「神」と翻訳された元の言葉は実際には複数形であるエロヒムです。したがって、より正確な翻訳は「そして〝神々〟の精霊が……動きました」という訳文となるでしょう。

日没の際、姿をあらわす三日月が新たなひと月を先ぶれしていた時の翁、いにしえの「青ひげ」は星の神々の中でおそらく最も重要でした。彼は時間と暦とを統治しました。王たちの像のほとんどに刻まされている彼の象徴は三日月で、しばしば三日月の尖った先端に接合し円形を完成させている線とともに描かれています。エッサルハドゥン王の時代には、シンを描写した像がハッラーンにありましたが、それは羊飼いの杖を拠り所とし、興味深いことにふたつの王冠を身につけたものとして描かれていました。※1

神話には神殿における彼の重要性が述べられていますが、この重要性はメソポタミアの占星術上の伝統でも貫かれました。双書『エヌマ・アヌ・エンリル』の68あるいは70の書字板のうち、最初の22もの書字板は月の前兆に捧げられました。この卓越したさまはニネヴェで見つかった、学者からエッサルハドゥン、アッシュールバニパルの2人の王に宛てられた手紙にも見いだされます。パーポラの翻訳ではあらゆる他の星から成る対象物の2倍分が、月にかかわっていました。トンプソンにより出版されたバビロニアからのもののうち、ほぼ4割が月の前兆を扱っています。

神話でのシンの実際の役割は正確には定義しにくく、なぜなら彼が有する属性は世紀を越え変化し、彼について触れている現存するテキストの多くはより古い時代、すなわち今となっては失われた原本の写しだからです。厳密にはそういった属性が明らかに周知となっていた時代・期間を定義する必要があります。たとえばアッシュールバニパル王の時代には、シンは大いなる知恵の持ち主、他の神々が肉迫し得ない深い知識を有する存在と見なされていました。

実際には、のちの神話によれば、月末になると他のすべての神々が集まり、その際彼らに必要なすべての決定を下すシンに助言を求めました。こうしてシンが神々の長として描かれる傾向がますます高まったことが反映されていたようですが、別の場所ではその役割はエンリル（その会合広間が初期の神位の公開広場であった）あるいはのちの（シン同様、神々の王と呼ばれた）マルドゥクに担われていたようです。しかし、それぞれの土地の神殿での彼の最終的な地位がいかなるものであろうと、シンは時の神として生命と運命をかなり支配していたと思われます。

月から前兆を引き出すことは高度なまでに複雑な務めでした。占星術師たちには少なからぬ努力が要求されたに違いなく、正しい前兆を選ぶための一連の少なからぬ知識も同様に求められたに違いありません。重要かつ指針としても頻用されていた一方で、月が現れることは考慮に入れられる必要のある多くの要素のひとつにすぎませんでした。姿をあらわす日というのが意義深かったのですが、それはたとえば月がそのひと月のうちの初日、7日目、14日目、あるいは28日目といった「正しい」日に現れたか、あるいはこれらから逸れたか、といったことです。またその「角」と呼ばれる三日月の形状には何か意義深いことがあったか？　それらは同じ長さだったか、あるいはそうでなかったか？　同じ明るさだったか、あるいはそうでなかったか？　月は光輪に囲まれていたか、そして他の天体、星、あるいは星座が光輪の中にあったか？　太陽と月は正しい日に一緒に見られたか、あるいは最も不吉なことですが、その際蝕はあったか？　こういった可能性一つひとつが『エヌマ・アヌ・エンリル』の書字板に体系的に書かれ、これらから可能性のある未来予知が一覧として記されました。

様々な現象にかかわる前兆が分析されることで明らかになったことですが、それらの中には一貫性があるように見えるものもあれば、広く多様性のあるものもありました。一貫性のあるものの具体例として、報告が翻訳済みであるすべての占星術師たちが皆、「角」が等しく鋭く明るい場合、アッカドにとってよいことが予示されたことに同意している、というのがあります。しかし、これら角のひとつが暗く映った場合、予測は異なったものとなり、それは隣国に革命が起きる運命にあるというものです。しかしながら資料が不足しているので、これら属性を完全に分析することは現段階では不可能です。

太陽と月とが「正しい」日に一緒に見られる場合、その影響は幸運なものと見なされ、「14日目に月と太陽とが互いに寄り添っていた場合、静寂があり、土地は満ち足りたものとなります。神々はアッカドの地に幸運をもたらすご意向です。人々の心に楽しみももたらされます。アッカドの牛たちは牧場に安穏として横たわるでしょう」※2 このようにこの前兆が触れている、数学上「正しい」日であるひと月の14日目にあたる日に起きた満月は天空での調和を示し、地上での調和も予示しているのです。

しかし、（暦と天体の周期との間の拍子がはずれてしまい）彼らの「正し」くない時間に太陽と月とが現れるという、あいにくの状況が起きれば、この天空での不調和は地上での不調和をも予示します。「月が予期された時間外で現れると、市場は活気を呈しません［太陽とともに12番目の日にみられました］……。強力な敵が土地を征服するでしょう」※3 少なくとも15、16日目に現れるのもまた悲観的にとらえられ、国家が侵略されることが予知されました。証拠はいまだ発見されていないものの、土地にとってよろしからぬと予示された、他の不協和な日も同様にあったと考えていいようです。

月の周期をもとにひと月を4つに分けることにより聖なる日々という体系が生じました。ひとつの例外を除き、これらはそれぞれの週の終わりにあたります。こうして7日目、14日目、変則的ですが19日目、21日目、そして28日目が特に重要かつ危険を伴う日と考えられるようになりました。※4 これらの日には「王は四輪車に乗るべきでないし、統治者として話すべきでもありません。先見者は謎を秘めた場所では表明をすべきでもありません。医者は病人の手をとるべきでありません」※5と明示されました。

これらの命令がユダヤ教の安息日を連想させるのは理由のないことではありません。というのは旧約聖書での安息日の概念は、このメソポタミアの聖なる日々という発想から引き出されたものであることがもっともらしいからです。それぞれの月でのこれら4つの聖なる日々のうち、ひとつが特に意義があり他にくらべ重要とされていましたが、それが満月が見られ祝賀や祈りに捧げられた14日目でした。この日はシャバットゥと名づけられ、ヘブライ語のシャバットならびに英語の安息日（サバス）の語源となります。

古代ヘブライ人にとって、月神シン崇拝は見知らぬものではありませんでした。裏づけとなる証拠によれば、古代でのこの崇拝はヘブライ宗教ならびに旧約聖書の神学の重要な部分にとって源となる着想であったことが推測されます。創世記には家長アブラハムの父であるテラがカナンへの移住を計画し、自身の出身地ウルを去るも貿易都市ハッラーンへと至り、そこに腰を落ち着けたという記録があります。ウル、ハッラーンという、これらふたつの都市はシン崇拝の最高位である中心地でした。さらにいえば、これまで見てきた通りシン崇拝においてはシンをすべての神々の長とする傾向がのちにありましたが、それはおそらく神殿を包摂（ある範囲のうちに取り込むこと）し、アブラハムが得意とした宣伝による伝播の結果である原始的な一神教の発展をほのめかしているようです。こういった一神教の発端はバビロニアの国教にハッラーンの月崇拝を持ち込もうとし失敗した、バビロンの最後の王ナボニドゥスが取った活動にも見られます。１９５６年の夏、彼がシンを「神々の王」※6としてその栄光を称えハッラーンに建てた、３つの称賛に値する石碑が発掘されました。

シンに賞賛をもって与えられた他の称号から、極めて重要な役割があったことがうかがえますが、それらは「この土地のすべての生命を手中に抱く父」「すべての物事の源となる父」「天と地の運命を決定する主」といったものです。※7

しかしこの議論をさらに推し進めることが可能です。シン崇拝が古代ユダヤ人の間で自身を守るための宗教として深く根付き続け、彼らはハッラーンを去りカナンの地に向かう際も、この崇拝を持ち込んだと推測する学者もいます。たとえば悪名高い黄金の子牛崇拝はおそらくシンに捧げられたものです。シナイ山――そのふもとで黄金の子牛が崇拝され、頂上でモーセが嫉妬深い男性の神から法が書かれた石板を受け取った――その山の名はシンから出たとの議論もあり、ゆえにそれはすでに信仰の盛んな場所として設けられていたとの推測もありました。（＊2）

エッサルハドゥン、アッシュールバニパルの2人の王への占星術上の報告に記録されている、月の前兆の主な情報源は月の光輪中にある天体あるいは星々を観察することでしたが、これは現代の用語でいうところのコンジャンクション、すなわち合です。光輪はより上方の大気中にある微細な氷の結晶でできた雲が原因となり生じ、その結晶の形状ゆえに月光を屈折させ、その周囲に円形の帯を成します。

土星がこの光輪の中にあると王国にとっての平和が示され、すべてにとっての真実が語られ、王は安全を確保したと必ず記録されていました。現代の占星術家たちからすれば興味深いことなのですが、幸運とされている木星が光輪にある場合その予示はまったく逆の意味となり、敵意が土地じゅうを支配し王は宮廷で包囲されるというものでした。さらに少なくともひとつの書字板には、月と木星とが一緒だと「幸先のよくない」出来事が予示されるとしています。※8 火星が月のそばにある場合、同様に否定的な解釈がもたらされました。いくつかの手紙によれば牛の絶滅、王の死、王の土地の減少などがあらかじめ示されたことが明らかになっています。地上でのどのような仕組みによってであるかまでは詳述されていませんが、おそらく侵略の結果によるのでしょう。

月の光輪中に星座がある場合について触れた報告はまれですが、その報告は明らかな予知をもたらしていました。たとえばかに座は幸運と考えられていましたが、おうし座とさそり座はとても否定的なものと見なされていました。おうし座は特に悪いことの前触れとして抜き出されました。※9 そしてさそり座も今日同様否定的な報告を受けています。これは現在までほぼ3千年、おそらくそれ以上の年月にわたり述べられてきた途方もない偏見で、たとえば「月が現れると、さそり座が月の右側の角のうちに瞬いており、この年はイナゴが群れをなし、彼らが農作物を食べ尽くしてしまうでしょう」※10 といった予知があります。

恒星もまた月の光輪中にある場合の報告が時々述べられています。アルデバランがこの配置にある場合、土地に真実と正義とがもたらされるとし、そこには土星が有する属性があるとしています。レグルスが同様の配置にある場合、妊婦たちが娘よりもむしろ息子を授かるとしています。

月の前兆にまつわる引き続いての源泉となるものは、月の明るさの観察から引き出されています。月が明るく輝いていれば王国に幸運が予示され収穫は繁栄したものとなり、十分な飲食に恵まれた人々は踊りを通じ幸せを表現するでしょう、とされていました。あいにくなことに、月の輝きが暗い場合でも同じ予知が事実上なされ、「月が明るく輝いていれば土地の収穫は豊かなものとなり」※11「月の輝きが乏しく暗ければ、土地の人々は食事に事欠かないでしょう」[※12]とあります。これはどうやら占星術関連双書の情報のうちのいくらかが早い段階で失われたかあるいは誤って伝わったものと見られ、しかもこの誤りは自身の伝統の古めかしさに気圧されたのちの書記たちにより訂正が施されないまま伝わり、結果あらゆる変更あるいは訂正さえもなされなかったのでしょう。ロックバーグ＝ハルトン教授は「［『エヌマ・アヌ・エンリルの』原本、教科書の権威づけが元々その古めかしさの上に基礎を置いて」[※13]おり、占星術にかかわる双書が「急に変え得るものではなかった」[※14]と批評しています。

アッシリアの学者たちは自身の世界を４つに分けられたものとして見なしましたが、それはまずアッシリアそのもの（アッカド王国）、次に北方のスバルトゥです。これら双方は現代のイラクの範囲内にあります。東方には今日のイランであり永年の敵であるエラムがあり、現代のシリアがある西方にはアムッルの土地、アムルがありました。地上でのこの４区分は月の表面での似たような区分けにも反映されていたと彼らは信じていました。結果として、不吉な出来事が月のどの部分に関与しているかにより、月の前兆はこれら王国のうちのひとつ、あるいはそれ以上と関連づけられました。

おそらく占星術の双書からの引用を有するひとつの書字板には、原本で定義されている通りの月の地理学が詳細に記録されており、それは「すべての土地の前兆、月の右側はアッカド、左側がエラム、月の上部はアムッルで下部はスバルトゥ」[※15]というものです。これら方位は実際の地理上の方位とはかかわりがなく、ゆえにどのような種類の論理に基づきこれら特徴づけがなされたのかを私たちが理解するのは困難となっています。

メソポタミア占星術の中で最も脅威となる出来事のひとつは月、あるいは太陽の蝕です。日蝕が不幸な出来事の最たるものであった一方、よりありふれていてさほど劇的ではない月蝕の方もまた考慮に入れるべき予兆を伴うものと見なされました。なるほど、『エヌマ・アヌ・エンリル』の月の書字板ではその4割が蝕にまつわる前兆に捧げられていました。

『エヌマ・アヌ・エンリル』の蝕の前兆に最も通暁している学者は、シカゴ大学東洋研究所で博士号を受けたフランチェスカ・ロックバーグ＝ハルトン教授です。彼女はレオ・オッペンハイム教授とともに長年にわたり天の占いが書かれた書字板に興味を引きつけられてきた人物である、エリカ・レイナー教授のもとで学びました。ロックバーグ＝ハルトン教授が選んだ学術論文の主題は双書の書字板15から22に見いだされた月の前兆でした。彼女の学術論文はのちの１９８８年に『バビロニアの天の占いの様相』として増補された形で出版されました。この作品から私たちはこれまですでに文章を何度か引用しています。

ロックバーグ＝ハルトン教授はこの資料を詳しく研究したことにより、これらの前兆が原本の集成へと体系的に校合されたおそらく最初のものであるとの結論に至り、さらについでに言えば、最も初期の校合はおそらく金星書字板ではなかったのではとの推測をもしていました。彼女は大英博物館の所有蔵書中すべてに「蝕の前兆が書かれたひとつの集成資料」[※16]に依拠したと見られる、4つの旧バビロニアの蝕の前兆が書かれた原本を見いだしました。これらは『エヌマ・アヌ・エンリル』の先駆をなすものであると彼女は推測しています。少なくともこれら編集物のいくつかが2千年紀終わりの時点ですでに古いもので、敬意をもって扱われていたということが占星術上の双書の書字板20の最終版で明らかになっています。それは複写され、教科書には「バビロン王アダド＝アプラ＝イディナの11年目の書き物用の板によれば」[※17]と書いてあります。この日付はいずれの制度が用いられているかによるものの、紀元前１０５８年頃と見られます。

確かにニネヴェ図書館に保存されている具体例は、そのうちのいくらかは紀元前2千年紀の終わり頃に書かれたものの、より昔にさかのぼる起源となるものから引き出されました。私たちは紀元前１０５８年に複写された双書の書字板20につき触れる機会がありました。[※18]　書字板20、21は紀元前2千年紀の終わりののち存在しなくなった地理学上の参照文献につき触れている箇所を有するので、そもそもそれ自身が古文献であることがわかります。[※19]

蝕が書かれた書字板は高度なまでに体系化がなされ、天の、気象学上のあるいは地上での現象と月蝕との起きる可能性のある組み合わせをも網羅しているようです。多くの蝕そのものが実際に観察された出来事から引き出された可能性がある一方、書字板20に書かれた例など少なくともいくつかは書字板に記されたようには実際には起き得ませんでした。[※20]

前兆は蝕の方位、その特徴となった色、蝕により覆われた月の部分、蝕の持続時間、予知された日付通りに蝕が起きたか否か、その時の月の「角」の姿、特別な日々での出来事といった、様々な要素の分類の組み合わせから描き出されました。

これら物理・自然科学上の変化とは別に、蝕と同時に起きた他の出来事との組み合わせから派生した前兆の集合体がありました。そのような出来事には蝕と同時に現れた流星、月の近くにあった天体、4つの方角のうちのひとつから吹き込む風、雷、稲妻、そして地震が含まれていました。

総合的にみれば蝕の予測は否定的なもので、世界のために縁起の悪いことのみが予示されました。『エヌマ・アヌ・エンリル』の書字板16には脅威となる影響が予知された代表的な事例があります。

〝王子の土地は滅ぼされるでしょう〟
〝土地は災難に見舞われるでしょう〟
〝王は亡くなるでしょう〟
〝土地は荒廃するでしょう〟
〝神々はお怒りになるでしょう〟※21
〝妊婦の胎児は流産となるでしょう〟
〝壊滅的な洪水があるでしょう〟
〝人々はわが子を売り払うでしょう〟※22

驚きを禁じ得ないのは、こういった多くの蝕に備わるとされる性質・特徴が記録されて以来3千年あるいはそれ以上の年月にわたり残存したばかりでなく、今日私たちが利用可能な占星術関連図書においてもこれらが月蝕にかかわるとされていることです。伝統はいまだに蝕がアッシリアの占星術双書にある通り、不運なもので以下のような性質を備えているとしています。

〝何人かの王がお亡くなりになる原因となる〟

〝人類のあいだで疫病ならびに多くの悪いことが引き起こされる〟
〝流産の原因となる〟
〝地中の種が被害をうける〟
〝雷と稲妻が［ママ］（＊3）〟

これらすべての文は20世紀初頭著名であった占星術家ラファエルの著書中に見いだされるものです。その文章の言葉づかいが少しばかり古めかしいとはいえ、彼の著書は今現在も刊行されており手頃に入手可能です。蝕が妊婦の流産の原因になるとのアッシリア人の明言が、永い年月を隔てても損なわれず現存していることは驚きです。

バビロニア人が文書として保持したすべての蝕が否定的なものだったわけではありません。最初の月にあたるニサンヌの日没から深夜までの夜間の間の最初の時点、すなわち夕刻の監視のあいだに起きた蝕のいくつかは好ましいものととらえられたようです。（＊4）（「正しい」日である）14日目に起きた蝕は「土地の収穫が盛んなものとなる」※23とされました。15日目も同様に時に幸運なものと見なされました。なぜそうなのかは現存する原本からは探り出し得ません。考えられるのはバビロニアで重要であった春の祝祭の最終日が、ニサンヌの13日目であったという事実に趣旨があるのかもしれないということです。これ以外の利益をもたらすと考えられた蝕は、5番目の月であるアブの14、15、16、20日目に起きたものです。※24

恐ろしい未来予知が過剰にある中で、明らかに縁起のよい、別の部類も存在します。これは赤く見える蝕であることが基盤となった興味深いものです。月蝕のあいだ見られる色は地球の大気により屈折した太陽の光が月面に届き、黄色っぽいあるいは赤味を帯びた姿となるというものです。（＊5）これらは常に「人々にとっての繁栄」※25「地上での収穫は盛んなものとなる」※26など、有益なものとされました。占星術上で蝕にかかわる色の染まり具合を鑑みる手順は、メソポタミアの時代をはるかに超えた後世において行われました。千年紀ののちギリシャの占星術家であるプトレマイオスが彼の著書『テトラビブロス』でそれについて触れ、※27より遠方ではインド占星術においてその方法論が見いだされます。※28　蝕にかかわる他の色はのちの書字板16、17の写しでのみ触れられており、白、黒、赤、黄そしてまだらな多色彩、あるいは暗い、などです。これらもまたプトレマイオスの著書に見られます。

天体あるいは星が関与した蝕の記録はほとんどありません。『エヌマ・アヌ・エンリル』の双書中でも、書字板20のみがそれらの事例を含んでいます。この書字板には金星にかかわる蝕への言及が4つ、火星がひとつ、アクイラ座である「鷲」座がひとつ、明らかにオリオンを含む蝕への言及のいくつかの断片があります。火星のみが書字板19と21に一回ずつ、付加的に触れられています。数百の蝕の前兆の中で、7つのみが天体を含み、ひとつあるいはふたつが星座を含みます。これは興味深いながらも現時点での私たちには説明のしようがないことです。

これら天体の影響は幸運なものと考えられました。ディルバットという原本では、金星との組み合わせは「王の息子が彼の父親の家（あるいは王位）に入る」※29という未来予知で描かれています。原本では、この文は王は亡くなるが彼の人民は申し分なく、国家の未来は無秩序時代を経てのちよいものとなろうことを意味するとし、ゆえに君主にとって幸運な変化が言及されているようです。他には「王、都市そしてそこに住む人々は申し分なく、敵の足並みはこの土地から遠ざかる」[※30]としてその幸運ぶりを表現しているものもあります。火星を含む3つの蝕のうち、ひとつだけ残存した前兆があり、この関係が牛が死ぬ原因となるというものです。[※31]

アクイラ座はふたつの蝕でそのかかわりが言及されていますが、未来予知の内容は書かれていません。観察された出来事に関するわかりやすい報告としてのくだりが目をひく程度です。[※32] オリオンにつき論じているひとつの断片が残っていますが、星座が蝕に含まれているか否かは書かれていません。しかしおそらく含まれていただろうと推測されます。[※33]

アッシリアの王たちへの占星術上の報告を調査すると、少しばかりながらより多くの情報がもたらされます。ふたつの原本では木星、金星そして土星とのコンジャンクション、合の蝕につき触れられており、双方共に紀元前667年4月21日の蝕にかかわりがあります。この場合独特なのは3つの天体が存在したことが幸運で、蝕は悪いことという当時の考えに逆らい対抗したものとなっていることです。これを書いているバラシは述べています。「王はこの蝕を恐れるべきではありません!」[※34]

もちろん、いまだ発見されていない文化上ならびに神話上での進化の経緯が早晩あったゆえ、月はギリシャの母神セレーネーからエジプトのイシス、後のキリスト教の聖母マリアまでを象徴する女性となりました。この性別の変換がいつどこで起こったかはわかりませんが、これらは本質的に重要性が高いことではありません。重要なのはなぜそうなったか、です。

＊1　これら金星の変化にまつわる議論はロバーツ著『最も初期のセム人の神殿』39〜40頁参照願います。金星の男性、女性の局面についての話の中で、彼らが「朝の星（男性＝アッタール）として、夕の星（女性＝アッタールト）として、ふたつの局面での金星」につき言及しているとしまとめていますが、「この区別は西方でのみ失われぬよう保護されています。東方では男性性が両方の機能を占め、女性性は用いられなくなりました。ですが、東セム語族はアッカド人のアッタールがその文法的性とは対照をなす女神として発展した要因である金星の両性具有的性質の記憶を保持し続けていたようです」（元々は南アラビアの男性神位の名である）アッタールはのちにアッカドの女神イシュタルの名前に変形しました。しかしながら、この本が以下の警告を備えていることをここで付け加えるのは公平でしょう、すなわちオーゲ・ヴェステンホルツがレヴューで書いていることなのですが、ロバーツの仕事は「かなりの慎重さなしには用い得ない」『近東研究のジャーナル 34』（1975年）、293頁参照願います。

＊2　シナイという名の意味は「シンに属する山」ベイリー著『黄金の子牛』114〜115頁参照願います。

＊3　ラファエル著『マンディーン占星術』63〜66頁参照願います。ラファエルが拠り所としたのはウィリアム・ラムゼイ著『修復された占星術』308〜309頁のようです。これは1653年に英語で書かれ出版された最初のマンディーン占星術図書です。ラムゼイはしばしば自身が拠り所としているのはプトレマイオスだと述べていた一方、プトレマイオスはこのことに触れていません。ラムゼイが利用したかもしれない別の情報源については、いまだ研究がなされていません。

＊4　バビロニア人は夜を3つの均等な「監視」に分けました、すなわち夕刻、半ば、朝の3つの監視です。それぞれの監視は4時間で構成されていました。ロックバーグ＝ハルトン著『バビロニアの天の占いの様相』44頁参照願います。

＊5　本件ならびに関連前兆に関する議論についてはロックバーグ＝ハルトン著『バビロニアの天の占いの様相』55〜57頁参照願います。

9　シャマシュ　太陽、天空と地との審判

アッシリアの神話はアッシュールバニパル王統治下の頃までの進化を受け、苦心の末作られた神々、女神たちの神殿を詳しく説明するに至りました。神たちの相互関係は天での複雑な王朝を形成し、ニネヴェあるいはバビロンの統治者たちの家族の間に存在する複雑なもつれと、あらゆる点で等しいものでした。月神シンは多くの子供たちの父親となりましたが、その中に双子の兄と妹であるシャマシュとイシュタル、すなわち太陽と金星がいました。

太陽であるシャマシュは天空と地とを見守り、生ける者と死せる者とを統治した偉大な主でした。彼の役割は彼に宛てられた多くの称号により表現されていますが、それらの中に運命の決定者、宇宙の意匠を設計する者というのがあります。ナムブルビのような魔術上あるいは崇拝上の儀式において、彼は苦悩や不正からの解放が認められるよう申請される至高の審判、神位の正義の法廷の長として崇拝されていました。その行使能力の範囲内でシャマシュは邪悪な者を非難し、潔白な者を不正な隷属状態から

解き放ちました。彼に捧げられている聖なるものは、寺院に建立された彼の像を巧妙に作り上げるのに用いられた純粋なギョリョウの木でした。彼の象徴は正十字で、それはしばしば円の中に収まっています。

現存する神話は太陽を天の出来事においてさほど重要でない役割のみを演ずる存在としています。太陽が人間の一生において、上掲の疑う余地のない役割を演ずるとされているのを踏まえるとこれは驚きに値しますが、メソポタミアの暦が太陽でなく月に基づいていたので、彼の描写・肖像が支援役を超えて描かれることはありませんでした。

それにもかかわらず、シャマシュは少なくともアッシリアの図像で意義のある位置をつねに占めていました。多くの王たちの像において神位の象徴は卓越した形で表示され、王の頭上にはシャマシュの象徴である正十字とともに三日月、金星の八ヶ条八端星、（訳注9－1）アダドの曲がった火箸、エンリルの王冠が彫られました。それどころか、この太陽の象徴は王自身の体の上で繰り返されているという点において独特です。王が首まわりに身に着けているのは、現代の軍の勲章に似たシャマシュの十字の紋章であるクロスパティーです。（＊1）ここで私たちにもたらされる印象は、王がシャマシュの地上での代理人であるという目にみえた形での標示となっているというもので、原本で王が人民の太陽と呼ばれていることに言及がなされているのもこのことに対しいくらか信憑性を高める結果となっています。[※1]　王が自身の王位の記章の一部としてそのような象徴を首まわりにまとったのは、自身が太陽を代表していることに対する誠実さを表しているといえるでしょう。シャマシュに付されたこの明らかな卓越性により、彼の神話でのさほど重要でない地位を理解することがまたかえってますます難しくなっているのです。

神話における太陽のこういった比較的目立たない役割は、ニネヴェの図書館で見いだされた占星術師たちからの報告に反映されているようです。しかし紀元前612年のメデスによるニネヴェの最初の破壊ならびに19世紀の荒々しい発掘により、どれだけ多くの情報が失われたかについてわかり得ない私たちはここでも注意深くあらねばなりません。

出版された報告では私たちはシャマシュへの言及をわずかしか見いだしませんが、『エヌマ・アヌ・エンリル』では12ほどの書字板が太陽に捧げられており、このことは資料が失われたかもしれないという言い分の支持となる事象でもあるのです。この事実は占星術の伝統がシャマシュをかなり重要、ほぼ月と同等としていたことを強く示しています。


太陽から引き出された前兆の正確な一覧を編集する務めは、古代の書記たちの用語上の風変わりさにより不確かなものとなっており、彼らはしばしば太陽、土星双方について同じ名前、シャマシュの名を用いました。この同一視はギリシャの歴史家シケリアのディオドロスによりずいぶんのちになってから明確に表現され、彼はバビロニア人にとって土星は「太陽の星」※2と考えられていたと説明しました。

これら双方が同一視されたことにより、混乱を招く数多くの文章が導き出されました。たとえばある報告には、太陽が真夜中に目撃されれば人口が大いに減じるとの明らかに不条理な記述があったりします。まずこれは途方もないたわごとのように映ります。どうすれば太陽が真夜中に見えるというのでしょう？　その答えは書記たちにより曲解されたこの書字板が、実際には「夜の太陽」としての土星に触れているというものです。

あいまいな用語として、誤って解釈され続けた可能性は数世紀にわたりました。報告によれば占星術師自身でさえも時々混乱に陥る可能性を認識していたとはいえ、この不正確な用語が明確なものとされるべきであったとの提案がなかったのは一目瞭然です。土星が月とコンジャンクション、すなわち合との報告をしている手紙には、太陽が月とともにある場合の前兆からの解釈が添えられていました。王がこれにつき質問をしてくることを明らかに認識しつつ、占星術師は自身の解釈を説明することから始めています。すなわち「土星は太陽の星です」、また「土星は王の星でもあります」※3と加えられました。

このあいまいさにより太陽、土星のいずれなのかを、しかとは決めかねる次のような興味をそそられる未来予知がなされました。「〝シャマシュ〟が天頂に至りそのまま順行すれば、全能の王の統治は永きものとなりましょう」※4　後世において確立された占星術の伝統の、初期での具体例と考えるとこれを太陽に言及しているものと見なしたくなります。というのは、王の戴冠は太陽がミッドヘヴン、すなわち中天にある正午に行われるべきで、なぜなら占星術の原則によればこれにより卓越し成功した主導者ぶりが予示されるからです。あいにく、このアッシリアの特殊な書字板は土星につき触れているとしたほうがよい可能性もあります。現代の占星術家によれば、土星が取っているアスペクトにもよりますが戴冠式で土星が中天にあれば「上々に統治する力強く正しい王の永きにわたる治世」と読み得ます。

古代の統治者たちならびに彼らの忠告者たちを真に怖気づかせた出来事は日蝕でした。ゆえに古代の王たちは、自身の占星術師たちがこれらの出来事を予知できるべきであると定めていました。これはふさわしい予備典礼の時間を利用するために重要な務めであり、この予備典礼が日食の影響を最小限に抑えることを彼らは望んでいました。これらの蝕が王国中に邪悪で悪意のある時期をもたらす先触れであることは前兆の文献でも露わとなっており、それらはほぼ必ず人民ならびに農作物の壊滅を伴う敵の侵略を示していました。

占星術師たちの報告には、差し迫った日蝕への数多くの警告が含まれています。紀元前６８１年から紀元前６４７年までの34年間、ニネヴェから見ることが可能な10の日蝕、38の月蝕がありました。※5当然、王は直々にそれらの到来を聞いていました。王は結局人民の太陽であり、従って蝕を自身に対する神々からの直接の攻撃と捉えました。

私たちがこれまで見てきた通り、実利的な古代の人々はこれら占星術上の予示を今にも起こりそうな悪いことへの警告で、その警告は特定の神が怒り自身の満足を要求する上で発するものと信じました。あいにく、ナムブルビの儀式に依拠した否定的な影響を逸らす従来の方法は、蝕の場合においてふさわしいと考えられませんでした。これら特別な儀式は、日蝕により見込まれた悪化する事態を避けるには力不足でした。

通常の運命がうまく逃れ得る、あるいはその方向を変え得るものである一方、蝕はあまりにも並大抵ではない出来事なので予示された運命は簡単には回避し得ませんでした。聖職者たちによりどのような儀式上の嘆願・懇願が行われようと、それらの影響が地上へもたらされるのが感じられたのでしょう。このような容赦のない性質を有する前兆は紀元前６６９年5月27日に日が昇る際、占星術師たちにより目撃された日蝕にまつわるエッサルハドゥン王への報告中に示されています。これに対応した人物が述べたところでは、月蝕と異なりそれに対し用いられた厄払いの儀式は無かったとのことです。※6

神々をあたかも市場で取引するように取り扱う交渉・折衝の名人であり、ほとんど厚かましいとさえ言えるメソポタミア人たちは、この袋小路から逃れる術を有していました。そのような取り消しのきかない悪いことが王に向けられた場合、彼らは王を変えたのです。彼らは「代理の」王を選び否定的な影響の及ぶ期間彼を王位に座らせ、予期された悪いことを彼に吸収してもらい、公式の王が代わりの人物よりも優位にあることをはっきりと示しました。

王の身代わりを選定し戴冠もさせることは、メソポタミアの発掘の初期の段階から考古学者たちが扱った様々な報告で論じられていました。その報告はまた、儀式期間の終わりにその変わり身が「命運が尽きる」ことにも触れています。ここで言うところの命運とは何か、ということについては考古学者・歴史家の議論の対象でした。レネ・ラバのように「命運が尽きる」とは、王を待ち受けていたであろうあらゆる「運命づけられた」死に対し、その身代わりが準備ができていたことを指すと論じた人物もいました。犠牲については意図されていませんでした[※7]が、他の考古学者・歴史家たちの中にはアッシリアでの人間の犠牲、いけにえの可能性を受け入れることに困惑のない人々もいました。

この命運についての明白な詳細が早い段階から欠けていることにより、一部の学者たちは幾分かの疑いを持つに至りました。永年にわたり人々に受け入れられている視点は、この身代わりの最終的な運命がよくわからないというものです。報告には人間の犠牲の儀式にまつわるほのめかしが暗にあるものの、そのような犠牲が文化において重要な役割を演じたということを受け入れるのは、明らかに気が進まない様子が一定数の歴史家たちにはありました。調査が進むにつれ、人間の犠牲は未開文化からすればあまりにも洗練され科学的に有能すぎるとますます考えられました。人間の犠牲が当時のヨーロッパ・中東の双方で十分裏づけられていたものの、彼らのこの態度は持続しました。しかしながら、ラバらの頃は利用が不可能だった最近の原本翻訳により、すべての疑いは決定的に取り除かれたように映ります。

ダムクィ……アッシリア、バビロニアならびにすべての国々を統治した彼が王女とともに亡くなりました……王の身代わりとして……。彼は彼らを救助するために命運を尽きさせたのです。私たちは埋葬室を準備しました。彼と彼の王女は美しく飾られ、もてなされ、誇らしく示され、埋葬され、人々に嘆き悲しまれました。燔祭が焼かれ、すべての前兆はなきものとされおびただしいナムブルビの儀式……式典、除霊、典礼……詠唱［そして］書記による朗読がつつがなく執り行われました。※8

明らかにこの身代わりと王女、そしておそらく彼の「廷臣」さえもが通常百日に及ぶ儀式期間の終わりにはすべて殺されました。なるほど、世間の注目を浴びつつ発見された入念な「王室の」埋葬の中のいくつかは、実際のところ本物の王でなく身代わりのそれらであったと推測されています。

身代わりの王の即位と運命につき触れている様々な書字板が検証されたことにより、その手順の基本的な輪郭がわかります。少なくともアッシリアでは明らかに当たり前のことだったのは、傑出した寺院の納所が市民に供給されていたということです。寺院の納所は彼に崇拝、ならびに神々との密接なかかわりをもたらすに至った儀式を定期的に行っていました。この人物は日蝕の脅威があった際、王の身代わりの候補あるいは自ら志願した人物でした。

これまで通り、至ってふつうの人物が司祭の公式任務を務める人物として任命され、演壇の真ん前で正式な申し出を受けます……。アッカドの地を悩ます蝕がやってくると、彼は王のためにその代わりとなってよいのです。※9

このような身代わりを必要とすることはまれなことではありませんでした。これまで見てきた通り、34年で10の日蝕があったということは、3、4年に一度の割合で身代わりが要求されたということが推測されるからです。

占星術師たちが日蝕を予知すると、避けがたい一連の出来事が続きましたが、まずそういった状況下では功を奏しにくいにもかかわらずナムブルビの儀式が演じられ、身代わりの王が儀式を伴う戴冠式を通じ即位します。その身代わりの王は王位に座し王の宮殿で寝泊りします。少なくとも一人の身代わり、そしておそらく彼らすべてがニネヴェでの戴冠ののち彼が再び即位する場である、旧首都アッカドへ旅することを求められました。（＊2）本物の王がそのときどこに行っていたのかは、記録されていません。

戴冠直後、身代わりの王はシャマシュの像のもとへ赴きその前に立ち、そこで儀式上の数多くの言葉を吟唱しますが、それは彼のもとにやがてやってくると考え得る前兆一つひとつに彼自身が応じるためです。（＊3）この務めが終わると身代わりの王は王国全土、その都市群を――無言で、であったようですが――統治し始めます。身代わりの王は命令を出す際一言も発することを、それどころか質問を受けても話すことすら望まれませんでした、[※10]すなわち「王のローブを身にまとい頭上に王冠をいただき、王位に無言で座っている男。[※11]人々が彼は何者かたずねても、それに対し彼は答えない」のでした。彼は自身の短い治世を支えるための、彼同様身代わりであったであろう王女もあてがわれました。（＊4）

身代わりが王であり続けるべき期間の日数はまちまちだったようです。任期の最大日数は100日でした。なぜ百日なのかは私たちには伝わっていませんがたとえば予知された日蝕が実際には起きなかった場合、任期はより短いものとなったのかもしれません。しかしながら普通は任期が全うされ、その後は不吉な形で身代わりの「命運が尽き」たのでしょう。

身代わりの王が殺されたのち――おそらく毒によってでしょう――、[※12]彼の玉座、机、武器、そして笏《しゃく》は焼かれ遺灰は「彼らの頭に向けて（亡くなった王、王女について言及したのかもしれない、謎めいた文章です）」葬られました。これに続き土地ならびに真の王双方の浄化が行われたものと考えられました。しかしながらこの務めを全うするには六組の一連の木製像が製作されました。それぞれの腰の左側には様々な決まり文句が書かれましたが、それぞれの聖句は「悪いことよ、離れよ。よいことよ、入ってきなさい」を基本とする形式のものでした。6組それぞれは1組ずつが宮殿の門、シャマシュの聖堂の門、宮殿の寝室、宮廷の中庭に埋葬され、[※13]これとともに生活は次の蝕までは元通りとなりました。

身代わりの王が即位しているあいだは王国にかなりの混乱があったことは明らかでした。しかし、真

郵便はがき

恐縮ですが
切手をお貼り
ください

1 0 1 0 0 5 1

東京都千代田区神田神保町3-2
高橋ビル2階

株式会社 太玄社

愛読者カード係 行

フリガナ		性別
お名前		男 ・ 女

年齢	歳	ご職業	
ご住所	〒		
電話			
FAX			
E-mail			
お買上 書 店	都道 府県	市区 郡	書店

ご愛読者カード

ご購読ありがとうございました。このカードは今後の参考にさせていただきたいと思いますので、アンケートにご記入のうえ、お送りくださいますようお願いいたします。

●お買い上げいただいた本のタイトル

●この本をどこでお知りになりましたか。

1. 書店で見て
2. 知人の紹介
3. 新聞・雑誌広告で見て
4. DM
5. その他（　　　　　　　　　　　　　　　　　　　　　　　　　　　　）

●ご購読の動機

●この本をお読みになってのご感想をお聞かせください。

●今後どのような本の出版を希望されますか？

購入申込書

本と郵便振替用紙をお送りしますので到着しだいお振込みください（送料をご負担いただきます）

書　籍　名	冊数
	冊
	冊

●弊社からのDMを送らせていただく場合がありますがよろしいでしょうか？

□はい　　□いいえ

の王が王室を明け渡している間、王の忠告者たちは国にとって必須の指令を関係各位に発し、いつも通りの業務を継続していました。身代わりが口を利かないようにしていたのは、一時的な王が思慮に欠ける愚かな行動を取ったりすることにより、あらゆる混迷に陥らないようにするための方策だったようです。おそらく私たちは紀元前671年のアッカドの国民に、いくらかの同情を憶え得るのではないでしょうか。この年は身代わりの即位が2回も――日付は7月2日ならびに12月27日――行われる必要があると信じられました。双方の日蝕での身代わりたちは殺されました。※14

蝕に加えて、『エヌマ・アヌ・エンリル』の書字板には太陽から前兆を引き出す他の数多くの方法が詳しく綴られています。太陽の姿、出現、太陽の東の空での上昇、太陽と気象上の出来事との関係など太陽の外観から判断する前兆があります。しかしながら、これらのほとんどが占星術師たちの報告には見いだせず、関連する書字板の完全な翻訳がなされていないこともあり、これら太陽にまつわる組み合わせの解釈についてまとめるのは不可能です。とはいえ、これらのさらなる前兆に意義を与えることも、実際にはほとんど行われていないようなのです。

いくつかの報告で触れられている出来事として、太陽のまわりの光輪があります。驚きに値しませんが、通常の未来予知は雨降りに関するものです。現代の気象学者は光輪が大気中の氷の結晶からできているがゆえ、この背景にある合理性を見いだすでしょう。

本章も終わりに臨んでいますが、占星術師たちが「太陽を監視し続け」ていることに言及した報告とは別に、太陽からの他の唯一の前兆は現代の学者が言うところの〝幻日〟です。幻日は太陽の光輪中に見られる強い光のある箇所で「にせ太陽」です。たとえば古代の占星術師たちは幻日が太陽の通り道にある場合、これは王国にとってよい兆しで、利益が予期され得ました。しかし複数の幻日が観測された場合その逆で、牛と猟の獲物が台無しになるとされていました。そして太陽が天頂にあり幻日が同時に起きると、王は怒り戦に出るであろうと記されています。※15

＊1　ある報告によれば「十字はナブ神の標章」で「皇太子の威厳はこの十字にある」とのことです。パーポラ著『アッシリアの学者たちからの手紙』318、巻1、275頁参照願います。ナブは神々の「皇太子」で、ゆえに十字の標章は何らかの形で王位の相続人の認証を有している可能性が見いだし得ます。パーポラは自著の覚え書きで翻訳を修正しています。すなわち「このようなかかわりゆえ、閣下なる王は十字が皇太子の記章として役立つことをご存知です」(同右巻2、330頁参照願います)。

＊2　パーポラ著『アッシリアの学者たちからの手紙』279、巻1、227頁参照願います。身代わりの王に関するアッシリアならびにのちの時代の情報源で最もわかりやすい調査は、同右図書巻2、xxii－xxxii頁参照願います。

＊3　マル＝イシュタルはエッサルハドゥン王に「身代わりの王は……王位に座りました。私は彼に太陽神の前で書記上の吟詠をしてもらい、彼は自身にかかるすべての天ならびに地の前兆を受け入れ、国全体を統治しました」と書いています。パーポラ著『アッシリアの学者たちからの手紙』279、巻1、227頁参照願います。

＊4　原本のコラムA、20行目に「その若い女性はその女性となるべきです」とあります。ラムベルト著「身代わりの王向けの儀式の一部」110頁参照願います。

訳注

9-1…"eight-pointed star"「10　イシュタル　金星、天空の女王」（原書126頁）、「16　侵略」（原書188頁）にも表記あり。

10　イシュタル　金星、天空の女王

古代メソポタミアのすべての神位のうち、おそらく最も広く知られているのは女神イシュタルです。彼女はイシス、デメテル、ペルセポネそして他の母神たち同様に、救いを求める呼びかけをしばしば受けています。しかし、のちのギリシャならびにローマの女神たちと異なり、彼女の祖先は複雑で彼女にまつわる崇拝も同様です。実際、注釈などでなく古代の原本そのものを扱っている際、イシュタルにまつわるまったく異なった見方が出てくることがあり、それは秩序立った神殿に住み明確かつ一貫した性質を表している神々と女神たちを明らかに好む人々により、通常表現されている認識とは幾分矛盾したものもあります。あいにくメソポタミアの神位についてはさにあらず、なのです。

イシュタルは男性、女性双方を体現していました。アッシュールバニパル王の時代からの書字板では夕刻の星としてのイシュタルは女性で、朝の星としてのイシュタルは男性とあります。※1　地域による多様性もかなり存在しました。イシュタル崇拝での公式の中心地はシュメール時代からの古来の町であるウルクですが、彼女の崇拝者たちはじつに広く分布しており、ほぼどの町にも彼女の像が建つほどでした。

しかし、それらイシュタル像の間には確かな相違があり、たとえばニネヴェのもの、あるいはおそらくウルクのものもそうなのでしょうが、それぞれが他のものとは異なる、独特な質感が賦与されていました。

中東じゅうを通じ、女神たちのひな型となる数多くの原型がありましたが、イシュタルはそれらすべての形態を自身に吸収し、徐々に包摂していったようです。このようなわけで、神殿での彼女の立ち位置ならびに彼女の重要性は時代により大いに異なります。結果、イシュタルの肖像を描き出すのは、ギリシャの女神のそれを描き出すのとは異なり不可能です。

イシュタルの複雑さの一部は彼女の起源に起因し、彼女はシュメール人、セム人双方の神位が混ざったものなのです。金星にかかわるシュメールの星の神位の起源となるものはイナンナとして知られているもので、挿話的な話になりますが個人の名前として現存するおそらく最古の名前のひとつである、ジェニー（Jenny）という名はこのイナンナ（Inanna）の名から語源を引き出すでしょう。セム語族が徐々にメソポタミアへと移動し、金星にかかわる神位を持ち込みましたが、彼らの場合それはアッタールという名の男性の神位でした。セム語族が移住し地域での勢力が強まった際、彼らの金星の神はその地での元々のシュメールの女神へと取って替わりました。

イシュタルが推測させる複雑さ、重要性は中東じゅうを通じ見いだし得る、彼女の名前から引き出された幅広い様々な性質により例証されています。南アラビアからのセム語族の神であるアッタールは男神アシュタールへとつながり、そののちシュメール文化の影響を受け女性であるイシュタルは出てきました。南アラビアの神であるアッタールもまたアッタートと呼ばれ、のちにアスタルトあるいはアステレトとなった女性としての面をも有していました。カナンの女神アシュトレスは後者の形態が堕落したもので、ギリシャ人がアスタルテと描写しているものです。（＊1）アスタルテからギリシャのアフロディーテが生じました。私たちが記録から伝え得る限り、アッシリアの時代までにアッタールからイシュタルに変わり性別までも変わったのは決定的でしたが、男性としての痕跡は残りました。

イシュタルは星の3つ組の中で3番目の神位でした。彼女はアッシュールバニパル王の時代までは月であるシンの（最初に生まれた）娘と考えられ、太陽であるシャマシュとは双子、地底世界で大いに恐れられた女王エレシュキガルと、のちに卓越した存在とされるに至った死と再生の神タンムーズとの姉妹でもありました。イシュタルは天空の女神で愛、セクシュアリティ、出産の美しき女神でした。それらとは打って変わり、彼女はまた恐るべき戦の女神でもあり、ソロモンが次のように歌ったその対象でもありました。

〝曙のように立ち上がりつつあるのはどなたでしょう、
月のように明瞭で、
太陽のごとくまばゆい、
旗印を擁した戦士のごとく恐ろしい者は？〟※2

ソロモンが旧約聖書で非難されていたのは、この女神を崇拝していたためでした。イシュタルを象徴化するやり方はたくさんありましたが、アッシリアで最も普遍的なものは八ヶ条八端星で、おそらく彼女にとって8という数字は神聖なものでした。しかしながら興味深いことに楔形文字での彼女の名前は、また30という数字の象徴でもあります。古代の聖職者たちにのみ知られている秘境的なやり方では、この数字とイシュタルとは関係性がありました。あいにくこの点を明らかにする、あるいは他の神位との多くのかかわりを示し得る古代のヘブライの数秘術、ゲマトリアのあらゆる名残は見いだされませんでした。

欧州の母神であるマリアに捧げられた、のちの中世で見られるテンプル騎士団が建立したような八つの側面を有する教会が、中東との接触を経てイシュタルの象徴性から引き続いたものであることは確かにあり得ることです。実際テンプル騎士団は戦士としての武勇ぶりで有名であり、マリアを戦の女神の一種として見なしていた彼らの崇拝ぶりからすればその特徴に適っているでしょう。

騎士団の後援者は黒い処女としてのマリアでした。彼らの精神上での良き指導者である聖ベルナルドが、自身の精神的な幻視を受けたのは彼女の庇護の下においてでした。中世の黒い処女が、キリスト教を装った古代の中東の女神であったのはあり得ることです。キリスト教初期の処女崇拝の地の多くは、伝説により奇跡的発見の物語にしばしば関連づけられた、古代の黒い女神像のもとで成長しました。（＊2）

メソポタミアのイシュタルの寺の建物群は宿泊設備ならびに農場を有していましたが、それは公式にかつ社会階級により区分された女性のヒエラルキーを支持するためでした。ヒエラルキーの頂点は女教皇で、たいてい王の娘でした。土地を肥沃に保つために床入りを行うという、年に一度の神聖な婚姻において神の妻の役割を務めたのは彼女でした。彼女の下で仕えたのは、少なくとも女司祭たちのふたつの階級でした。

寺院に所属していたさらなる女性のグループはいわゆる寺院の遊女で、イシュタルの称号である〝クァディシュトゥ〟あるいは〝ハリムトゥ〟――双方ともに「売春婦」を意味します――のふたつのタイプがありました。最初のものは寺院の「聖なる遊女」で、後者は商業を営んでいる遊郭から配された「働き手の少女たち」でした。※3　イシュタルが多くの寺院の遊女の後援者として崇拝されたのは、前者の称号によるものでした。彼女らにとっての女神として彼女はまた窓の女王、ぶらぶら歩き回る彼女という、遊女の生活様式が以降続く千年紀以上も変わらなかったことを示す名をも有していました。

聖なる遊女によりイシュタル崇拝の重要な部分が形作られました。クァディシュトゥがまた乳母としての役割をも演じたことは興味深く、それはおそらく彼女たちが常に妊娠する可能性にさらされていたからでしょう。加えて様々な神聖な性質以上に商業を営む者としての遊女は寺院と関与していましたが、それは組織の商業的活動の一部を形作っていたからです。寺院の経営は一般に寺院が権利を有するいくつかの場所の一手販売権を持っており、それはたとえば人工水路の伸長などで、その見返りとして少女たちの収益の割合を増やすというものでした。

「バビロニア人たちは極度に忌まわしいひとつの習慣を有していました」と書いたのは、紀元前5世紀のギリシャの歴史家ヘロドトスでした。

この国で生まれた女性は誰でも一生に一度金星の寺院に参じ、見知らぬ人に対し遊女として振る舞うことを余儀なくされました。より上位に位置づけられた女性は……住民のおびただしく長い列に迎えられ華麗な戦車に乗り寺院に行き、入口のそばに配されます。これは多くの者を伴う習慣です。その多くは花冠をいただき前庭に座る少女たちである一方、行き来する人々もたくさんいます。彼女たちの席にはすべて縄かあるいは紐が添付されており、それらにより男性は自身の選択をしてよいのです。この状況を一旦受け入れた女性は見知らぬ人が金銭を少しでも投じ、寺院から離れた場所へ赴きそこで楽しんでもらうまでは家に戻ることを許されません。男たちが金銭を与え「女神ミュリッタよ、あなたの縁起がよいように！」と述べるのが通常でした。ミュリッタはアッシリアの金星の名前です。与えられた金銭は神聖に用いられ、どんなに金額が少なくとも拒否することは許されませんでした。なんら気兼ねのない女性らは、金銭を提示する人なら誰であろうと受け入れるのを余儀なくされました。そののち彼女は女神にいくらかの懐柔的な奉納を行い家に戻りますが、これ以降似たようなあるいはこれと同じ任期は過ごしません。優雅さ、美しさに長けた者は長く続けませんが、そうでない者の中には法で定まった任期で過ごし終えることができず3、4年継続する者もいました。※4

報告者としてのヘロドトスは疑惑を伴いますが、彼はバビロンを訪れ自身が論じた出来事を確かに目撃はしたのでしょう。考古学者たちは彼の説明、特に寺院で女性が見知らぬ人の手により性的な体験を持つよう要求されたというのが、一般的な規則であったという部分をすべて支持する上での重要な証拠を見いだしていません。彼はその状況を誤認し、クァディシュトゥの女性の生活様式をむしろ論じたというのが現在の一般的な考え方です。

しかし真実は、しばしばそれら両者の間のどこかにあるものです。１９７３年、シッパルで発見された小さな古記録から書字板が見いだされましたが、それはバビロニアの女性がイシュタルに帰する施しの一部として性的な接待を提供していたことを是認する、あいまいではない証拠を初めて提示したものです。※5　これら特別な、結婚した女性で軍事に従属している者が「軍人の必要性に応じてい」※6たというのです。

寺院の女性を訪れたあらゆる男性に汚名が着せられなかったことは、現存する婚姻契約により証拠づけられています。それはまず結婚した男性は他の女性とかかわらないことで、自身の妻に忠誠を維持するべきというものですが、その上でクァディシュトゥと性的な関係を持つ目的であれば都市へ赴いてよいというのです。※7　当時の医療上の初歩的な知識ならびに性病の存在にまつわる議論の余地のない証拠により、寺院崇拝における性的な側面によって後者が悪化させられたのが推測されるかもしれません。アッシリアの医療上の原本が性病の症状につき語る際「イシュタルの手」※8によりその症状が見られると主張するのを除き、この潜在的な問題についての明らかな詳細はいまだ現れませんが、この「イシュタルの手」は私たちが狭義に読むとすれば、寺院の女性を訪れたことによる病ということなのかもしれません。

愛と情熱が男性にもたらされ、軍事など社会で推奨される務めや金稼ぎなどが彼らの頭から忘却されることによる悲哀につき、イシュタルには責任があるとの記載があります。愛の情熱に捕われ、快楽を求めることを通じ自身の財産が失われてゆく男性は、イシュタルの聖職者あるいは女司祭に近づくことができ、彼にとって致命的なイシュタルの抱擁から自身を自由にし、高揚した感情的欲求を鎮めるための魔術上の儀式を演じてくれるよう要求することができます。同じ機会が女性に対しても開けていたか否かは、原本が沈黙を続けているところです。

占星術師たちからアッシリアの王たちへの現存する報告の中で金星に触れているものは20ばかりのみで、それらのうちの多くが断片としてのみ存在します。結果私たちは金星書字板中の単純化された資料とは別に、金星から描き出された前兆の特徴に関するありのままの詳細を欠いています。幸い、詳しい前兆を多くもたらしている書字板がひとつだけあります。

山羊（訳注10－1）の星［金星］がかに座に近づくと、平和と和解とが国にもたらされ、神々は国に慈悲をくださるでしょう。空になった収納箱は満たされ、農作物は回復し、妊婦は自身の胎芽を全うするでしょう。そして偉大なる神々が国の聖域を秩序立った状態にしてくださいます。※9

これらの属性は他の残存する断片でも繰り返されており、少なくとも部分的にとはいえ典型的なものであることがうかがえるので、私たちは金星絡みの前兆はたいてい妊婦の安産、農作物の成長と収穫といった、繁殖力に付属するものであると結論づけることができます。このような説明が該当するがゆえ、イシュタルの扱う領域は農業の肥沃ぶり同様、生殖をも含みます。

このひとつの原本はともかく、残りのものからもたらされた情報は量が少なく、古代人から見た占星術上の〝複数の前兆〟での金星の役割について結論を導き出すのは困難となっています。私たちがわかっているのは5番目、あるいは11番目の月——現代ではおそらく獅子宮か水瓶宮に太陽がある時期——に金星が見えれば、金星がおとめ座へと動いた場合同様、農作物の繁栄が予示されたということです。逆に収穫が壊滅的である場合は金星が8番目の月、すなわち現代のさそり宮に太陽が入った際の予知になります。さらにひどいのはさそり座に明白な言及がある場合で、金星がこの星座に入ると農作物は風、洪水にやられるというものでした。こうして見ると、大ざっぱにではありますが私たちは以下のように要約することが可能です。すなわち、金星がさそり座にあると仮定されながら実際にない場合収穫は壊滅的で、金星がさそり座にあれば収穫は台無しになる。その場合の金星の位置は範囲がこの上もなく広い、と言えるでしょう。

戦争・交戦状態というものが様々な天体を拠り所とし、じつに多くの前兆をもたらす主題であるのは至極もっともですが、イシュタルの軍事的な側面もまた占星術上の書字板にその表現を見いだせます。たとえば金星がてんびん座に入れば、王国にとってよろしくないであろう戦が予知されます。この前兆が形作られたその背景にある理論の少なくとも一要素を、現代の占星術家たちが受け継いでいるのは取るに足らないことではないでしょう。それはすなわち、戦争が伝統的には天秤宮の支配星という位置づけにあることです。他にも差し迫った戦を示すものもあり、最初のあるいは5番目の月に金星が見えなくなる、あるいは逆に5番目の月に現れれば大火災が起こり得ると考えられました。最初の月に金星が見えなくなることに引き続くものと予想された戦争については原本が簡潔に述べており、すなわち王にとって壊滅的とされていますが、後者のふたつの出来事にかかわる戦争であれば王は勝利するとのことでした。

もちろんこれまで見てきた通り、金星が5番目の月に現れた場合、戦争での勝利のみならず同時に占星術上の話としては脈絡のない類いのものになりますが、農作物の収穫も上々になります。占星術師たちが王への報告向けにどのような基準で、性質上共通点のないこのような予知をするよう決めていたのかは謎のままです。私たちは敗戦ならびに右記双方を認める記録を有さないのです。

現代の占星術家たちによりその属性として賦与されている重要な部分である、金星が有する調和という効果は、たとえば金星が蝕とコンジャンクション、すなわち合の際には明らかに表現されています。月蝕が差し迫ったことを告げる、とある原本によれば金星、木星そして土星すべてが蝕のさなかにあるであろうことを付け加えています。王はナムブルビの儀式を演じることへの推奨よりも、むしろこの蝕を恐れる必要がないことを伝えられました。※10　金星、木星の両方と合となった、別の月蝕を説明した2番目の原本は王にとって好ましい前兆を述べています。※11　土星はあったりなかったりしますが金星と木星がともにある場合、王ならびに王国にとって通常であれば蝕にかかわるとされる悪いことを回避、あるいはそれらの影響を無効とし得るじつに強力な防御としてここでは見なされたようです。

日蝕においてこれら両天体、あるいはそれらのうちのひとつのみがある場合の原本上の裏づけを見いだせれば興味深いでしょうし、王位の座に身代わりの王を添える必要も未然に防ぎ得るでしょう。どのみちこの点についての文章により、地上での儀式に関する天体の前兆の相関的な強さについて描かれる判断が可能となるでしょう。

現時点ではナムブルビと身代わりの王の儀式との存在により、地上での影響の最重要ぶりがわかります。すなわち、管理する人物の意思により天空からの前兆によって、予示される運命を逸らしたり避けたりすることができます。しかし古代の聖職者たちがそれにより成功する度合いは、どの程度確かだったのでしょう？　厳密には、彼らは宇宙がどれほど柔軟性のあるものと考えていたのでしょう？　蝕の危険性を回避するための儀式あるいは金星か木星の存在、両者いずれかの選択を採った際の都合、不都合についての文章があれば、この問いは解決するでしょう。将来この点を扱った原本が見いだされればそれは明確になる可能性があり、そうなれば私たちは結果的に古代の運命の概念についてさらに学ぶことになるでしょう。

残りの金星の前兆は結論が出るに至っていないもので、ある書字板は金星の留すなわち金星が順行から逆行へ、ならびにその40日後に起きる逆行から順行へ転じる際起きる出来事から引き出された前兆のみに言及しているものです。それ以上の特異性には言及されていませんが、留は18ヶ月ごとに起きるむしろ珍しくないものなので、それらが起きた別の月々やそれらが観察された際、それらの傍らにあった天体・星座から描き出された金星の留についての、さらなる識別をどこかで見いだすことが予期されるでしょう。確かに『エヌマ・アヌ・エンリル』双書にある前兆の一般的な枠組は、このようなやり方で前兆が方法論的に組織化されたことを推測させる構造から成るのですが、これについてはそういった類いのものはなにも見いだされていません。

私たちのもとにあるこの一枚のバビロニアの書字板上に書き残されていることのすべては、皇太子である王子が長寿で土地に正義がもたらされるという、金星の留が示したありのままの注釈になりま

す。※12
『エヌマ・アヌ・エンリル』の書字板51には、王族についてさらに区別できない言及があります。それは金星が「その月」の早い時間に上昇すれば王は長生きし、一方金星が「その月」の遅い時間に上昇すれば王はまもなく亡くなるというものです。これにより国の暦を作成する手順の上で生じたあらゆる誤りにつきまとう危険性が推測されますが、というのは占星術師たちがおそらく暦に閏月を挿入しなかったなどの理由により月の選択を誤った場合、王及び長じて彼が雇う占星術師たちに悲惨な結果をもたらすだろう出来事が起こり得るからです。占星術師たちによる暦の計算上での誤りから引き出された自身の死にまつわる予知を、王がどう見たかについては推測しかできませんが、占星術師たちが自身の地位を失い、不幸なタビアのように生計のためにレンガを作らなければならない程度で済んだのであれば、その人物はむしろ幸運と考えるのは妥当でしょう。

言及された最後の前兆は金星が火星と合のもので、「金星が上昇した際火星がそばにあれば、王の息子が宮廷入りし王位を取るでしょう」この文章を読むと、この出来事が王の息子たちの誰かによる王への直接の脅威として見なされたのがわかりますし、この予知はまた王が亡くなり息子が彼を引き継ぐとも解釈し得ます。ゆえにこれまで見てきた通り、この前兆はおそらく金星よりも火星がそこにあることから引き出されたものでしょう。しかし、この合は確かに他の原本でも否定的な捉え方がなされていて、それは農作物が洪水かあるいは農作物を踏みつけつつ行進する敵により台無しになるというものです。※13

金星にまつわる古代の数多くの前兆が残存し、現代の占星術家たちへと受け継がれた占星術の伝統にそれらが今一度現れているのは明らかです。もちろん女性や女性性の事象すべてを司る金星の主たる役割は、この天体と密接にかかわり続けています。私たちが自身の起源と見なすギリシャ、ローマの著者たちがこの側面を強調していることもあり、私たちはこのことに驚くべきではありません。しかしながら興味深いのは、金星のさほど明白ではない側面が残存していることです。

古代の金星が収穫の成功とかかわっている様子の中には、現代の金星が支配する商品、国家の商業上の資源という属性と共鳴するものを見いだし得ます。軍隊や侵略を支配したかつての金星における火星的な性質もまた残存しており、それは戦争、条約そして同盟などが今日金星の役割の一部であることからもわかります。

最後に金星が土地じゅうの正義とかかわっているのは、現代において金星が法廷を支配することから自然に導き出せる結論といえるでしょう。（＊3）

これらの呼応ぶりはとても緊密なもので、金星とともに占星術上の価値が古代バビロンから現代までの数千年間、少しばかりの部分的な変更がありつつも連綿と受け継がれてきたことを証明するものとなっているのです。

＊1　ロバーツ著『最も初期のセム語族の神殿』39頁ならびにハインペル著『近東の金星の神位一覧』21頁参照願います。しかし、ハインペルは（22頁に）少なくとも比較的最近であるビザンティンの時代までは、アスタルテが金星とも夕刻の星とも決して決定づけられなかったことを綴っています。

＊2　この主題にまつわる作品として、イアン・ベッグ著『黒い処女崇拝』参照願います。

＊3　現代での属性については、ウォッターズ著『ホラリー占星術』44～45頁参照願います。

訳注

10－1…山羊は「繁殖力」と関与あり。

11　ニヌルタ　土星、火星の兄弟

土星は「憂鬱の著者」と占星術師ウィリアム・ラムゼイは著書『復元された占星術』の中で書いており、この本は1653年に英語で印刷・出版された最古の占星術教科書のひとつです。（＊1）土星が「うまく強化され」「一年を司る天体」であれば、「人々は家を建て、土地は潤い、人々は称えられ、富は増え、そして努力は報われるでしょう」と彼は書いています。土星が弱い配置であれば「冷えがひどくなり……人は悲しみや喪失を耐え忍ばなくてはならなくなり……嵐、風雨による損傷が大きいでしょう……。彼は冷たく無味乾燥となり憂鬱で、孤独の著者となるでしょう」※1 ラムゼイは概して人類に重くのしかかり、肥え過ぎた余り身動きもままならず、病むがゆえ笑顔もなく、そして慈悲を求め怒っている、断固として気難しい神位という明確な印象を私たちにもたらしています。

土星にまつわる、この気難しいという見方は20世紀にも至りました。英国の占星術家マーガレット・ホーンは1951年、占星術の初心者にとって永年にわたり標準的な教科書であり続けた作品を書きました。その中で彼女は土星が「人生を制限したり支配したりする力」を有しているとし、それが「運命

の厳しさ」の源となっていることを強調しています。※2

占星術師たちは、永きにわたり土星を恐れていました。土星は伝統により制限、制約が課された構造、抑圧された運命などを象徴するものとして、その個性を維持し続けてきました。結果、それは否定的な影響と見なされましたが、なぜなら自身に課された制限を喜んで受け入れる人などはいないものであるという、人々がこれまで口にしなかった憶測が浸透していたがゆえです。しかしながら、現代の占星術家たちが深層心理学を擁したことにより、この象徴へのアプローチにも変化が起こり、制限と構造は今では成長のために欠かせない要素として理解されています。厳格な審判である土星は、堅実かつ確固たる教師となりました。

古代の占星術師たちは土星に対し、まったく違った見方をしていました。アッシリアならびにバビロニアの人々にとって土星は厳格で冷酷な家長などでなく、征服を果たした英雄でした。最も初期の伝説では、土星は原始の発端の場より生じた古代の混沌の力と争い、盗まれた法の書字板を取り戻しました。そしてそれらを所持することにより、運命を統治する存在となりました。

神性上の兄弟である土星と火星は、双方共戦士の神々でした。占星術上の文書ではサグッシュと呼ばれていた土星は、原本では神位として公式には位置づけられておらず、ニンギルス、ニニブあるいはニヌラシュとしても知られるニヌルタという天体として知られていました。（＊2）実際、土星と火星とは密接な関係にあったので、バビロニア人とアッシリア人は時々両者を分けて考えなかったほどでした。この天での両者の一致にまつわる具体例が、戦争の神の崇拝の中心地であるキシュの町で考古学者たちが発掘したレリーフ上に現れています。そこには戦争の神の長の両側にニヌルタとネルガル（火星）双方の象徴が置かれているのが示され、それら双方は共に太陽の神位の性質を分かち合ってもいたので、太陽の円盤として描かれていました。※3

　神話でのニヌルタの主要な役割は、神々の代わりに戦に赴き征服をなしとげた英雄のそれで、彼の物語はあまりにも古くからの神話で言い伝えられているので文字の発明以前のものなのでしょう。物語の多くの詳細が再構築されていないものの、私たちが理解している基本的な筋は以下の通りです。古代では永久の法が神々により「運命の書字板」上に書かれていました。これら書字板を所持する者は、運命に対する力を授与されていました。元々それらはエンリルにより所持され、彼はいつもそれを胸に抱いていました。ある日の夕暮れ時、エンリルが入浴の際書字板を脇に置くとそれらは盗まれていました。泥棒はズーと呼ばれる両翼を備えた嵐の龍で、彼は海に住む大いなる混沌の龍と結託していました。神々の誰もが彼らを捕らえ、それら重要な書字板を取り戻すために戦う気が起きず、彼らへの恐れの感情が植え付けられているのみでした。

　最終的にニヌルタだけが前へと踏み出す勇気、ならびにこの困難極まる務めへの篤志を有していました。入念な調査ののち彼は山中のズーの巣の位置を突き止め、そこに隠されていた書字板を見いだしました。彼はなんとか書字板を奪い返し、神々の集う大集会場へそれを携え凱旋すると、彼は神々の感謝をもって書字板の管理者として任命されました。こうしてニヌルタは、私たちがこれまで見てきた古代アッシリア人にとってのシムトゥすなわち運命の監督となりました。

標石や石碑に刻まれ、粘土に型押しされたあるいは円筒印章上に彫られたニヌルタの図像は、武器を持つ鷲というものでした。古代の太陽の象徴としての鷲は、しばしば装飾柱の上に置かれニヌルタの元々の代表的な姿でした。様々な相違点を有するものがあり、象徴は鷲の頭のついた武器であったり、獅子の頭を持つ鷲だったり、時々互いに反対方向を向いているふたつの頭を有する鷲もあったりします。この奇妙な象徴は今でもヨーロッパの紋章に残っていますが、神話地下世界を通じての何らかの象徴の共鳴があるのか否かは明言できません。

ニヌルタはつねに動物の形で描かれたわけではなく、時には7つの頭を持ち武器を手にする人として描かれたこともあります。これにより天での7つの神々を象徴しているとの推測もされましたが、なぜそのような姿で描かれたのかは明確になっていません。ニヌルタが神々の運命を手中に治めていたさまを示しているのでしょうか？

ニヌルタと旧約聖書との明らかな関連性がふたつあり、双方は共にメソポタミアの信仰の広まりに相対する性質を含んでいます。ニヌルタの称号のひとつは豚の主で、彼にとって豚は聖なるものでした。ここに、聖書における豚肉消費の禁止の起源を見ることも論じ得ます。というのは豚肉の消費を禁じることにより、ニヌルタは事実上侮辱され拒まれるからです。なるほど、豚肉を慎むことはこの神を崇拝することを控える人物の特色であり得るのです。

2番目の関連性はアモス書に現れます。この書の預言者は、約束事の実践が侵略と追放をもたらすというサクト神（欽定訳聖書では「モレク」と翻訳されています）崇拝が広まりつつあったことを受け、自身の民を声高に非難していました。※4　戦の、そして太陽の神としてのニヌルタ崇拝はメソポタミアより西方に広まり、太陽神ゆえ昇る太陽すなわち「日の出の門を開ける者」としての神を体現する存在と考えられました。日の出の神としてのニヌルタの称号のひとつが、アモスに敵対するという点で同じ神であるサクトでした。ニネヴェでのアッシュールバニパル王統治より1世紀前である紀元前8世紀、すなわち預言者の時代に、ニヌルタ崇拝がイスラエルじゅうで定着したことにつき私たちは裏づけが十分あると確信し得るのです。

占星術師たちの報告中に見いだされる引用文に、土星から引き出された前兆のすべてあるいは部分的に捧げられた少なくとも一枚の占星術双書書字板が存在したという指摘が明らかにありますが、この書字板はいまだに発見されていません。結果、現時点で利用可能な唯一の情報の拠り所は、報告そのものになります。天体にまつわる多くの言及がある中、土星にまつわるそれらはじつに少量で、パーポラとトンプソンにより出版された358の占星術上の報告のうち、わずか26のみが土星に触れています。引用された属性が土星にまつわる代表的なものなのか否かは、現時点では回答し得ません。私たちはより多くの書字板が破壊を免れ、世界中の博物館による膨大な所蔵品の中から真相が明らかになることを待ち望むしか今はありません。

これら占星術上の報告を利用することにより、少なくとも占星術の基本的な属性が解明されるであろう一方、別の不確かな情報源があるがゆえあいにく解明されてはいません。紀元前56年頃、歴史家であるシケリアのディオドロスは、彼自身が理解していたバビロニア占星術のすべてを書き著しました。説明の途上で彼は、土星という天体は「最も異彩を放ちより多くの出来事を予示し、ゆえに他の天体よりも重要です」[※5]と言及し、さらに土星が「ヘリウス［太陽］と呼ばれている」[※6]と付け加えました。これまで見てきた通り、これは太陽と土星の双方が原本において、しばしばシャマシュとして言及がなされていたメソポタミアでの習慣における、古風で廃れたそして混乱をもたらす可能性がある認識です。

土星につき論じられている特徴の中で最も初期のものは、バビロニアの創世記である〝エヌマ・エリシュ〟において見いだされます。〝エヌマ・エリシュ〟はバビロニア第一王朝の頃、その決定版が校合されました。なかには紀元前1800年頃のものと推測する人物もいます。

〝……その星［土星］、法と秩序の星……〟[※7]

現代の占星術家たちからすればこれはとてもなじみのある属性で、というのはこの土星にあてがわれた特徴づけが今日のものとちょうど同じ特性、すなわち土星は「規律でありそれらを実施する者」であることを含むからです。[※8]これは初期のバビロニアの神話が、そのほぼ4千年後に存在する占星術の必須な部分を形作ったものであり得ることのさらなる証拠です。

土星について触れているニネヴェからの占星術上の報告で群を抜いて最も多い区分は、月をも含んでいるものです。彼らは特に両者のコンジャンクション、すなわち合を扱っています。

月に光輪があり土星がその中にあれば、土地の者たちは真実を語り、息子たちは自身の父と真実を

語らうでしょう。大勢が安泰であります。※9

このような合が真実の話を予知するものと首尾一貫して見なされたことは、同じ結論をもたらしている別の3つの報告によって論証されています。※10　これら報告中のひとつへの付記によりさらなる情報がもたらされており、それはこの特別な合により「王の王位での静謐な基盤と土地じゅうの正義」※11が約束されるという情報を与えています。この最後にある挿入は、創世記にあった「法と秩序」と同じものです。2番目の原本は土星が「真実と正義の星」※12とされているという、右記のかかわりを明快にするものです。

2番目の前兆の典型は、土星が月と合になることから引き出されています。これらは王ならびに彼が統治する国家にかかわるもので、ニネヴェの報告でのアッカドにかかわるものです。

昨夜土星は月のそばにいました。土星は太陽の星です。以下がその解釈です。すなわち王にとって幸運なこと。太陽［土星］は王の星……。太陽［土星］が月の上か下にある時、王位の基盤は不動で、王は正義の名のもとにいるでしょう。※13

さらなる報告により土星が「アッカドの星」で、「王にとっての幸運」※14であることが明示されています。

国家の安全ならびに正義のさまが占星術師たちの報告で表現される方法はたくさんあり、「土地は満ち足りており……。牛は安心し横たわっている……。神々はアッカドの幸せを望んでおられる」。これらすべての意見により土星が好意的に見られる天体で、王国がよい状態を維持する上で重要であるという印象を確かなものとしています。

土星に関するある原本には、私たちの現時点での知識からすれば他の報告にある内容とは矛盾する前兆があります。さらなる資料あるいは『エヌマ・アヌ・エンリル』での土星にまつわる書字板の翻訳なしに、それらにより表現された前兆がこの双書からのものか否か、そして正典からかあるいはおそらく口伝、伝統に基づくであろう非正典からかは私たちにはわからないのです。

たとえばある原本には、土星と月との合につき「泥棒が猛威をふるう」※15とあります。これは一見変則的なもので、月・土星の通常の解釈通り正義が土地を統治するのであれば、泥棒の猛威とはなるでしょうか？　さらなる事例が見いだされればこの点ははっきりし矛盾は解消されるでしょうが、現時点ではこの原本は明らかな変則性に立脚している唯一のものです。

ニヌルタの興味深い属性のひとつとして、千年紀を経てよみがえり現代占星術の教科書の土星の項の中に現存するものがあります。これは地球の岩石との関係のもので、「マンディーン」の属性を扱う現代の占星術教科書では土星が支配するものとしては、「石炭、その鉱山ならびに鉱夫。鉛、建物の基盤……」（＊3）を含むでしょう。明らかなのは土星が重量のある、あるいは密度の高い鉱物を支配しているということです。これはニヌルタとかかわりがあるように思われますが、シュメールの神話の断片の中に最終的にはニヌルタが戦わざるを得なかった、ニヌルタと敵対する地上の石につき語られるものがあるからです。それらを打ち負かし鎮圧するや否や、彼はそれら鉱物の運命の善し悪しを分配しました。たとえば玉髄は、のみ、たがねなどで永久に彫られ切断される悪しき運命を負うに至りましたが、大理石は寺院の建物向けに用いられる特権を得ました。正体がすべては明らかになっていない20ほどの鉱物は、ニヌルタの管理のもとに並べられました。※16　のちの占星術上の属性がその源を見いだすのはこの伝説からなのでしょうか？

さらなるふたつの属性が言及されており、飢饉は火星と土星との合から予知され（＊4）、土星が獅子座にあるとライオンとジャッカルが3年間うろつき、自由に歩き回る彼らが攻撃し殺し、人々と財産の往来が深刻なまでに台無しになると予示されているとのことでした。※17

結論として、アッシリア人ならびにバビロニア人にとって土星は、アッカドの土地じゅうでの堅固さを維持する上で重要と見なされた要因である法と秩序同様、真実と正義とを司っていたのは明らかであるということです。法を動かす存在は王で、土星は彼の幸福ならびに統治の基盤にかかわる前兆をもたらしていました。しかしながら土星と他天体との合では示された利益が、火星との合がある場合無効となる可能性があるのです。少なくとも火星、土星の組み合わせは否定的なものとして見られ、飢饉や困難を告げるものとされていました。

土星の影響に関するこれら古代の記述には、現代の占星術図書に見いだせないものがほとんどないと言ってよいでしょう。土星は今日「国家の基盤」「社会的、法的に許される構造上の制限」※18を支配するとされています。

英国の占星術家であるH・S・グリーンは土星と火星がともにある場合について、「君主と政府にとってあいにくながら、国民の生活における深刻な困難、人民の側にとっての不平不満」※19と書いています。

古代バビロニアからの多くのものがここ3千年にわたり残存し、今日利用されている占星術図書の中でそれらは自身の占める場所を見いだしていますが、それは古代の知的伝統が続いてきたということを要約しています。

＊1　最初に出版された教科書はラムゼイよりも6年前のもので、ウィリアム・リリー著『キリスト教占星術』です。

＊2　土星はディー（ディンギルあるいは「神」の意）、ニンギルスあるいはこの天体が通常占星術上の報告に書かれている通りであるサグッシュ（「絶えず」の意）として記録されています。レイナー著『エヌマ・アヌ・エンリル』14頁参照願います。

＊3　ウォッターズ著『ホラリー占星術』48、49頁参照願います。これについて彼女が拠り所としたのはウィリアム・ラムゼイのようで、彼は似たような一覧を提示しています。

＊4　トンプソン著『大英博物館にあるニネヴェとバビロンの魔術師と占星術師からの報告』liv頁参照願います。原本は「火星は太陽の通り道に至る」、そしてのちに（改訂4（※訳注11－1））この「太陽の通り道」が（太陽の星である）土星に言及するとしている点に触れておきます。

訳注

11－1…原書表記は"rev. 4"

12 ネルガル　火星、死の主

古代の占星術師たちは、火星をニヌルタの兄弟であるネルガルという神と見なしていました。（＊1）ニヌルタ同様ネルガルも元々は太陽の神性だったようですが、兄弟とは対照的に悪いもの、地獄の火ならびに人間と農作物とを台無しにする夏の獰猛な熱の主と考えられていました。

ネルガルの最も古くから知られていた名前は、シュメールのルガルメスラムで、それは「夜になると太陽が横たわる、より下位の世界の王［ルガル］」の翻訳です。なぜそうなのかは神話が物語っています。シュメール人から見ても大昔にあたる頃について触れている初期の話の中に、私たちはネルガルと地下世界の物語を見いだします。そのあらすじは、すべての神々が大宴会のため天空に集結するところから始まります。

神々は地下世界の女神である、エレシュキガルを招待することを望みました。彼女が自身の家を留守にするのを嫌がるのを彼らは知っていたので、彼女の分のご馳走を受け取る使者を遣わしてくれるよう提案しました。エレシュキガルは正式に特使を送り、特使は神々の宴会場の入口で自己紹介をしました。

特使にまみえた神位たちは皆彼をもてなすのに席を立ちましたが、ネルガルのみが座ったままでした。これは女神に対する無礼そのものと受け取られました。

これを聞いたエレシュキガルは怒り心頭となり、ネルガルの命を要求しました。エレシュキガルは彼を個人的に処刑する楽しみのために、地下世界に彼を送るよう神々に主張したのです。ネルガルはこの要求に向き合おうとしませんでしたが、自身の運命から逃れ得ないとわかり、歩み寄りのつもりで命乞いをしたのち、エレシュキガルの宮廷にある扉一つひとつに配されるべく雇われた14人の同伴者を引き連れ地下世界へ赴きました。

ネルガルは地の奥底深くへと旅し、宮廷に着くと警護のために同伴者たちをそれぞれの扉に配置しました。建物内に駆け込んだ彼は、宴会で無視した特使を見いだすや否や彼を殺し、王位の部屋へと進むとエレシュキガルを見いだしました。ネルガルは彼女の髪をつかみ床に引きずり出すと彼女の頭を切り刻もうとしましたが、エレシュキガルは涙ながらに命乞いをし、生かしてくれればあなたの妻になると泣きながら訴えました。彼女の嘆願に心打たれたネルガルは心変わりし、優しく振る舞い彼女の涙を拭い彼女の申し出に応じました。それ以降ネルガルとその妻であるエレシュキガルは、地下世界であるアラッルを統治し分かち合い、ネルガルは地下世界の神、墓の神、死の審判ともなりました。

神話上でのネルガルと死とのかかわりは、占星術上の報告にあらわれますが、そこでは疫病や大虐殺が広く行き渡ることを促進する火星への言及が膨大にあります。加えてネルガルは、神話では兄弟のニヌルタ同様戦争の神、戦いの主であるようです。この属性が自身の天体に関連づけられているのもまた疑いがなく、というのは敵の軍勢からの侵略に起因する火星への言及が報告中に多くあるからで、それはたとえば「ある天体と火星とが互いに向き合うと敵の侵入があるでしょう」※1といったものです。

　他にも、より明確な天体同士の組み合わせに触れた部分もあり、たとえば火星が木星とコンジャンクション、すなわち合であれば王国にとって破壊が行き渡るであろうというものです。これはおそらく木星は「拡大する」役割をもつという占星術上の解釈が現代同様、古代においても有効であったことを推測させるものです。

　ネルガルはまた疫病・発熱・悪疫の神とも考えられ、これらの属性についてはしばしば言及されています。少なくともアッシリア人にとって、国民を襲う疫病のような悲劇は、国民に戦争をもたらす火星とその意義において等しかったようです。原本の多くが火星の動きに伴う結果として「戦士たちを敷き詰めたもの」と言及していますが、これは疫病で亡くなった人々を高度なまでに詩的にイメージした表現であり、それはとりわけ軍人たち全員が疫病により行き倒れてしまうことがしばしば起きる、当たり前のことだったからでしょう。そしてこれから見てゆく通り、火星が疫病とかかわっているさまは今日も続いているのです。

　神話の記録によれば、エンリル神はネルガルに野の牛を任せたそうです。この属性は多くの前兆が火星の動きと牛の運命とを関連づけていることからも明らかで、「月に光輪が掛かりその中に火星が収まれば、牛が絶滅するでしょう」※2といった記述があります。しかしながら火星の動きの影響を受けるのは牛だけではなかったようで、他の原本にはネルガルが商業上の繁栄、実際には市場での主要農作物の価格を支配するとあります。※3　これにより、ネルガルを牛のみならず食肉処理のために大切に扱われていたすべての動物を司る存在と見なすべきである可能性がもたらされます。

これから見てゆく通り、皇太子の占星術上の象徴は水星ですが、彼もまた火星の影響を受けるとされており、この天体にとって最も悪い配置と決めてかかられていたのは、大いに恐れられるさそり座に入った場合でした。この間での皇太子に対する危険性は明らかです。「火星がさそり座のうちに入りました。以下その解釈です。すなわち火星がさそり座に接近すると、王子はさそりの針により死ぬか、あるいは宮廷で捕らえられるかでしょう」※4
バビロニア人ならびにアッシリア人により火星に与えられた特徴の多くは、数千年の時代を経てもそのまま添えられ続けました。手頃に入手可能な現代のあらゆる占星術教科書には、この天体にかかわることとして戦争・戦が掲載されていることでしょうが、これはおそらくギリシャ神話の影響が色濃く残る現代においてはさほど驚くに値しないことです。より明らかになっていないのは、その不可解なルーラーシップ、すなわち支配星です。

20世紀初めの占星術著述家たちにより記録された火星に伝統的にまつわるものは、戦争・暴力のみならず疫病・伝染病そして熱病もあります。そしてさそり宮の支配星としての火星は、その最も初期の神話に立ち戻り、死と地下世界とを統括するといまだ考えられていました。しかしながらこれから見てゆく通り、1930年以降後者の属性は冥王星により包摂される形へと進みました。

より不可解なのはメソポタミアでの牛と火星との奇妙なかかわりで、これが他同様千年紀を生き延びたことは尋常ではありません。今日の西洋での占星術家たちの多くが牛ならびに牛の市場を金星の支配下に置く一方、※5畜殺場ならびに屠殺者の支配星としての火星は、市場向けに食肉処理される商業用

獣類の運命を統治しています。（＊2）

このように永きにわたり生き残った、この小規模かつ一般的にあまり知られていない属性について驚くべきことがあります。それは3、4千年前のメソポタミア時代以降、資料をじつに注意深く筆写・再筆写そして翻訳した書記たちならびに学者たちにとって占星術の原本、教科書がどれほど価値のあるものであったかがわかる別の指標です。そしてこの情報がいまだに刊行されているという事実についても、注目すべきものがあります。これら断言された事象を正しいものとするか否かはともかく、純粋に審美的な観点からすれば思想史においてそれは満足のゆく状況です。

1970年代以来占星術は個人の未来よりも現実での個人の可能性をより優先し、焦点を当てるようになりつつあります。出生図は個人の一身上の現実を明らかにするものとしてのみならず、修正、和解そして育成が個人の持つ潜在性を認識する上で、有効となり得る人生での領域を指摘するものでもあります。それは換言すれば、個人がすべての潜在的才能を最大限に発揮する上での手助けとして用いられるということです。従って出生図は運命づけられた秘伝の図式としてよりも、個人の潜在性を表す地図として見られるのです。

現代でのこういった態度は明らかに古代錬金術、魔術、ヘルメティック秘伝哲学に対する現代での解釈同様、ここ最近の半世紀での心理学上の思想に多くを負っています。

個人の変容、自身の人生を変えるべく星々を利用する魔法使いといったことが修養・克己の要点です。そして現代の占星術家たちが人生を変容させる衝動を、強力なまでに象徴するものと見なしている天体がバビロニア人には知られていなかった、比較的最近である1930年1月21日に発見された冥王星であることがおそらくしっくりくるのでしょう。

　現代における冥王星の化身がネルガルとニヌルタの兄弟、すなわち火星と土星の属性を統合したものを含むというのは妥当性があるでしょう。冥王星はニヌルタのように運命の裁定者で、ネルガルのように地下世界の支配者です。冥王星はさそり宮を支配するとされてもおり、さそり座あるいはさそり宮はメソポタミア人に恐れられましたが、おそらく彼らからすればそれが彼らを文明ごと追い払う混沌・闇・未知のものを象徴したからです。しかし今や冥王星が現れたことにより、占星術は深層ならびに自身の発生の場に直面しており、おそらくそれは真の意味での挑戦です。

　最後にニヌルタもネルガルも女神たち、すなわち一方は混沌の女神と、もう一方は地下世界の女神と戦ったということは思い出されるべきでしょう。2柱の女神たちはひとつの実在の複数の側面で、その側面はもちろんネルガルとニヌルタです。征服された女性性は表面から奥に強く押し戻されつつも、すべての存在にとって明らかな通り、いまだにその強靭さをかつて同様維持していました。今日、個人の変容を表現する上での価値ある象徴として、より一層の注目を集めている冥王星ですが、その深層に隠れている破壊的エネルギーである女性性としての側面は、意識の光のうちに今一度姿を現し始めています。現代のある占星術著述家が記している通り「占星術上の冥王星においては、私たちは女性性のもの、原始のもの、そして母権制的なものに直面しています」※6

＊1　アッシリアの図書館で書字板を書いた学者たちにとって、火星はニベアヌあるいはド・ウグルとして知られ

ていました。

＊2　メイヨ著『天体と人間の振る舞い』162頁参照願います。この一次資料はラムゼイ著『復元された占星術』54頁のようです。リリー著『キリスト教占星術』67頁ならびに1911年に繰り返されたピアース著『占星術の教科書』89頁も参照願います。興味深いことにこの属性はバーバラ・ウォッターズ、H・S・グリーンあるいはラファエルといった、天体をマンディーン占星術の見地から鑑みる図書の著者たちには触れられていません。多くの現代の占星術家たちからすれば、さそり宮／冥王星がこの属性を受け継いでいると捉えられているようです。その一例として、バーバラ・ウォッターズが屠殺者をさそり宮のもとに置いているというのがあります。（『ホラリー占星術』29頁）

13 マルドゥク　木星、バビロンの救世主

神マルドゥクは行ってしまいました。彼は聖なる山、霊峰に閉じ込められ監禁される身となりました。そして彼が失われたことが、埃にまみれた都市じゅうで混沌が出来する原因となり、市場は騒動のうちに投げ出され、怒りに任せた喧嘩と大声で罵り合う声がせわしない人々のあいだに勃発し、どの家でも主人よりも奴隷が支配権を握りました。たちまち通りは血迷ったさまで自身の神を探し求め先を急ぐ人々で一杯となり、彼らは天を仰ぎ大声で泣き叫びました。「彼はどこ？　どこで捕われてしまったの？」

すると突然、この半狂乱のさなか、大急ぎで駆ける馬たちが空の戦車を牽引しながら通りをけたたましく打ち壊して疾走し、傾いて弾みながら角を曲がりました。金メッキを施した華美なこの戦車は、その神のものでした。乗りこなす主人を失い、制御不可能なまま弾みつつ、それはイシュタルの門から都市の壁の向こうにあるアキトゥ寺院へ至るまで、町を横切る聖なる通りを白熱した速さで激走しました。戦車の背後には一人の女司祭が続きましたが、彼女はこの町の神の不在を嘆き悲しんでいました。守護

神を失い、今にも混沌へと堕してしまい得た都市全体は恐怖に包まれ、「マルドゥクを見つけろ」との切迫した叫びが通りにこだましていました。彼らの神が見つからなければ、悪いことがたちまちはびこったでしょう。こうして絶望と怒りのうちに、バビロンでの大いなる春の祝祭の5日目は過ぎてゆきました。

古代バビロニアならびにアッシリアでは春の到来は新たな一年の始まりを告げました。最初の月であるニサンヌは春分に最も近い夕べで、三日月が最初に見られた夕刻から始まりました。夕刻ごとに空を見上げていたバビロンの聖職者たちは、この三日月が見えるまで待ちました。それにより彼らは公式に新たな月を確定できたのです。現代ではこの日付は、3月13日から4月11日までの間のいずれかになります。

ニサンヌはバビロニア人にとって特別な月で、その最初の11日間はまさに古代の、そしてメソポタミア社会のいまだ不確かであった根幹に触れる、宗教上の大いなる祭事にあてられましたが、それはおそらく人類がはるか有史以前に最初に定住し社会をつくって以来居残っている混沌、未開ぶりが持つ恐ろしさに触れる機会でした。

これら11日間の公私にわたる儀式の日々のあいだ、王の様々な権利は文明の堅固ぶりならびに強さとともに疑問としてまず呈され、象徴的なやり方で改めて主張されましたが、それはあたかも統制が利かない状態が表面化しつつあったがゆえ、意図的な取り消しによってのみ迫り来る混沌を押し戻し得たというものでした。そしてこの祝祭は象徴的なやり方、規定された制限内で原始的な混沌が今一度姿を現し、短期間ながら秩序とヒエラルキーで成り立った文明という織物が引き裂かれるのを許容するものでした。それは湧き出ながらも新たな一年のために再び打ち負かされました。

バビロンでの祝祭の中心的名士は、この都市の神の長であるマルドゥク（木星）と息子のナブ（水星）でした。似たような春の祝祭は、アッシュール、ニネヴェ、ウル、ウルク、ディルバット、アルベラそしてはるか地中海へ至る道の途上にあるハッラーンでも行われていたことで知られています。

バビロンでの発掘により、それぞれの日に演じられた式典の詳細が書かれた祝祭にまつわる原本が明らかになりました。悔やまれるのは、これまでに見つかったじつに多くの書字板同様、損傷がひどく完全なものが2日目から5日目までの詳細のみであったことです。さらに注意を要するのは、ここでの詳細がバビロンにあるマルドゥクの寺院エサギラで演じられた式典のみであることです。公での関連儀式があったのか否かは不明ですが、あったに違いないことは確かです。おそらくいつの日かそれらも発見されるでしょう。

他の日に行われた多様な儀式をほのめかしている、あるいは詳述している他の様々な原本からさらなる情報が拾い出せます。これら情報源の校合により、実際に行われた行事の一般的でありつつ限定的な再構築が可能となりました。祝祭は本質的にそれぞれが別々の祝祭——神聖な結婚とアキトゥ寺院での行事——と古代では見なされていたと思われる、ふたつの重要な儀式から成っていたことが明らかになりました。しかし少なくとも紀元前千年紀の切り替わり頃までには、それらはひとつの長く複雑な春の儀式・式典へと結合されました。※1

これまで見いだされた、数は少ないながらも好奇心がそそられる原本により、右記ならびに他地域の儀式での公の行事の背後には、手ほどきを受けた人々のみに理解されていた秘教的説明が基盤としてあることがわかりました。それらの形式はたいてい単純で、公式の儀式で継続されていた行事一つひとつは、そのうちに秘められた意味の説明に倣っているのです。

頭上に宝石をいただき山羊を火あぶりにする王、
彼はマルドゥクで、薪を頭上に掲げエンリルとアヌの息子たちを火にくべています。※2
彼らが地面に投げ出した雄牛と羊……
それは強打された際のキングーと彼の7人の息子たちです。※3

他のこういった原本はそれぞれの神、植物、金属、そして宝石・半貴石とかかわりのある神秘主義的な事象を詳述しています。これらの作品は特権を有するわずかな人々のみが近づき得る、潤沢かつ複雑な秘密の伝統であり続けたに違いないことが一見してわかります。このことを確かなものとするためにそれぞれの原本の末尾には「偉大な神々の秘密。手ほどきを受けた人々が手ほどきを施しますように。手ほどきを受けていない人々には見られないように」※4との警告があります。

春の祝祭の最初の4日間は、次第に激しさが募る祝賀の舞台を念入りに設定するための様々な儀式に満ちています。初日の儀式の記録はもはや現存しませんが、それはおそらく詳細が今なお残っている2、3日目のそれと似つかないものではなかったでしょう。

これら双方の日は儀式的粛清を終えた後、マルドゥクの寺院に入って神の像の前に独り立ち、長い祈祷文を朗唱する高僧の仕事から始まります。この祈祷はマルドゥクがすべての敵を打ち負かし勝利したことを称え、寺院、都市そしてそこに住む人々の無事を祈っての嘆願で終わります。※5　これが終わると、その日の残りは寺院での通常の儀式・式典が行われ、いつも通りの食事が関連儀式とともに神の像に対し振る舞われます。

しかしながら3日目は行事が少しばかり異なる工程をたどります。朝のマルドゥクへの祈祷に続き、熟練の職人たちが呼ばれ、ふたつの木製の彫像を作成するよう要請されます。彫像はひとつは蛇を、もうひとつはさそりをかたどっており、完成するとこれらは金と宝石で飾られました。この日の残りはこれまでの2日間同様に過ごされます。

4日目になると変化が始まり、祝祭自体が寺院内部での執り行いを越えた段階へと至り、結果都市じゅうを巻き込んだより深い波紋へと移りゆくことが強調されてゆきます。

4日目の始まりは早く、日の出の3時間20分前に高僧は起床し、儀式的な粛清を済ませ、特別な祈祷を朗唱し、寺院の前庭へ赴き他の人々も集まる中、バビロニア人に「アクレ」として知られる星座が上昇するのを待ちました。この星座の上昇は、特別な連祷《れんとう》の詠唱をもって祝福されました。これに続く夕刻までの記録は何も書かれていませんが、この祝祭で初めて創世神話である『エヌマ・エリシュ』が高僧によりマルドゥクの像へ向け、通しで詠唱されるのがこの夕べでした。

7枚の書字板に意義ある形で書き記されたこの叙事詩は、バビロニア人たちが所有していた聖なる本に近いものです。この作品は紀元前2千年紀の切り替わりの頃、バビロニアのマルドゥク崇拝で用いられるために編まれた、より初期の原本と伝統とが編集されたものと考えられています。おそらく私たちはここに、ハンムラビ王の仕事ならびに彼の統合化・集権化への大いなる野望を見ることができるでしょう。叙事詩は、その神話的な内容のみならずその文芸上の質においても興味深く、メソポタミアでの知的伝統の発展についてのかなりの情報をもたらしています。

『エヌマ・エリシュ』のような文献上ならびに宗教上の原本は重要性を擁しています。まず第一にそれは一旦盤石なものとされるや否や、再解釈ならびに書き換えがなされぬよう守られた伝統の統合として確立されています。それは王国の広域にわたり流通し、かつてバビロンでのマルドゥクと等しく重要であった、それぞれの土地での崇拝を新たな公式儀式・式典よりも重要性を有さない地方での崇拝へと改宗させ得ました。このように、この崇拝により政治的統一という目的はなし得るのです。標準的な原本ならびに神話により、不一致あるいは対峙するあらゆる思想が異端と同等とされ罰則対象となるなど、人々にのしかかるじつに強力な心理的威圧感がもたらされ得ます。

祝祭でのこの4日目には、創世叙事詩がマルドゥク寺院の内部にある聖域の人目を避け得る場所のみで読まれました。私たちの手元にある証拠が明らかにする限り、それはこの段階では一般の人々に向け読まれることはありませんでしたが、ここでこの祝祭を理解する上での問題が現存する原本の性質から浮き上がってきます。というのは、それらのいずれもが祝祭での公衆の参加に触れていないことです。これはありえそうもなく、また私たちが所有する原本に書かれたことの背後にある、特定の動機の結果と疑いなく考えられているに相違ありません。それらは寺院の聖職者たち向けの手引きでした。ここで論じられている儀式は遵守された唯一のものであるということはなさそうであり、むしろ公の儀式・式典向けの説明書が残らなかったと考えるのがよりふさわしいようです。このような重要な祝祭での4日間が公衆に気づかれず、また参加もされずに行われることはあり得ません。たとえば私たちがキリストの降誕にまつわる脚本のみを論じた原本を用い、クリスマスのすべての儀式を理解しようとする立場にあるとしましょう。これを証拠にクリスマス祭の1日では、演者たちを観察することの他、公衆の側の参加は何ら無かったとするのは正しいでしょうか？

5日目は、王にとって屈辱となる興味深い儀式がその特色です。それによりこの日は、償いのひとつとして特徴づけられます。この日はそれぞれ名が異なるものの、すべての天体に内在する神としてのマルドゥクに向け高僧が祈祷を詠唱することから始まります。※6　これはバビロニア宗教において、一神教に向かいつつあった傾向の初期における証拠であるとする学者もいます。これに呼応するのが『エヌマ・エリシュ』にある行で、「マルドゥク……あなた様に私たちは全宇宙を統べる王位を与えたのです」※7

寺院を清めてのち、王は内部の神聖な場所へ入り、マルドゥク像の前に立ちました。付き添い人である聖職者たちが去り、王は神と一柱一人のみになります。そこで高僧が現れ王に近づき、彼が有する笏、指輪、剣そして王冠といった王室の勲章を神の像のもとにある台座へと移動させます。高僧は王の顔を一度ぴしゃりと打ち、耳をぐいと引っ張ります。これで王の目に涙が生じれば、それはよい前兆と考えられました。王は神前にひざまづき、寺院あるいは都市を粗末にしなかったこと、過去において罪を犯さなかったこと、ニップル、シッパー、アッシュールならびにのちのハッラーンといった「自由な」都市で生まれた市民を傷つけたりしなかったことを声高にするよう求められました。この告白ならびに祈祷に続き、すべての王室の勲章は王に戻され、彼の顔は再び打たれました。

　この儀式の重要な点は王位がマルドゥクの領分にあること、王位は王にとって自身が神聖な法に背いた場合、いつでも帳消しとなり得る贈り物であることを確認するものであるようです。

　同日ののちには寺院内にある、翌日やってくることになっていたマルドゥクの息子であるナブ神（水星）に捧げられた場所に配された、金の天蓋のある奉納の机を労働者たちが準備し始めました。マルドゥク祝祭におけるこの時点で王により演じられた配役はおそらく「山中」、すなわち寺院の塔で捕虜となることと考えられていました。こうして都市の人々にとって自身の主を探し求める、斜陽がもたらされる混沌が始まりましたが、彼はどこにも見いだされませんでした。こうして祝祭の5日目は市民が落ち着かず恐れのうちにありつつ終わりが近づきました。その最後の瞬間は犠牲的な血で満たされましたが、それは何かというと寺院の庭での王と高僧による「神性なる牛よ、闇を照らす輝かしき光よ……」[※8]で始まる祈祷の詠唱、そして白い牛を生贄とする夕刻の儀式でした。

　翌日、祝祭の6日目には、捕えられた王を救うことになるナブがバビロンに到着しました。彼の像は、マルドゥクの寺院にある礼拝堂に置かれていました。3日目に作られ、装飾がなされたふたつの木製の彫像もまた彼の礼拝堂に配され、この場へやってきたナブ像に向き合いました。彼の像が近づくと、剣士がこれらふたつの彫像の首を斬り火中へ投じました。この後者の儀式の意味は不明ですが、どうやらナブに降りかかる悪いことを避ける儀式的手法のようです。

　ナブが父親の寺院に配置されたところで現存する書字板の文章は途切れてしまっているので、祝祭の残りについては他の様々な拠り所から寄せ集められたものを継ぎ合わせなければなりませんでした。しかしひとつだけ確かなのは、祝祭の残りにおいて王の存在がじつに重要で意義があるということでした。記録によれば王が不在な場合、祝祭は中止される必要があったとのことです。これは王は祝祭に立ち会ったのみならず、おそらく高僧と対比をなす者として、「屈辱」の式典での人物として、あるいはひょっとしたらいくつかの儀式風の劇において、マルドゥクの役を演じることを通じて活発かつ重要な役割を果たしたと主張する学者たちに味方する言い分のひとつです。

7日目はほぼすべてが謎のままです。他の拠り所によればマルドゥクはその「山中」での捕獲からナブによる救出を得たのではとありますが、その手順については詳細が残っていません。しかしながら8日目は少しばかり拠り所を有しています。この日バビロンに運び込まれた神々の像が、運命の広間に集合しました。ふたつの特別な出来事のうち、最初のものにおいては未来の運命が決定づけられました。マルドゥクが儀式を通して神々の王として選ばれ、無限の力を与えられたのはこの広間においてです。

ウルクでの手順の詳細は知られています。8日目の朝、神々の召使いの像が集会が行われる寺院の庭へと運ばれました。この像は空の神アヌの像の前に置かれました。神々の残りの像は厳密な順位づけにより、庭に持ち込まれ正しい位置に配されました。椀一杯の洗面用の水がアヌならびに彼の妻に差し出され、肉が盛られた黄金の皿がまずアヌに、そして他の者たちに振る舞われました。

神々の像の配置は輝く杖を持つ王により取り計らわれましたが、王はそれぞれの神位に寺院内の各自の礼拝堂からやってくるよう順次呼び出し、やってきた神々の手を取り、庭でのふさわしい位置へと導きました。私たちが伝えられているところによれば、この集合が執り行われている間は「畏敬の念の静けさ」が都市じゅうに満たされていたとのことでした。人々はあらゆる否定的な影響が回避されるべく、怒りや思慮なき行いがないよう要求されました。すべての像が配置された際、何が起きたかは不明ですが、運命の書字板の奪還が象徴的なやり方で表現されたに違いありません。とはいえこの場合、マルドゥクは勝利により信用を得た英雄的神位であったでしょうし、公式にはニヌルタに帰する役割を引き継いだのでしょう。

対照的に9日目は、城壁の向こうにある特別な寺院であるビット・アキトゥに意気揚々として向かう行列を作っての祝福でした。この行列は音楽、焼香とともに王と宮廷の人々に先導され、朝から始まりました。行列がビット・アキトゥに着くや否や、大宴会が開かれ混沌の女神であるティアマトに対するマルドゥクの勝利が祝福されました。

この新たな一年の式典向けの特別な寺院が、なぜ城壁の向こうにあったのかは現存する書字板にその説明はなく謎のままです。アッシリアの首都であるアッシュールでの発掘により、その聖堂が塁壁の向こう側200メートルほどのところにあったことはわかっています。それは木々、低木が植えられた大きな中庭を含む庭園に囲まれた意義深い建立物でした。考古学者たちが見いだした最も大きな部屋は100フィートほどの長さのある広間で、祝賀向けの宴会の場所だったのかもしれません。考古学者たちは、この寺院が城壁の向こう側にあったことについての謎はその独立性に潜んでいるかもしれないとし、それは城壁の向こう側にあればしばしば競争相手となる神々にとって、何の恐れもなく集まりご馳走を楽しめるよき場所となり、都市の神の管轄外となると考えられ得たからであると推量しました。

この宴会が終わると行列はバビロンに戻りましたが、このことについて決定論的ではあり得ないものの、学者たちは9日目の夕刻は聖なる婚姻が祝福された日であったとしているようです。神と女神との融和は7つの舞台を有するジッグラトである、エサギラの頂上にある特別な聖堂、「寝室」で行われました。おそらく女教皇であろう女司祭は女神の役割を務めましたが、王が神の代理を担ったか否かは学者たちの間で意見が分かれています。歴史家ヘロドトスを含む何人かは、これは女司祭が一人で夜を過ごす象徴的な行事であったと推測しています。他の人々は王と女司祭が神々の役割を演じ、肉体的に婚姻を完成させるとしました。

マルドゥクはバビロニアとアッシリアの神話で、世界の救世主として栄えある地位を占めました。従って、「サグメガル」あるいは「ムル・ディンギル・マルドゥク（マルドゥク神の星）」のいずれかとして原本に書かれた彼の天体である木星は、例外はありますが彼らの占星術においては同様にベネフィック、すなわち幸運な立ち位置を占めています。現代の占星術上の実践では木星は吉星として見なされており、ゆえに一般的に考えられているその効果はより有利に働く可能性が出てくることを助長することです。それは強運で、物質的な次元における強みにかかわる天体とされています。現代占星術の大いなる拠り所となっている、17世紀の占星術師ウィリアム・ラムゼイは「木星がその一年の主である場合……王は正義をとり行うでしょう……。人々もまた好調で繁栄した状態にあるでしょうし、王ならびに上位の人々からよきものを受け取るでしょう。彼らもまた、人々から同様のよきものを得るでしょう。そしてその一年は健康で豊かかつよきものとなるでしょう」※9としています。

木星に対するこういった姿勢は、古代の占星術上の原本にその源があるようです。バビロニア人ならびにアッシリア人にとって木星は確かに幸運をもたらす天体で、蝕を含む文章中にあらわれたその幸運な力の最も劇的な具体例は、すなわち「木星が蝕のうちにありましたが、それは王の平和ならびに彼の名が称えられることを予示しています」[※10]「このニサンヌの蝕に関し、双書は以下の通り述べています。すなわち木星が蝕のうちにあれば王にまつわるすべては芳しく、彼のかわりに高潔な高官が亡くなるでしょう」[※11]というものです。木星の影響により悪いことは取り除かれ、ナムブルビの儀式や王の身代わりは必要なくなります。マルドゥクである木星は時の始まり、ならびに春の祝祭において毎年行ったように、天空での不調和をなだめ静まらせ秩序を取り戻させました。しかしながら『エヌマ・アヌ・エンリル』からの引用によれば、王ならびに王国は魔術上の手助けなしでいることができたものの、悪いことは駆除されたわけではなく、単に避けられたのみであるとのことでした。

王国の土地もまた、木星が出来事に絡んだことにより利益を得ることができました。特別な出来事が起きることに依拠しつつ、木星はよき収穫、平和と安全、農夫たちにとって十分な雨量、そして軍事上の拡張の成功を予示し得ました。「木星が朝早くから立ち上がれば……怒った神々がアッカドに好意的となり、豊富な雨量、たくさんの食糧があり……とうもろこしと胡麻もたくさん取れるでしょう」[※12]

木星にも関連する特質は神への「暗渠《あんきょ》」としての務めで、それは障害が取り除かれ適切な神位へと直接至ることが可能なものでした。これはおそらく王者、あるいは神々の長としてのマルドゥクの性質をいくらか取り上げたもので、「木星が金星とともに行けば、土地の祈祷は神々の心に届くでしょう」[※13]と記されています。これは木星と金星とのコンジャンクション、すなわち合についての話しです。しかしながら、これと同じ特質が木星の観察から引き出された前兆においてあらわれます。すなわち「神々は平和をもたらし、困難は一掃されるでしょう。そして紛糾は解決されるでしょう……。神々

は祈祷を受け、嘆願に耳を傾けるでしょう。魔術師の前兆は明らかとなるでしょう」※14
特筆されるべき最後の有益さは、バビロニアとアッシリアの人々には知られていなかった大気の状態の結果起きる、ふだん以上に明るく見える木星です。この場合「アッカドの王は抜群となるでしょう」※15「アッカドの王の武器は彼の敵のものを凌ぐでしょう」※16
これにより天空での木星（マルドゥク）が、地上での王と同等と見なされていることは明らかなようです。木星が明らかにより一層輝く、すなわち天空でより卓越すると、王もまた地上でより卓越し成功するでしょう、というものです。彼の成功が国家の成功と一括りとされることは、他の原本により立証されていますが、それによれば「木星がとても明るくなれば、土地は豊富な食糧をもたらすでしょう」※17

木星の役割はつねに幸運なものと見なされたわけではなく、ある条件のもとでは暗く破壊的な面があらわれ、たとえば月との合では「月に光輪があり木星がそのうちにある際、アッカドの王は包囲されるでしょう」※18
さらなる具体例により月と木星との組み合わせが否定的に見なされたことがわかり、すなわち侵略、王の死、商業上の制限、そして社会での敵が広まることなどです。※19　このアスペクトが最も「幸先の良くない」ものとして考えられたのは明らかです。私たちはただ率直に述べられた報告の背後の理由を理解できます。すなわち「木星が月の光輪中にあります。ナムブゥビ［ママ］の式典を準備させなさい」※20

木星にまつわる数多くの他の幸先よろしからぬ前兆は、占星術師たちからの報告中に触れられています。たとえば木星がおうし座に入ると「土地のよき幸運は過ぎ去った」、あるいは農場の動物たちが子供を多くもうけることはない、などです。※21　木星がオリオン座に入ると害虫が発生し収穫物を荒らすとあり、※22レグルスを通過すると戦争が到来し王位は敵の手中となる（＊1）、また木星がいて座に入ると王国を通じ大変な破滅があるでしょう（＊2）とのことです。

最後に木星と火星との合はあいにくのものと考えられており、「木星が火星の真ん前にある時、主要穀物（訳注13－1）があり人々は殺されるでしょう、あるいは大軍隊がやられるでしょう……。土地の破壊があるでしょう……。アッカドの王は死ぬでしょう……。この前兆は土地にとって悪いことなので、主なる王よ、ナムブゥビ［ママ］の式典を行ってください」※23

木星とのあらゆる合は古代の占星術師たちに王への、長じて土地への挑戦と見なされたかのようです。この同じ原本は木星と他の天体が一緒だと「悪いこと」が国家にもたらされると、毅然とした調子でつけ加えています。

このような天の動きが文字通りに読み得るものであるか否かは議論の対象となるところですが、少なくともいくつかの場合において文字通りの読みが正しいと示されているものもあるようです。ある原本では天の問題と地上でのそれとの関係が明白に述べられており、「木星がレグルスの上へと進むと……他がのし上がり王を殺め王位をわが物とする」※24とされています。レグルスは永きにわたり王室の星、アッシリア語で「王」を意味するシャッルと呼ばれてきました。この原本では木星はレグルスにより象徴されている、君主に対する強力な挑戦者としての役割を仮定しているようです。

こういった木星の否定的な面は、ヨーロッパの中世ならびに啓蒙の時代を経て、現代の教科書へとある程度残っています。ウィリアム・ラムゼイは木星が「弱」ければ、すなわちアスペクトが悪ければこの天体のすべての幸運な性質は逆のものとなるとしています。※25 現代の占星術家たちにとって損なわれた木星は過剰さ、節度を欠いた状態、急いでの行動、不調和そして土地じゅうの不正を推測させるものです。※26

木星に関し、ひとつの謎が残ります。つまり木星は古代、現代のいずれの占星術においても優勢ではなく、統轄的な推進力をなすものではありません。それは他天体同様、占星術上のデータの起源、拠り所の問題です。占星術の教科書は神話的なもの、すなわちマルドゥクの卓越した地位を反映していません。もちろんマルドゥクは計画的・政治的理由で、神々の神殿において支配的地位へと至りました。彼はバビロニア王の第一王朝の間そこで高められ、力を示し統合しました。しかし、千年後の占星術においてすら木星はこういった立場を得ていません。ここで私たちは、これら前兆の原本にあらわれたよりも一層昔である、前バビロニア時代の伝統下にある木星を見ているのでしょうか？　神は代わりつつもその重要性は変わらない伝統でしょうか？　より多くの発見がなされるまで、私たちにはしかとはわからないのです。

＊1　トンプソン著『大英博物館にあるニネヴェとバビロンの魔術師と占星術師からの報告』272、lxxxvii～lxxxviii 頁参照願います。またこれにまつわる異本で「木星がレグルスを通過しその先に出、その後レグルスが沈む際木星とともにあると、誰かがのし上がり王を殺め王位を捕えるでしょう」と書かれたものについて

は、パーポラ著『アッシリアの学者からの手紙』13、巻1、9頁も参照願います。

＊2　トンプソン著『大英博物館にあるニネヴェとバビロンの魔術師と占星術師からの報告』１９０、lxvii頁参照願います。この原本には木星がパピルサグ、すなわちいて座に入ることが書かれており、おそらくへびつかい座のひとつの星も含んでいるでしょう。レイナー著『エヌマ・アヌ・エンリル』14頁も参照願います。

訳注

13－1…"corn"

14　ナブ　水星、神々の書記

興味深いことに、ナブ崇拝についてはほとんど知られていません。このことがことさら驚きに値するに至ったのは、紀元前千年紀のあいだナブ崇拝はあまりにも広まり人気を博したので、マルドゥク崇拝に匹敵するほどとなったことが明らかになったからです。なるほど、崇拝は4世紀すなわちキリスト教の時代に至るまで生き残ったと信じられています。しかしあらゆる儀式を論じた文書、あるいはその崇拝に不可欠な原本がほとんど見いだされておらず、ゆえにこの大いなる神は私たちにとって本質的に謎であり続けています。

ナブ崇拝の中心地はバビロニアの都市であるボルシッパで、その地域の政治的統治を行っていたバビロンから約10マイル南方、ユーフラテス川近くの湖のそばにありました。ボルシッパの存在は紀元前2千年紀の初めから記録があります。ナブの寺院であるエジダには、アッシュールバニパル王が珍しい書字板を求め使者を送った立派な図書館がありました。あいにくボルシッパは、考古学者たちによる広範な科学的発掘がいまだなされていません。

しかしながら、ナブ崇拝が起きたのはむしろ最近のようです。彼が最初に言及されたのがハンムラビの治世のあいだである一方、ナブがボルシッパの神となり、同時に知恵、執筆、計算ならびに書記と執筆の後援者を統括する神位として、それ以前に存在したシュメールの女神であるニサバあるいはニダバと取って替わったのは紀元前千年紀の切り替えの頃でした。彼はのちの王たちに十分知られる存在となったので、彼らがマルドゥクとナブの寺院を支持する定型句を有するに至り、それら定型句はそれぞれの寺院のレンガ上に印づけられています。そして彼は、彼について不平を述べた預言者イザヤにとって十分に周知されるところとなりました。（＊1）

ナブは「彼なしでは天空で何の計画も準備がなされない」（＊2）と評された、神々の伝言者でした。彼の名は字義上「使者」で、これはのちに神々の使者であるローマでの水星により繰り返し使われました。こういった類似性はこれにとどまらず、ナブは水星が有する素早い動きという性質を反映していると考えられ、ゆえに迅速性という属性を有するに至りました。※1 記念石柱上に彫られた彼の象徴で最も一般的なものは物書き机でしたが、巧みな人々が用いる、のみ、たがねあるいは定規として表現されることもありました。※2

ナブの神性としての務めは紀元前2千年紀初頭に形成がなされた創世神話『エヌマ・エリシュ』には記述がありませんが、原本においては春の大祝祭でのマルドゥクの息子、そして神性の書記として関連づけられているようです。彼はまた祝祭の7日目（ニサンヌの7日目）にマルドゥクを獄中から救出する一柱でもありました。11日目に神々が世界の翌年の運命を決めるのに集結した際、それらを記録したのはナブでした。

この物語は単純であるとはいえ、現代で用いられている（そして中世でも用いられていた）占星術上の技術に意外な洞察を与えるものです。その技術とは、新たな一年の出来事を予知するための太陽が牡羊サイン（宮）にイングレス、すなわち入る瞬間の占星術上のチャートである春分図を作成することです。

なぜ太陽が獣帯の最初の宮に入る瞬間のチャートが、新たな一年の特徴を決定するのでしょう？　その答えは古代バビロニアの祝祭ならびにそれにかかわる神話のうちに潜んでいるようです。というのは彼らが信じていたように、やがてやってくる一年の運命が神々により決定されるのであれば、運命は神々の通訳者である天体を通じ、それら天体配置を読む能力を有するすべての存在により意思表示されたであろうからです。

空は天空の本であるシティル・シェイムと考えられ、ゆえに空においては運命は読み取りが可能です。こうして一年の初めに、来たる一年の運命は天体の動きで読み得るものでした。そしてこれが春分点にイングレスする時のチャートが作成された際、現代の占星術家たちが行っていることそのものです。現代の占星術家たちは、バビロニアの春の祝祭の痕跡をいまだ保持しているのです。そしてアッシリア人もまたこういった春分入りのチャートの原型となるものを有していたことが、トンプソン教授により翻訳された報告中の次の文章で明らかになりました。「木星が一年の最初に現れると、その年はとうもろこしがたくさん穫れるでしょう」※3とあります。

楔形文字の碑銘を筆写するために、ベヒストゥン山の岩によじ登った探検家であるローリンソンは

1846年から1855年までのあいだ、イラクで多くの発掘を指揮しました。1854年の夏から秋にかけ発掘のうちのひとつがボルシッパで初めて指揮され、そこで彼はナブの寺院の遺跡を白日の下のものとしました。彼に雇われた労働者たちが塚の奥深くへと溝を掘り進めるうちに、段々になった寺院の外壁が層を幾重にもなしているのを見いだしましたが、ローリンソンはここで奇妙な点に気づきました。寺院の段のいくつかがそれぞれ異なる色からなるレンガでできている、あるいはそれらにそれぞれ色が異なる物質が覆っているようだったのです。ローリンソンからすればこれはバビロニアの建設者側による計画的な試みで、寺院の連なる段それぞれに異なった色が付与されたものであることは明らかでした。

この寺院は7つの段からなるジッグラトの塔で、最初の段は272フィート四方、高さは26フィートでした。この段は約半インチの厚さの黒い樹脂が上塗りされていました。この上にある段は高さが同じで赤いレンガでできており、さらに上には明るい黄色のレンガ、グレーのレンガの段があり、そして2番目に高い段としてガラス状の「青い鉱滓《こうさい》」に表面が覆われたものがあったとローリンソンが書き記しています。

私はすぐにその偶然の一致に心打たれましたが、最初の段は黒、3番目は赤、6番目と思しきものは青で、それらはサービア（訳注14－1）の天体のシステムでの1番目、3番目、6番目の天球の色であり……それぞれが土星、火星そして水星に属する色で、しかもそれら天球が支配する色でした！※4

サービア教徒は6～8世紀の宗教集団で、活動の拠点はアッシリア、バビロニアから地中海に至る道中にある大都市ハッラーンでした。彼らは古代の星にまつわる言い伝えを多く有しており、それらは彼らの書いたものの中に浸透し、アラビア世界では利用可能でした。

これらの類似性に心打たれたローリンソンは、自身が見いだした工芸品のいくつかを見ました。古代バビロニア人は王あるいは建築の傑出した援助者の詳細を記録した円筒形の彫刻を、新しい建物の基礎となる場所の四隅に埋葬する習慣を有していました。ローリンソンはそれらのうちのふたつを見いだしましたが、それら同一の円筒は「寺院は『7つの天球にある天体』に捧げられた」と記録されていたのみならず、「7つの天球の舞台」と呼ばれてもいました。※5

ローリンソンは以下に述べる自身の考えを提案することに正当性を感じました。すなわち寺院のそれぞれの段は異なる天体に捧げられ、それぞれに天体の色を付されたことです。サービアの天体の順番を土星、木星、火星、太陽、金星、水星そして月としつつ、彼は最初の段、すなわち漆黒の樹脂が塗られたものは土星に、赤茶色のレンガの2段目は木星、より明るい赤のレンガの3段目は火星にそれぞれ捧げられたと推測し、4番目の太陽はレンガの色の違いを認め得ませんでしたが、5番目は黄色いレンガの金星、6番目はガラス状の青である水星に捧げられたと推測しました。そして7番目は月ですが4番目同様、色の相違を見いだせませんでした。彼は4番目は元々金の化粧板、7番目は銀の化粧板で覆われていたと推測しました。

引き続いての世紀における発掘により、すべてあるいはいくつかの段が色づけされたと思われる他の寺院の遺跡が明らかになりましたが、ローリンソンの興味深い推量に事実上の根拠があると証明できる書字板は見いだされていません。彼の考えは今日においても退け得るものではないので、時が彼の正しさを証明するかもしれません。これから見てゆく通り、サービア教徒を手掛かりとする彼の視点は正当性のないものではありませんでした。

ニネヴェの貯蔵庫に見いだされた報告の中に、水星がしばしば〝Gud〟と翻訳されるシュメールの形象である「GU．UD」として書かれていました。それはアッカド語でシートゥと発音され、意味は「飛ぶ」で、おそらく他天体にくらべての速さを反映しているものと思われます。その最もよく知られた効果は雨を降らせることで、春の祝祭の5日目の祈祷のひとつに「雨をもたらすGudの星よ」[※6]とあります。

水星が「雨を降らす存在」であるとの指摘は報告により裏づけられています。すなわち「水星がイッヤル（編注：太陰暦の2月）に見られると洪水がやって来、野と牧草地に恵みをもたらす」[※7]と。メソポタミア人にとって洪水は、一般的に水の制御システムを圧倒するものでない限り、国に恵みをもたらすものであったと憶えておくとよいでしょう。その必然の帰結は別の報告に記載がある、「水星がエルル（編注：太陰暦の6月）に現れると市場が活気づき、穀物が増えるでしょう」[※8]土地が十分な雨量に恵まれると農夫たちはよき収穫を得ますが、それは市場が高品質の作物で溢れ返るということです。この同じ前兆はまた、水星の様相により「牛が野を一杯にする」「胡麻とナツメヤシがすくすくと育つ」ことなどが推測されると報告しており、農作物の生産ならびに売り上げが水星の影響を受けるという推量となっているのは明らかです。

水星のこれら商業上の側面とは別に、この天体から描き出された前兆は宮廷の組織において特に重要な役割を演じ、それは報告に明解に書かれているように「水星は皇太子」※9だからです。これがマルドゥクの息子という、ナブの神話上の役割から引き出されたのは明らかです。

水星の様々な姿あるいは動きにより、皇太子ならびに彼の務めは影響を受けました。多くの報告が皇太子が宮廷に入り王に会うべき正しい時間を記していますが、そこには王の相続人ならびに王の二人が同じ時間に同じ場所に居ることに対する強い非難があったことが含蓄されています。しかしながらこの天体が殊に明るい場合、それは最も有利な時期のひとつで、「水星がとても明るいです。水星は皇太子の天体なので、王ならびに皇太子の幸運を意味します……皇太子は王の居る場所に入ってよいでしょう」※10と書かれています。

水星のこれら古代での属性ならびに現代の占星術家たちに用いられる属性とのあいだのかかわりは、直ちに明らかとなるものではありません。しかし古代の象徴の下に現代の属性の種が潜んでいます。水星が今日雨を降らせることと何のかかわりもないのは真実ですが、降雨によりもたらされる豊富な収穫ならびに活発な市場は、商業と市場とを支配する水星の現代での属性の始まりであるようです。現代の占星術家たちにとって大企業や多国籍商業は別の要因により表される一方、水星は売買が直に行われる市場そのものを支配するといまだに見られています。※11　これには株や先物市場、銀行家や政治家により日常的になされる「抜け目のない取引」までも含まれます。このことが古代バビロニア、アッシリアの町の市場からどのように引き出されたかがわかるでしょう。

もちろん、占星術上の報告がナブの引き立てのもとにある社会向けの未来予知との関係に言及していない一方、神話上での水星の属性である書記は、現代の占星術での自身のありかを見いだしています。今日水星は文字、書くことそして意思疎通をも司っています。※12

バビロニア、アッシリアの神々ならびに彼らに関与する天体を概観してきたあいだ、私たちは今日まで天体に——歴史の途上で落伍することなく——かかわり続けてきた、あまり重要でない属性に気づく機会を得ました。これらの属性はしばしば興味深く、異様に映ることもありますが、水星もその例外ではありません。現代の占星術では水星は泥棒をも支配していますが、私たちはこの発想の始まりを紀元前8世紀の「水星がキスレゥの月（編注：太陰暦の9月）に見える場合、土地に奪う人々が現れるでしょう」※13という報告から見いだすことができるでしょうか？

＊1　イザヤ書46、1〜2「ベルはうずくまり、ネボは縮み上がっています。彼らの聖像は動物、荷を運ぶ獣の上に積まれつつあり、疲弊した獣に乗せられた束のように運び去られつつあります。彼らはそれらを運ぶ者たちを救う力もなく、捕われの身となるべく立ち去るとともに縮み上がりうずくまっています」ベルはマルドゥクでネボはナブです。

＊2　ラングドン著『セム人の神話』158頁参照願います。ナブ、彼の主題ならびに彼の崇拝の範囲をわかりやすく調査した最上の図書として、ポムポニオ著『ナブ』参照願います。

訳注

14-1…かのマーク・エドモンド・ジョーンズがこのサービアン教徒からインスピレーションを受け立ち上げ、松村潔が発展させたのがサビアン占星術ですが、サービアン教徒の教えとサビアン占星術、両者の内容の関連性を示す資料については訳者は未見です。

15 天文学『ムル・アピン』

多くの人々が心に抱く風景として、深く澄みきった中東の空が果てしなく広がり、夕焼けの空が徐々に夜の帳をおろし、星が清々しく煌めき出すというものがあるでしょう。砂漠の静寂は燃える木が立てるパチパチという音、コーヒーや子羊のローストが並んだ食卓での家族の囁くような声により際立つでしょう。空想に耽りがちな人々が夢見た中東はちょうどこのようなものだったであろうし、実際にそうであり続けているようです。水を運ぶ錆びついたトレーラー、蓄電池式のテレビ、持ち運びのできるガスレンジ、そしてかつての捕食性の翼竜プテロダクティルスのごとく、過去を余分なものとして削り取るようにあちこちをさまよう軍のヘリコプターなどの侵入を無視することができるのであれば、かの地は常にではありませんがたいていそんな感じであり得ます。

じつに単純かつ実際的な問題が、古代の占星術師たちに劈頭《へきとう》第一に直面してきたのを忘却の彼方にうち過ごすのはたやすいことです。地平線が雲、埃あるいは砂嵐でまったく見えない場合、彼らは最初に昇ってくる月をどのように認められたのでしょう？　アッシリアのとある占星術師は「彼らは月を監視しましたが、雲が深かったので見えませんでした」※1と嘆き悲しんでいます。

　これは重要かつ危険を伴う難題でした。というのは占星術師たちに任された大きな務めのひとつである暦の管理を継続する上で、新月が現れ新たなひと月が始まる日時を正確に知る必要があったからです。

　占星術師たちがなぜ月の始まりの正確な日時、ならびに天体の上昇を確かなものとし得なかったかについて書かれた王への様々な手紙には、自己弁護の口調が読み取れます。占星術師たちが「月が最初の日に現れると……この地は満ち足りるでしょう」※2と報告できる場合、読む者はそこに彼らの安堵を感じとるでしょう。これは言い換えれば太陰月が暦上での月と一致していたということです。天空観察にまつわる彼らの反応は、彼らが常にさらされていた政治的圧力に絡む証言となっています。王は正確な暦を要求しましたが、占星術師たちがこの要求に応え続けることができなければ、彼らの地位、宮廷での立場は深刻なまでに脅かされたのです。

　占星術師たちに対するこういった常なる圧力が、バビロニアの天文学上の技術の発展を促進した大いなる要因であることは疑いがありません。占星術師たちが実際の観察における困難により引き起こされる不確実さを克服し得る唯一の手段は、新月が最初に出現する日時の計算をあらかじめ効率よく行う工夫をすることでした。このように彼らは臨時の月を暦に入れるか否かをあらかじめ決めることが可能となり、常用暦を太陰月と一致したものに戻すことができたのです。これらを全うするために、彼らは少なくとも太陽と月の周期的な動きの理解をおのずと深める必要がありました。

　このために必要な技術面での進歩は、ひとつの段階を経た程度では起き得ませんでした。まず星の周期の存在を明らかにする上での十分な資料を作るために、天の動きの構想を描く必要がありました。そのためには星の位置を問うことが重要でした。それらの動きは、動かない何かとのかかわりによってのみ筋道立てることが可能でした。こうして月と天体は黄道のような幾何学的定数か、あるいは恒星かのいずれかと比較の上、そのありかを特定される必要がありました。天の地図を作成し形にすることが必要だったということです。

紀元前2千年紀の初めにおいては、星の地理学はじつに原始的なものでした。アンミサドゥカの金星書字板でのこの天体は、地平線との接近ぶりによる位置づけがなされた程度でした。しかし時の経過とともに位置づけの手段はより洗練されてゆきました。

紀元前千年紀に王の宮廷に宛て手紙を書いている占星術師たちは、天体同士を互いに関連づけさせたり月や恒星、星座と関連づけさせたりしました。加えて初歩的な測定法が多く行われましたが、それらは「指」や「腕尺」で星の距離を計測するというものでした。「火星は……てんびん座に対し１５０の腕尺分の近さに至りました」[※3]というのがその一例です。

彼らの原始的な時間管理ならびに継続的な観察により、占星術師たちはついに太陽、月、天体そして星々の長期間での動きを発見し、それらの未来での位置を予知するようになりました。この重要な発見がなされた明確な日付は特定されていませんが、書字板に書かれた証拠の範囲内ではそれは紀元前２千年紀の終わり頃だったようです。

とは言え多くの難題が引き続き存在し、バビロニアとアッシリアとの観測地点上の相違もその少なからぬものでした。これらふたつの都市間には緯度上で4度の差があるので、天体の上昇はニネヴェで観測される前にバビロニアでまず起こりました。このことが原因で、以下のニネヴェの占星術師からエッサルハドゥン王への手紙がどちらかといえば自己弁護色のあるものとなったのは疑いがありません。

水星についてですが……「バビロンでは見ることが可能と聞きました」と閣下なる王に宛て書いた人物は本当に観察したのかもしれません。彼はそれに遭遇したに違いありません。私たち自身は見守り続けましたが観察には至りませんでした。ある日はそれは早過ぎだったかもしれませんし、先日は地平線ちょうどにありました。私たちは確かにそれに遭遇するはずだったのです。※4

メソポタミアの科学は、占星術師たちがこれらの出来事をあらかじめ予知することができるほどにまで徐々に進歩しました。しかしそれでも完全なまでには至らず、「計算通りにゆかず月が遅れ現れなかった場合……」※5というむしろ悲しい説明で始まる文書もありました。

審美眼的・科学的考慮とは別に、農夫たちが季節の始まりを知るためにも正確な暦は重要でした。初期の段階で閏月の書き入れについてのわかりやすい基準がなかったがゆえ、暦が常軌を逸した突飛なものであり続けた際、暦は様々な季節の始まりを正確に示さずゆえに信頼の置けないものでした。換言すれば暦が春だと述べているのに、実際にはいまだ冬だったり同様に夏だったりしました。結果、季節について正確を期したい農夫たちは常用暦を頼りにせず、気候の変化に依拠したり、星々や星座の上昇に留意したりしました。これらが季節の標識として便利であることは、ずいぶん昔からわかっていたに違いありません。創造神話エヌマ・エリシュの5番目の書字板は天文学上での一年の境目の決定から始まりますが、「マルドゥクは一年を決定し、その区分けをしました。彼は12ヶ月それぞれにつき3つの星座を配しました」※6　似たような手順は古代ギリシャ人にも認証されており、ヘシオドスに宛てられた詩編『労働と日』には農業向けのこれら星の標識がたくさん含まれています。（＊1）

これら星座一式は4つのまとまりとして標準化され、「アストロラーベ」として知られる書字板に記録されました。多くが残存し紀元前1100年あたりからのものが最古です。※7　これらにつき星々は3つの欄に一覧として記され、それぞれの欄には12の星々が含まれています。それぞれの月に3つの星々が一覧として記され、エア、アヌそしてエンリルの通り道に星ひとつずつが配されています。※8　元々これらは12の区分けに分かれ3つの区切りと同心円を有し、それぞれがひとつの星を含む36の区分けがある円形の表に記録されていたと考えられていました。

36の区分一つひとつは星のみならず数字も有していました。これらの重要性を思案していた考古学者たちは、これら数字がある方法により1日の長さにかかわっているとじきに認識するに至りました。それは昼あるいは夜のあいだ、水時計で用い使い果たす水の目方であるとわかりました。記録されている数値で最も高いものは4で、これは3番目の月、すなわち夏のオリオン座の上昇に関与していました。このように夏には4「マナ」すなわち4ポンドほどの水が昼のあいだ水船渠で費やされ、冬である9番目の月には2マナのみが必要であったとの記録があります。※9

後の標準からすればこれらアストロラーベはとても正確とはいえませんでしたが、その必要性を満たしたのは明らかであり永きにわたり製造され続けました。アッシリアならびにバビロニア双方からの実例が残存しており、それらは千年という期間にわたります。ですがそれらの明らかな成功にかかわらず、一層の正確さが求められ続けました。

数学上の技術が天文学に紹介されるまでのあいだは、より大いなる正確さは実現困難でした。占星術師たちが天空観察を補う上で用いた実践上の道具は初歩的なものに留まり続け、時間の経過を計算するには水船渠、日時計あるいは太陽時計はその移り変わる影の長さから一年での変化を見極めました。

水船渠はとても単純で水の目方を用い時間を測りました。バビロニアならびにアッシリアの占星術師たちは、のちのギリシャ、ローマの「クレプシィドラ」と呼ばれる時計と似たシステムを用いたに違いありません。意匠は異なりますが、それは本質的に木製の浮標《ふひょう》を備えた大きなボウルに小さな穴を通じ徐々に水が使い果たされる、水の入った垂直の容器から成っています。水がボウルに流れるにつれ、木製の浮標が時間を記した目盛りを上がってゆくというものです。（＊２）

アストロラーベの正確さは紀元前千年紀の切り替わりの頃、確かなものとなりました。この時点での天文学的知識の総量は、その最初の行の記載から『ムル・アピン』（＊３）と呼ばれるふたつの書字板にまとめられた編集物に含まれています。書字板に書かれていた天文学は、紀元前１０００年あるいはそれ以前からのものであるとレイナー教授、ピングリー教授の2人がシカゴのアドラープラネタリウムで述べていました。※10　しかしながら周知となっている原本の40の異なる具体例――それらの中には完全なものはありません――のうち、日付が含まれるのはわずかふたつのみで、それらのうちより古いものは紀元前６８７年のものです。それ以上の情報がないので、これが情報がなんとか編集されまとまったものと私たちが確認できる、より初期の段階のものに違いありません。

『ムル・アピン』は多くのグループ分けのもと、配置された天文学上の情報から成り立っています。しかし興味深いことに、この情報は明らかにどこか他の場所からやってきて、おそらく『ムル・アピン』

へと集結しているのですが、それらの拠り所となる起源についての指示がほとんどありません。『ムル・アピン』が編まれるや否や、それまでのすべての原本が台無しとなったとは信じ難いですが、今日の学者たちにこれまで原材料をもたらしてきた専門家たちの様々な書庫には見いだされなかったと信じるのもまた容易ではありません。私たちはまたもや、さらなる調査と発見とが必要とされる領域に直面しているのです。

『ムル・アピン』は18の部門にグループ分けされています。これらはエア、アヌそしてエンリルの通り道にある恒星の一覧すなわち36の恒星、星座が朝上昇する日付、天体の期間、季節、春分ならびに秋分そして夏至・冬至、月の見える期間を表す表、暦に挿入する上での規則、影の長さを詳述した日時計表、水時計に用いる水嵩などを含んでいます。この書字板にはまた、彗星ならびに恒星からもたらされた前兆をも含んでいます。※11

のちの天文学上の重要な概念のおそらく模範となる、もうひとつの部門が書字板にあります。『ムル・アピン』には月が動き通る道、すなわち「月の通り道」にあるすべての星の一覧があります。バルテル・リーンデルト・ファン・デル・ワルデン教授が述べた通り、「これら星座に定義された『月の通り道』を月のみならず太陽、他天体が動くのは原本から明らかです」18の星座の一覧はこの原本中に書かれています。※12「月の通り道」をなすべく用いられた星座の数が徐々に12へと減じましたが、この12という数字はのちの獣帯のサイン（宮）の数と同じです。

「月の通り道」は太陽、月そして天体のすべてが動く12度の幅を有する獣帯という帯でした。空を数学的に均等に分割したものとしての獣帯はいまだ成立していませんでしたが、天の「通り道」という概念はその発明直前の最終段階をおそらく表しています。この帯の中心であり太陽の通り道を表す線である黄道を、公式のものとすることがおそらく鋭意継続されたことのすべてでした。

2世紀の天文学者にして占星術家であったクラウディウス・プトレマイオスは、紀元前747年から同734年までのナボナッサー王の時代の蝕の記録に接した旨を書いています。※13　しかしながら、彼は信頼に足る天体の資料が欠如していることにつき不平を漏らしています。古代の観測は天体、星々の出現ならびに消失――その全てが観察が困難であったと彼は嘆いています――のみにかかわっていたがゆえ、その力量はほとんど無きものに等しいと彼は述べています。※14

『エヌマ・アヌ・エンリル』と『ムル・アピン』により例示されたように、占星術、天文学上の観察ならびに未来予知において明らかな自信があるにもかかわらず、疑いが依然として存続したのは明白でした。占星術師たちは前兆にちなむ未来予知を行う際のより高い精度、ならびに暦の整備での正確さを探求し続けていたようです。彼らはおそらく王への恐れに促されていたか、あるいは研究を推し進める上で強迫的好奇心に迫られていたのでしょう。道理はともかく、占星術師たちはその見方における顕著かつ驚愕的な変化を打ち出しました。彼らはまるで何もないところから着手したかのようであり、当たり前と思えるものが何もないかのようでした。彼らは〝ナサル・シャ・ギネ〟あるいは「定期的な監視」と呼ばれた「日記」を編纂し始めました。

これらの原本には天の、そして地上の出来事、数日から数ヶ月にわたる期間にまつわる一覧、天空にて観察し得る大きな出来事、空、社会、商業そして政治などが組織的なやり方で記録されました。日記は基本的にはふたつのタイプがあり、まず観察を生業とする人々による日々の規則的な観察を記録するのに用いられた、いわゆる「短い日記」というのがあります。これらはひと月に満たない短い期間を網羅するものです。題字が様々であることから、同じ書字板が夜な夜な用いられたことがわかります。小さな書字板に毎日記すのに、それらは軟らかく順応性のあるものであり続ける必要がありました。書記により採用された通常の経緯は書字板を湿った布で包み、それにより乾燥するのを遅らせるというものでした。楔形文字の原本の最終行が尖筆によるV字形の刻印でなく、表面を引っかいたように掘り出されていることから、通常より早々に硬くなり始めたものも中にはあったようです。[※15] 一旦書かれるとこれら短い原本は一年にものぼる長い期間を網羅する、より大きい手際よく要約された編纂向けの未処理の情報として取り扱われました。

それぞれの日記にはひと月の長さ、ならびに三日月が最初に見える夕刻の詳細が記録されていました。それらには月にまつわる他の出来事の詳細、天体が最初に、そして最後に見えた際のこと、それら天体の留そしてのちの日記にはそれら天体にかかわる獣帯のサイン（宮）が含まれていました。春分・秋分ならびに夏至・冬至の日取りもシリウスの出現の記録とともに一覧として記されました。意義のあることと学者たちに感銘を抱かせた他のすべての天文学上の現象も加筆されましたが、それらは月、天体と恒星とのコンジャンクション、すなわち合あるいは彗星、流星の出現といった日常的ではない出来事などでした。

さほど賞賛に値しない情報も記録され、それらはたとえば風向きとその強さ、川の水位といった気象上のことなどでした。古代の商業界についても記載があり、その最後には銀通貨で購入可能な小麦、ナツメヤシ、胡麻そして羊毛といった基本的な商品の市場価格、ならびにひと月のあいだに起きた価格変動で疑問に付されているものが書かれていました。

同じ書字板には、それら月のあいだにおける獣帯での重要な天体の位置、バビロニアでのものが強調されてはいますが、実際に起きた戦、死、条約といった政治上の出来事、私たちが読み得るすべての日記が書かれた町についての一覧もありました。これらすべての情報に加え彼らはたとえば地震のようなまれな自然現象、あるいは狐が門を通り抜け町に入ってきたなど、国にまつわる不吉な事象をも記録していました。※16　これらの日記は古代の人々の生活を垣間見ることができる、重要な役割を担っています。

最も古いものとして知られている日記は、アッシュールバニパル王統治下の紀元前652年の日付を有する断片です。※17　原本と思われるものの後世での写しで、次に古いものはおおよそ100年後の紀元前568年（＊4）すなわち「ネブカドネザルの37年目」になります。さらに続くのは140年後にあたる紀元前464年のもので、この世紀のものはこれ以外には3つのみです。しかし紀元前392年以降その数量はかなり増え、最後のものとなる紀元前60年までより多くの日記が見いだされました。※18　これらの原本ならびにその断片は合計で1200にのぼり、19世紀にバグダッドの遺物商人からそのほとんどを購入した大英博物館が所蔵するものが多くを占めています。

紀元前652年の日記が、このような情報が記録されたその世紀で初めてかつ唯一のものであることはありそうにないことです。歴史の気まぐれにより成立した、たったひとつの独特なジャンルの具体例として見られるものに違いないことは確かでしょう。2番目の具体例が現れるまでほぼ1世紀の隔たりがあるのは事実ですが、これによりそのあいだの年のすべて、あるいは多くで日記が存在した可能性が排除されるわけではありません。実際その形式はアッシュールバニパル王の時代に十分確立されており、日々の観察ならびにそれらの記録双方に責任のある寺院の組織が完全に消滅するまで、組織的なやり方で可能な限り続いていたのはあり得ることです。

これら日記によりもたらされる印象の中で圧倒的なものは、彼らのデータベース作成の試みです。実際この情報すべてを整然、かつ詳しく記録するための他の理論的根拠は何なのでしょう？　精度がゆるく非数学的な『エヌマ・アヌ・エンリル』が時代遅れかつ原始的な代物であることが、時の経過とともにわかるに至った占星術師たちがいかに自身の占星術に方向転換を与え、新しくより明確な技術を加えてゆこうとしたかをこれら日記が示していると推測するのが理に適っているようです。平たくいえば占星術師たちは、未来予知を行う上で誤った伝統を受け継いだと気づいていたことが私には推測させられます。伝統そのものは知的活動での十分な勢いといにしえからの信憑性、持続・維持されてきたことを正当化する実践上の明らかな価値を有するものの、彼らはそれらに今一度生気を吹き込む必要性に気づいていました。おそらく彼らはある意味、天体ならびに地上の出来事双方間に存在するかもしれない、関係の調査に乗り出してゆくところだったのでしょう。彼らはより決定論的な研究法に賛同し、自身の伝統にちなむ宇宙論的発想を拒否することに着手しようとしていたのでしょうか？　私はこのことを疑問に思い、また知りたいとも思っています。

その原因はどうあれ、これら日記に内包される意図は彼らが天と地上との出来事のかかわりを経験上から鑑み探すための資料を順序立てて集め、これらのかかわりを体系化し新たな「現代の」科学的かつ数学的に理に適った占星術集成である『新エヌマ・アヌ・エンリル』を創り出そうとしていたことの証拠であるとの推測を、どうか空想的過ぎると思わないでもらいたいのです。

紀元前7世紀がアッシリアならびにバビロニアの占星術師たちによる、強力な活動ならびに発見の時代であったこと、そしてさらに占星術と天文学に数学が入ってゆくこと、獣帯ならびにネイタル（出生）・チャートの発見へ向けすべての要素が揃っていたことは明らかです。必要とされたのは促進の働きをする触媒であり、表面下に眠っているこれら可能性を秘めた変化に取りかからせ得る新たな視点でした。この触媒は侵略する軍隊という形で紀元前6世紀にやってきました。バビロンはペルシャ人に征服されるに至ったのです。

＊1　たとえば383〜384行目「プレアデスが……上昇する時収穫を始めなさい、そして沈む際は土地を耕し始めなさい」597〜598行目には「強力なオリオン座が最初に現れた際、奴隷にデメテルの聖なる粒のあおぎ分けをさせなさい」ホメーロス風讃歌とホメロド収録、ヘシオドス『労働と日』参照願います。

＊2　2マナは夏至の際夜じゅうを通じ十分な量で、3マナは春分・秋分、4マナは冬至でそれぞれ十分な量になります。ネウゲバウアー著「バビロニア天文学における水時計」40頁参照願います。

＊3　標準的な文献の中にはこの双書が3つの書字板に現れているとするものもある一方、『ムル・アピン』にまつわる最近の作品はふたつの書字板のみが用いられているとしています。ハンガーとピングリー共著『ムル・アピン』8頁参照願います。

＊4　サックスとハンガー共著『天文学上の日記』巻1、47頁以下ならびにファン・デル・ワルデン著「獣帯の歴史」96〜97頁参照願います。実際保存されている書字板は紀元前568年の日付のある情報の後世での写し

です。ファン・デル・ワルデン教授はそれが「起源となるものの忠実な写本のようである」としていますが、写しの段階で資料が追加された可能性があることにも留意する必要があります。

第三部 ◆ 余波

16　侵略

紀元前539年9月の終わり頃、現代のバグダッド領域内にあたるティグリス川沿岸でふたつの軍隊が互いに向き合いました。

バビロンの王ナボニドゥスは10年に及ぶアラビアでの軍事運動から戻ったばかりでしたが、彼の息子であるベルシャッザール率いる経験に富んだ彼の軍隊は、深刻なまでに数において圧倒されていました。※1　ナボニドゥス軍に対峙したのは数週間前バビロニアの領土を侵攻した、ペルシャ王サイラス二世の巨大勢力でした。断然起き得た可能性は、ナボニドゥスがバビロンの最後の王になってしまうことでした。

この差し迫った敗北の大元の原因は宗教に起因しており、何年も前から種として植え付けられたものでした。ハッラーンでシンの女教皇を務めていた母親を有するナボニドゥスは、統治を始めた頃からこの神に信奉を捧げるようになり、その崇拝ぶりを一神教の方向へ向かわせつつありました。すでに触れたように、彼がシンを至高の神として崇拝していたことは考古学者たちにより証拠づけられ、ハッラーンにある彼の思いのたけを刻んだ碑銘を見ると、彼がシンを「神々のなかの王」「神々の中で最も偉大」（＊1）としていたことがわかります。

ナボニドゥスが実際には一神教を奉じていたか、あるいは単に政治的統一を図っていたのかはともかく、彼はひとつの至高の神位への崇拝のもとに自身の王国を統一しようとしていたようです。なるほど、たしかにナボニドゥスに敵意を抱くのちの「ナボニドゥスの韻文の記述」の匿名の著者はそのように考えたでしょう。※2 ナボニドゥスがシンを崇拝する寺院をバビロンに建立したこと、マルドゥク崇拝を拒み毎年恒例の新年の祝祭を行わなかったことにつき彼は辛辣に不満を述べており、記述のとあるくだりには「王は狂っている」との忌憚なき記述があります。

この記述にはさらに前述の拒否があったゆえ、マルドゥクがナボニドゥスをサイラスに明け渡したとあります。すなわちマルドゥクが「世界を支配する者」※3としてサイラスを選んだというのです。この認可の返礼として、サイラスは神々ならびに女神たちの像をそれぞれにふさわしい寺院へ戻し「彼らに食物が供えられたことで再び生気が吹き込まれた！」※4と述べています。

この作品は明らかにサイラスがその征服につき神の裁可を有していたことを証拠づける上でのペルシャ側のプロパガンダ、宣伝部門の賜物ですが、バビロン生まれの地元のほとんどの人々もこれに同意していたようです。明らかに、とはいえないものの支持者であろう人物の作品である『ナボニドゥス年代記』には、ナボニドゥスが統治7年目の年に新年の祝祭は中止とされ、祝祭が元通りに行われたのはその10年後すなわちペルシャが侵略した際であるとの記載があります。祝祭の復興はバビロニア人からの支持をより多く得ようとのペルシャ側の試みに基づいていましたが、バビロニア人たちはすでにサイラスに照準を合わせていたというのがその真意であるのは明らかです。

バビロニアならびにペルシャの軍隊は互いに向き合いましたが、戦はアッシリア軍の統括者と彼の分遣隊がだしぬけに寝返るや否や勃発し、これによりナボニドゥスは命運が尽きました。アッシリアの統治者であるゴブリャスがサイラスと極秘裡に交渉・結託していたのは明らかで、彼はバビロニア軍を攻撃しベルシャッザールを殺しました。結託した軍はシッパルを攻撃し労せず陥落させ、そこにいたナボニドゥスは逃走しましたが、ゴブリャスと連合軍がバビロンを攻撃し、短い抗戦を経て降伏させました。ナボニドゥスはまもなく捕らえられましたが、ここで歴史上の記録は途絶えています。17日後にあたる紀元前539年10月、サイラスは征服者として都市に入りました。8日後、都合の良いことにゴブリャスが亡くなりましたがその経緯は書かれていません。

バビロンはサイラスの侵略により略奪も破壊もされず、サイラスは自身の軍隊を統治し続け、征服された人民からは好意を得ました。宗教上あるいは管理上の制度を変えることもありませんでしたが、その後新年の祝祭については、彼の息子であるキャムビィセスがバビロニアの統治者としてよりも先にマルドゥクの神性上の是認を儀式をもって受けました。このようにペルシャの王族によるバビロニア王国の統合は行われました。

引き続いての200年以上に及ぶペルシャによる支配では、既存の知的ならびに市民の活動が継続・推奨され、恵み深い統治のもと繁栄しました。異教を奉じる外国の支配者について寛容ではない旧約聖書の著者でさえ、47年前ネブカドネザルによりバビロニアで捕虜とされていたユダヤ人の亡国者を解き

放ったサイラスを好ましく批評しました。※5

堅実さ、ならびに経済的繁栄がサイラスの息子であるキャムビィセスの統治のあいだを通じ続きましたが、彼の死後王国じゅうに反乱が起きました。多数の死傷者を出す交戦ののち、反乱者たちはついに血縁であるダリウスにより打ち負かされ、ダリウスは王となり堅実な長期政権を推進しました。この勝利を記念し、ダリウスはベヒストゥンの岩に楔形文字で書かれた大いなる記念碑を刻みましたが、これがのちにヘンリー・ローリンソンが自らの生命を賭け古代の碑銘を写すべく取りかかった岩になります。

ペルシャ支配の時代においては占星術の実践上での重要な進歩、すなわち数学上の規律の導入がもたらされました。バビロニアの1年は私たちのそれ同様12ヶ月から成りますが、季節との調和を取り戻すべく閏としての13番目の月を暦に加える必要がある場合がありました。これら閏月は組織立った秩序がないまま占星術師たちが必要と考えるたびごとに加えられましたが、それは紀元前529年までのことでした。私たちが有する記録上ではこの日以降紀元後73年まで3つの例外を除き、月の挿入が規則的に行われたことがわかります。※6 これは占星術師たちが、暦上の規則性が依拠している天の周期に関する理解を大いに高めたことの証拠にもなっています。

星の動きにおける規則性を調査することは、天体の朔望周期の発見とともに続きました。朔望周期は地球からみた天体と太陽とのコンジャンクション、合が引き続き起きる周期です。これに対し天体が獣帯の12宮を通過し元の場所に戻ってくる時間の長さを表す、恒星周期という概念が加わりました。これらにより未来における動きを予知する上で用いられた、より大規模な天体の周期が次々と形作られるに至りました。たとえば土星向けに用いられた周期は59年であり、これはふたつの恒星周期、すなわち29

年半または57の朔望周期から成ります。すべての天体の前述同様の正確な周期はペルシャ時代の初期に定まり、数学上の技術とともに未来での天体の動きを計算するのに用いられました。※7

またこの頃、天体は獣帯の星座よりもむしろ獣帯の宮で規定されるようになりました。数学上の関与により空が均等の長さからなる12宮に分けられることとなりました。この発展に寄与した大いなる要因のひとつは、未来での太陽の動きを計算する必要性でした。月や天体と異なり、太陽は昼間見ることができない恒星と関連づけられませんでした。規定されるや否や、獣帯の宮の名前は獣帯の星座から引き出され、それらと同一ともされましたが、これにより宮と星座のいずれに言及しているのかが不明瞭になる場合もありました。このような理由により、獣帯が最初に用いられたのがいつのことなのかを明言するのは困難となっています。

それにもかかわらず紀元前４４６年の日付がある、金星が魚宮に沈んでゆくという記録のある書字板※8ならびに紀元前４６４年のバビロニアの日記の双方は、星が織りなす地理との整合性を取るべく、獣帯宮ならびに恒星を用いていました。（＊２）これらに加え獣帯の宮と星座とのあいだで起こり得る混乱にまつわる疑いがないようにと、紀元前４５４年の書字板には「水瓶の最後にある水星が東の空に最後に現れた」※9との言及があります。この専門用語により、獣帯の宮が特定されているのが明白となりました。

これら書字板には獣帯の利用が示されている一方、その形式については何の示唆もありません。しかしながらより古い原本には獣帯への最初の言及、ならびにそれが12宮に数学的に分割されたとの初めての示唆があります。これは紀元前４７５年のバビロニアの月にまつわる原本で、サイラスによる征服から64年後のものです。※10　ファン・デル・ワルデン教授によれば、この原本に含まれる資料は規準となる獣帯なしには理解し得ないものだそうです。※11　しかし獣帯はこの書字板が書かれた時点より以前にすでに考案されており、その発見は紀元前5世紀初め頃を推測させると結論づけるのは正しいでしょう。

この頃占星術は数学上の技術を加えた結果、その構成を修正・変更したのみならず、その方向性をも変えました。私たちは占星術にまつわる顕著かつ先鋭的な移行をも見いだしますが、それは政治・集団志向である「マンディーン」占星術から個人を重要視するそれへの変化でした。この変化はペルシャによる侵略の結果社会で起きたことを反映したものです。初期の占星術史における専門家であるファン・デル・ワルデン教授は『エヌマ・アヌ・エンリル』を擁するバビロニアの古典的占星術とバビロニアの多神教とのあいだに緊密なかかわりがあり、同時にネイタル（出生）・ホロスコープすなわち出生図に基づく占星術とペルシャの一神教であるゾロアスター教とのあいだにも、互いに共鳴するかかわりがあると述べています。※12

宇宙論上の見方における変化なしにはネイタル占星術は生まれなかったと、ファン・デル・ワルデン教授は述べています。この新しい見方における重要な部分は、ゾロアスター主義によりもたらされたと彼は信じています。この宗教の基本はゾロアスターの書いたもの、すなわち至高神アフラ・マズダーが出てくるもののうちに見いだされますが、そこには良いものと悪いものとのあいだでの自由選択を有する個人の不死の霊魂の概念も一緒に見いだし得ます。ファン・デル・ワルデン教授はこの教義をピタゴラス、プラトンを通じギリシャ人に影響を与えたものと見なしており、「ペルシャの神話は出生時の星の配置（訳注16－1）が浮上したことに決定的な影響を与えた……と私は信じています」※13と彼は書きました。

バビロニアからもたらされた最初のものとして知られている出生図は、紀元前410年、おそらく4月29日のものです。※14　それは獣帯宮が用いられていますが度数までは用いてはいないようです。それは単にある特定の個人が右記年月日に生まれたことと、月と天体とが見いだされる宮につき述べるのにとどまっています。それは明らかに未来予知で締め括られていますが、書字板の損傷ぶりにより予知そのものは不明瞭なものとなっています。

これは晩年のアブラハム・サックス教授により、1952年に出版された6つのチャートのひとつで今でも最も古いものとされているものです。残りの5つの出生チャートはすべてギリシャ占領下の頃のもので、最も古いものは紀元前263年4月4日あたりのウルクからのものです。これは前述の最初のものと異なり天体が位置する宮の度数が特定されたもので、

セレウコス時代の48年目、アダルの月に子供は生まれました。その日太陽は牡羊宮の13度30分、月は水瓶宮の10度、木星は獅子宮の初めにあり、金星は太陽とともにあり水星も同じ太陽と一緒、土星は蟹宮に、火星は蟹宮の最後にありました。※15

損傷による数行の空白ののち、多くの予知が書かれています。

彼は富を十分には得ないでしょう……。彼の食糧は飢えを満たさないでしょう。若い頃の富は続かないでしょう。36歳で富を得るでしょう。彼の時代はずいぶん長いものとなるでしょう。（＊3）

続いての3つの書字板は懐胎ならびに出生の日が書かれた紀元前258年のものから、月を除く太陽とすべての天体の獣帯の度数が書かれた紀元前235年までのものです。ウルクからもたらされた最近の書字板には、数多くの未来予知が書かれています。

木星は……射手宮の18度にありますが、この配置の意味は彼の人生が規則的で良いものであろう、裕福になるであろう、長生きするであろう、彼が生きる時代は数多いであろうというものです。金星は牡牛宮4度にあり、この配置は彼がどこへ行こうとそれらの場所は彼にとって好ましいであろう、彼は息子たち、娘たちに恵まれるであろうというものです。水星は双子宮にあり太陽とともにあります。この水星の意味は勇敢な者が最上級となろう、彼は自身の兄弟よりも重要であろう、というものです。※16

紀元前5世紀の過程で、ギリシャ人はバビロニアの組織立った占星術に真剣に興味を抱きました。天の出来事から引き出された〝複数の前兆〟に早い時期から気づいていたのは事実で、ホメーロスは多くの具体例を提示していますが、それらはじつに単純なもので当時のバビロニアでの実践とは何のかかわりもありませんでした。しかしながらじきにギリシャの知識人たちは、よそでの古来からの知的伝統を学ぶ必要性を認識するに至りました。ギリシャの学者たちがのちの自国の王朝下でのアッシリア、バビロニアに赴き、どの程度学び研究していたか、ペルシャの支配下でもそれをどの程度継続したかはわかっていませんが、そこにいくらかの学者たちがいたのは確かでした。

最初の人物ではなかったようではあるものの、その有名な具体例としてサイラスがバビロニアを奪った時点で19歳だった、紀元前558年生まれ（＊4）のピタゴラスがいました。後世の伝記作家を信じ得るのであれば、ピタゴラスは20歳で学問のためエジプトへ赴きました。彼は紀元前525年、カンビュセス率いるペルシャの侵略を受け捕らえられるまで、25年ほどそこにいました。ピタゴラスは捕虜となりバビロニアへ連れ去られましたが、そこにいるあいだの数年間、彼はゾロアスター教の主導者であるザラタスの教えを受け、ゾロアスター主義の最高位の秘教的神秘に迎え入れられましたが、年代記によればその神秘にはかの有名な宇宙の音楽的調和の教義も含まれていました。

しかしその教義の起源についての真実は、ペルシャのマギ以上にバビロニア人に負っていたのかもしれません。ファン・デル・ワルデン教授は星々間の距離の測量と、ピタゴラス主義者たちの教義とのあいだの相似性を取り上げており、「ピタゴラス主義の『天球の調和』は天体が織りなす天球間の距離には単純な整数の比率があることを前提としており、これらはバビロニアの宇宙観ならびに数字にまつわる思索とかかわりがあるであろう」[※17]との言葉を残しています。なるほど、この教義によりバビロニアの聖職者たちの秘教的な教えのいくらかが形作られたのかもしれないと推測するのは、理に適っています。彼らは他に何を教えたのでしょう？　カバラの原型のいくらかは、彼らの興味深い生命の木にかかわりがあるのでしょうか？　のちにプラトンにより公表された、輪廻転生の教えのいくつかの異説で

しょうか？※18

紀元前399年の彼の死以前の記録には、ソクラテスがアテネにやってきた「魔法使い」に出会ったとあります。この占星術師はソクラテスに対し、彼の非業の死を含む数多くの未来予知を行いました。※19　この情報は当時13歳位であったギリシャの哲学者であるディオゲネス・ラエルティオスからもたらされましたが、彼の意見が正しいのであれば、ギリシャでは出生ホロスコープは紀元前4世紀初めの時点で用いられていたことになります。

おそらくソクラテスの生徒でピタゴラスの精神的相続者であったプラトンは、メソポタミアで学んだという記録はないものの、バビロニア思想とは良い形での接触があったのは明らかです。ヴェスヴィウス山の噴火でポンペイとともに滅びた都市であるヘルクラネウムの遺跡で見つかった資料によれば、プラトンは紀元前347年の自身の死の直前に、「カルデア人」である占星術師と出会ったとのことです。※20　プラトンの対話である『ティマエウス』は、ギリシャ人が有する東方の宇宙論思索・知識にとっての福音でした。この対話でプラトンは不死の魂、占星術、輪廻転生、神性の設計者によるすべての創造である、宇宙の数学的調和を扱っています。彼の対話『エピノミス』は同じ伝統下にあり、「アジアの星の宗教のヘルネスへ伝道された最初の福音」※21として論じられました。

キケロはギリシャの知的サークルにおいて、出生での星の配置にまつわる古い知識の文献上の証拠をもたらしています。彼はプラトンの生徒でのちに天文学において評判を得るエウドクソスが「出生の日の星々の位置から人物の未来を予知するという、カルデア人の占星術師たちにどのような信頼も置かない」※22と述べた上で、占星術に対しじつに批判的であったとしています。

キケロが触れている文章が正しく帰せられたとすれば、個人のホロスコープを描くバビロニアのネイタル占星術は、ギリシャ世界に至るや否や天文学者たちといくらかの衝突があったことがうかがえます。占星術師と天文学者という、古典的なバビロニア時代には区分けがなく、一体だったふたつの職業がギリシャでは分割されたことがわかるという意味でこの敵意は興味深いです。（＊5）それはまた紀元前4世紀初期という時代が、バビロニアの出生での星の配置にまつわる技術がギリシャに紹介された時期であることを裏付けてもいるのです。

ギリシャ人が本当にメソポタミアに至ったのは紀元前331年10月1日、アレクサンドロス大王の軍隊がペルシャ軍を征圧しまもなく、勝利を喝采しつつバビロニアに乗り込んだ際でした。ほどなくして数千のギリシャ人が征服直後立ち上がった新たな都市を訪れそこで学び、あるいは住むに至りました。多くの人々が占星術を学び占星術学校は繁栄しました。のちにギリシャ人により言及された2人のバビロニア人教師が存在したことが考古学者たちにより証拠づけられ、それはギリシャ人たちにキデナスと呼ばれたキディンヌとナブリアノスとして知られるナブ＝リマンヌでした。※23　古典時代の著者であるストラボによればウルク、ボルシッパにも学校はあったようです。※24

紀元前323年にアレクサンドロス大王が亡くなると、帝国は彼に仕えた将軍たちにより分割されました。バビロニアで最終的に勝利したのは紀元前311年4月3日以降「セレウコス時代」を築いたセレウコスでした。

ギリシャ人は個人、ならびに個人の自由とかかわりがありました。彼らの思想上の伝統は独立した国家としての都市にその礎があり、それは紀元前4世紀半ばまで続いた、あらゆる中央集権的権力に屈しないというものでした。彼らは自由とすべての権威に疑問を付すことになじんでいましたが、これとは対照的にメソポタミアの伝統は保守的で、強力なまでに中央集権化した社会で成り立ったものでした。結果、ギリシャ人は理論を導入しましたが、彼らは天の動きを予知するのに満足せず、それらの動きが〝なぜ〟そうなるのかを知りたがりました。彼らは自然界での出来事の合理的、知的な説明を求めました。これら相違は彼らの天文学に対する反抗的態度に見いだすことができ、一方バビロニア人は理論にはほとんどこだわりを示しませんでした。ギリシャの天文学者たちが天体の位置を予知する専門的技術を探し求めた一方、バビロニア人は昇り・沈み、逆行、留そしてオポジション、すなわち衝など天体の周期の中での出来事を計算できることに満足していました。※25

このヘレニスム時代のあいだ、大いに注目された占星術と天文学の「科学的」側面を見いだすことに私たちは驚くべきではないでしょう。この時代以降残存した数多くの日記がこのことを証明しています し、セレウコス時代の4年目にあたる紀元前307年からの天文暦の原本も完全なものではないとは言えこれを証明しています。※26 失われた断片が見いだされれば、セレウコス時代の初年度からのそれらの存在がおそらく証明されるでしょう。これら原本は数百年続き、最近のものはセレウコス時代の353年、すなわち紀元後42年で、聖パウロが自身のキリスト教信仰をアンティオキアで伝道し始めた頃です。※27 実際この頃までにバビロニアは永くパルティアの支配下にあり、セレウコス時代にまで書字板を継続した書記たちはたぶん政治上の様々な重要点を記してもいました。

またこの頃から、星座と獣帯の外観が描かれた唯一の図版で有名なものを含む原本も出ています。三日月の「角」とおうし座とのあいだに立つ月神シンとともにある、プレアデスの7つの星を描いたものもあります。[※28] ふたつ目のものには正面に八か条八端星として描かれた木星とヒドラ、ならびにその上に立つしし座があります。反対側には水星、スピカ、とうもろこしの穂を持つ女性として描かれたおとめ座があります。[※29] これら図版の下は12分割がなされた上、それぞれに獣帯の宮が充てられ、宮それぞれは小獣帯すなわち2．5度ずつあるいは2日半ずつに細分化されています。最後に獣帯の宮それぞれには、占星術上の重要性にかかわる寸評が付されています。[※30]

ベロッソスはバビロンにあるベルの聖職者でしたが、紀元前281年のあるとき西に向け出発し、知性の中心地としての名声をすでに得ていたコス島に落ち着きました。バビロニアの占星術上の伝統の知識のすべてをコス島に持ち込み揺るぎのないものとしたのはベロッソスで、これによりギリシャ人は占星術を学ぶことができるようになりました。プリニウスによれば、彼はその占いと未来予知によりアテネの人々が称え像を建てたほどの名声を勝ち得ました。[※31] その後紀元前264年に亡くなったゼノンに始まるストア派の哲学者たちが占星術を承認したことにより、占星術はギリシャの知的世界へと急速に広まりました。

個人の出生ホロスコープが出現したことによる見方の変化に伴い、新たな分析的手法が発見される必要があったことを占星術師たちは承知していました。これが実演されたものはウルクで見つかったセレウコス時代とのみ記載があり日付はない書字板でしたが、それは現代でいうところの「クック・ブック（料理本）」にじつに似たもので、天体同士の組み合わせに基づく未来予知が系統立てて一覧表記されたものです。これは成文化された新たなタイプの標準的教科書で、しかも『エヌマ・アヌ・エンリル』とは異なりネイタル占星術に基づいたものが発展したことの証拠となり得るものでした。

木星が出てきて、金星が沈む際生まれた子供は以下に述べることがうまくゆくでしょう。すなわちそれは彼の妻が去ることです。

木星が出てきて、水星が沈む際生まれた子供は以下に述べることがうまくゆくでしょう。すなわちそれは彼の長男が亡くなることです。

木星が出てきて、土星が沈む際生まれた子供は以下に述べることがうまくゆくでしょう。すなわちそれは彼の敵が死ぬことです。

木星が出てきて、火星が沈む際生まれた子供は以下に述べることがうまくゆくでしょう。すなわちそれは彼が敵の敗北を目の当たりにすることです。

金星が出てきて、木星が沈む際生まれた子供は自身よりも強い妻を娶るでしょう。

金星が出てきて、土星が沈む際生まれた子供は長男を亡くすでしょう。

金星が出てきて、火星が沈む際生まれた子供は敵を捕えるでしょう。※32

こういった手順は（未来予知ではないとしても）現代の占星術家たちにとってなじみのあるもので、ここではオポジション、衝のアスペクトから予期される影響の一覧が書かれています。ここで紹介した木星、金星にまつわる文章と同様の水星、土星そして火星の文章は原本のどこかで増補されており、また出生時点で現れた恒星の影響もいくつか論じられています。

この書字板からふたつの質問が浮かびます。まずこういった衝の一覧があるのであればどこかにいまだ認識されるに至っていないコンジャンクション、すなわち合のアスペクト、そしてトライン（120度）、スクエア（90度）あるいはセキスタイル（60度）といった他のアスペクトの一覧もどこかにあるのかということです。

ふたつ目の質問は原本にも書かれている出生時点での恒星の上昇の一覧から推測されるもので、出生時点で上昇する獣帯の宮、すなわちアセンダントという概念にまで踏み出すにはどれだけのことがなされるべきかということです。それは私がここでこれ以上論じることではありませんが。

よくあることですが、あいにく証拠が不足しているのです。アセンダントを用いているのがわかる占星術のチャートの起源をなすものの具体例が、紀元前4年までのもののみなのです。（＊6）しかしながらおそらく文献上の証拠により、アセンダントの最初の利用の日付は少しでもさらに昔へと遡らせ得る可能性があり、ローマ皇帝ネロならびにウェスパシアヌスに仕えた占星術師バルビリウスは初期のふたつのチャートについて書いており、それらは紀元前72年12月27日ならびに紀元前43年1月16日のものです。彼はそれら双方にアセンダントをもたらしていますが、この資料の拠り所はティベリウス、クラウディウス両皇帝に仕えた彼と同じ占星術師で、彼の父親であるトラシュロスである可能性があります。ネウゲバウアー教授によれば、計算によると紀元前22年より前ではなくさらに後のものであるとのことですが、アセンダントがローマ帝国時代の占星術の実践へ導入され、10年ほど経たことをそれら資料は示しているのです。※33

この頃までにアレクサンドリアとアテネは、バビロンに代わり学びと宗教とが混交した大いなる中心地となっていました。のちに新プラトン主義あるいはヘルメス主義の哲学者として知られるに至った、ピタゴラスとプラトンの伝統に学ぶ哲学者たちは『ティマエウス』などで学びを継続し、後者にとってはヘルメス・トリスメギストゥスに帰せられた文章は至高の真実の福音でした。これら神秘主義的な哲学者たちは、キリスト教徒たちが最終的に彼らの活動を支持できなくなるまでは、古典知的世界において大いなる推進力を有する人々でした。しかし彼らはいまだにバビロニアの占星術への敬意を有していました。彼らの構成員のうち最も偉大な人物の一人で5世紀のアテネのアカデメイアの長でもあったプロクルスは、プラトンの『ティマエウス』への注釈の中でバビロニアの占星術師について触れ、「彼らの観察は宇宙の周期の全体を網羅し、未来予知は個人、政治上の出来事の双方において反駁できないものである」[※34]と記しています。

プラトン主義のアカデメイアとして知られるアテネの学園は、ユスティニアヌス帝の要請により529年閉鎖されました。キリスト教徒に激しく追跡された最後の哲学者たちは東へ移動し、ペルシャ王の宮廷に一時的に身を寄せ留まりました。自身の状況を性分に合わぬものと判断した彼らは、ペルシャを離れあてもなく旅立ちました。彼らが自身の最後の避難所として見いだしたのは、城壁に囲まれた月神の都市ハッラーンであったと言われています。[※35]

＊1　ガッド著「ナボニドゥスのハッラーン銘刻」47、49、51、57そして59頁参照願います。「神々の王であるシンよ、神々、女神たちの主たちの中の主よ」の文は65頁にあります。

＊2　サックスとハンガー共著『天文学上の日記』巻1、55頁参照願います。ファン・デル・ワルデンは著書『立ち上がりつつある科学Ⅱ』125頁で紀元前419年のそれに触れていますが、1974年に出版された発言はサックスとハンガーのそれに取って代わりました。

＊3　この書字板に損傷があるゆえ、数多くの文字が不明瞭であるとサックスは書いています。サックス著『バビロニアのホロスコープ』57頁参照願います。

＊4　ゴルマンはより一般に受け入れられている説である紀元前569年に対し議論を投じ、この年を選んでいます。ゴルマン著『ピタゴラス』49頁参照願います。

＊5　これはまた神性に対する態度の変化を証言しており、天文学者たちはもはや天空を神々の意思を示すものとは見ませんでした。

＊6　ネウゲバウアー、ヴァン・ホアゼン共著『ギリシャのホロスコープ』17頁参照願います。これはオクシリンコスで出土したパピルスのひとつで、さそり宮が上昇する午前9時頃出生のものです。

訳注

16－1…"horoscopy"

17　ハッラーン　寺院の都市

ハッラーンはペルシャ湾から地中海に至る古代の道を監視する位置にある町です。数千年にわたりバビロニア人とアッシリア人が自身の王国を広げるにつれ、この都市はその指令を下し得る位置から商業上ならびに軍事上重要なルートに利益をもたらしながら富と力とを蓄えてゆきました。

この都市は千年紀を生き延び、バビロン、ニネヴェそして他の多くの古代の王国の町々が滅びるのを目撃してきた政治・経済の変遷にわたり、貿易上重要かつ伝統に忠実であり続けました。その最後は大いに延び、ニネヴェの最後よりほぼ1900年後まで生き永らえました。十字軍の時代である1259年、ハッラーンはその2年前イスラム国家に荒々しく降りかかったモンゴル軍の残党により乗っ取られました。1271年、モンゴルの推進力は敗走しましたが、ハッラーンは「鳥たちが自身の巣のために」[※1]顧みるのみとなりました。

今日のハッラーンのすべての遺跡は、古代のエデッサであるウルファの南東約25マイルにある、トルコ南部の砂漠での寄る辺なき粉々に砕けた遺跡群となっています。近くの村には古代の市民の末裔たちが住んでいます。しかし今日の経済上では取るに足らないながらも、イスラム教、ユダヤ教そしてキリスト教の伝統においては族長アブラハムがウルからカナンへの旅で立ち寄った土地として崇敬され続けています。

しかしながら古代ではその商業上ならびに戦略上の重要さにかかわらず、ハッラーンの真の名声はその信仰上の重要性のうちにあり、月神シン崇拝の中心地でその寺院は古来では最も有名なもののひとつでした。

のちのキリスト教ならびにイスラム教時代のあいだ、ハッラーンはますます他宗教に不寛容となって行った一神教信仰へとすっかり転換させられた地域にありつつ、異教の灯として光り輝き続けました。それは天体に捧げられた都市であり続け、都市を囲む城壁4キロメートルの範囲内に太陽、月そして各天体向けの7つの寺院を設けていました。

ハッラーンでは古代メソポタミアの学びの一部が中世時代まで維持され、徐々にそれらは増えてもゆきました。イラン人、エジプト人、ギリシャ人そしてローマ人らを起源とする影響がハッラーンにもたらされ、バビロニアにより培われたその土台にそれらの知識は積み重なってゆきました。しかしこれらより新しい影響のすべては古来からの宇宙観としての概念に役立てられ、すなわち天体は神性の活力の暗渠で、その活力は必須の知識を得るべく鍛錬を経た人々なら誰でも用い得るというものでした。

ハッラーンの星の寺院それぞれは、神々の影響を自身のうちに引き降ろす「タリスマン（護符、お守り）」の類型でした。古代バビロニア人ならびにアッシリア人は、神が自身の像のうちに内在すると信じていましたが、ハッラーンの都市の建設者たちはその発想をさらに一段階先へ進めていました。神像のみならず寺院の構造すべてに、その寺院に捧げられた天体にかかわる神の存在が吹き込まれつつ建造されました。

タリスマン魔術において神位の力は集結した形で宿るべき物質的対象へと引き込まれ、あるいは力づくで潜ぎつけられます。ハッラーンの建築物の場合、その目的は寺院内に巡礼・崇拝するあらゆる人々を心から魅了する神性力を作り出すことでした。それはおそらく上空からの力を拡大し、結実する気高く大きなレンズに似たものでしょう。

キリスト教の脅威にさらされつつあった異教の古典世界を通じて、ハッラーンの寺院は名声を得ていました。キリスト教を奉じていたローマとコンスタンティノープルの皇帝たちにより、異教信仰が排斥されてから後もハッラーンの寺院は機能し続けていました。これまで述べてきた通り、アテネのプラトン学園の閉鎖に伴い、教師であるダマスキウスとシンプリキウスは自身の仲間とともに亡命し避難所を探し求めました。ここ最近まで彼らの運命は謎であり続けましたが、1986年、フランスのミシェル・タルデュー教授はアラブの著述家であるアル＝マスディ※2がそこを訪れた際、彼らが最終的にハッラーンに落ち着き少なくとも10世紀まで存続したプラトン学園をそこで築いたことを受け入れて良い理由を得ました。

キリスト教信仰は、じきに福音のイスラム教に取って替わられましたが圧力は継続しました。数多くのアラブの著述家たちがハッラーンの寺院に意見を述べていますが、あいにく彼らの評価はつねに符合するものではありませんでした。これら寺院での人間の犠牲に関する彼らの短い余談も同様に符合する

ものではないので、これらはすべて懐疑的に受け取られるに違いありません。（＊1）

ハッラーンにとって中心となるのは月神であるシンの寺院でした。これは3段の台座の上に銀製の偶像を有する円、五角形あるいは八角形のものなど様々な形で描写されていました。関連する色は白でした。この寺院は破壊され紀元前千年紀のあいだ3度再建されましたが、アラブの著述家によれば最後の建造は回教徒が建てた1032年のものでした。古典世界での女性である月の神位セレーネー崇拝以降、月〝神〟への崇拝が永く続いたはずであったのは興味深いです。

シンの寺院に加え、ハッラーンの城壁の向こうには少なくともひとつ、あるいはふたつ別の寺院がありましたが、それらのうちのひとつはおそらく最初はシンの配偶者（ニンガル）でのちにセレーネーに帰せられました。ローマのカラカラ帝が暗殺された217年頃のことでした。

太陽の寺院は四角い金色のものとして表現されていました。その神の像は真珠が吊るされ王冠をかぶった金色のもので、6段の台座の上に立っていました。関連する色は黄色でした。

水星の寺院は外側が六角で内側が四角でした。偶像は他のすべての金属が混ざった合金でできており、その中空には水銀が詰まっていました。4段の台座の上に立ち、関連する色は茶色でした。

金星の寺院は二辺にくらべ一辺が長い三角形でした。偶像は5段の台座の上に立ち、銅でできていました。寺院の内外に塗られた色はおそらく青でした。寺院の内部には多くの様々な楽器がありましたが、これらは白装束に身をまとった女性の従者あるいは女司祭に頻繁に演奏されました。

火星は赤い長方形の寺院で、外か中かは不明ながら壁には武器が吊るされていました。像は鉄製で7段の台座の上に掲げられていました。

木星の寺院は三角形の土台上にとんがり屋根付で建てられました。建設に用いられた石は緑色で壁も同じ色が塗られていました。像は錫《すず》でできており、8段の高座上にかかげられた玉座上に座していました。

最後に土星の寺院は六角で黒い石でできていました。状況ははっきりしませんが、メッカのカーバ神殿のように外側か内側のいずれかに黒い幕が吊るされ偶像は鉛製、9段の高さの高座上に掲げられた玉座に座していました。※3

これら天体の寺院はハッラーンの心臓部をなしましたが、他にも「最初の原因」を守る寺院、「最初の理由」を守る寺院、「世界の秩序」や「必要性」に捧げられた寺院、そして「魂の寺院」などの様々なものもありました。※4　水星の寺院に加え、ヘルメス・トリスメギストゥスに捧げられたものもあったようです。※5

ハッラーンの城壁のうちに残存した最後の星の寺院は中世時代に破壊されましたが、それを1063年から1086年までにあったとした寸評家もいました※6し、別の人物は月の寺院でモンゴル軍の侵略まで存続したものもあったとする者もいました。※7　しかしながらこれについての真実がどうであれ、ハッラーンの城壁の向こう側には1200年頃にも少なくともひとつの異教の寺院がありました。※8

興味深いのは12世紀初めから1146年まで、エデッサの近くの国が十字軍に守られていたということです。彼らは国の傍らに自由に広がっていましたが、ハッラーンそのものを手中にしようとはしませんでした。これらヨーロッパの騎士たちはこの地域特有の異教信仰、文献そして儀式を暴いてきました。

西洋の職人たちがハッラーンへの道を見いだしたこと（＊2）を示す、十字軍のやり方で彫られた装飾的アーチ道が考古学上明らかになりました。これら古代信仰が西洋への道をどの程度見いだし得たのかは、興味を引く歴史上の謎です。確かなのはこれらの思想が、コンスタンティノープルにまで至ったということです。

★

ハッラーンは徹底的な発掘作業を経ていませんでした。最初にそこを訪れたのは19世紀のヨーロッパの考古学者で、以降トーマス・エドワード・ローレンスを含む数多くの学者たち、愛好家たちが訪れました。発掘は行われませんでしたが、遺跡がいくらか調査されました。

最初の科学上の調査が開始されたのは1950年になってからでした。その年の7月9日、英国の考古学者であるセートン・ロイドとウィリアム・ブライスが、包括的な現場調査ならびに碑銘の筆写のため3週間留まりました。彼らはその段階では発掘を行うつもりはありませんでした。※9

ロイドとブライスは城壁ならびに門、城の遺跡そしてサラディンの碑銘のある大きなモスクを調査し地図を作製しましたが、ハッラーンの多くの寺院の残余までは見いだしませんでした。彼らは「私たちの目に入るものの主たるものはイスラム教のものです」※10と報告しました。唯一の例外は、のちのイスラム構造物の一部として建てられた大きなバシリカの教会でした。彼らはイスラムの石工により再利用された彫石、あるいはギリシャかアッシリア時代のものである可能性がある少しばかりの陶器の破片といった、より古い時代の占拠の跡を見いだしました。しかしながら組織立った発掘によってのみ、イスラム時代以前のものは見いだし得ると彼らは結論づけました。

翌年の5月、英国の考古学者であるD・S・ライスにより当地への旅がなされました。[※11]彼は城の南東の門を部分的に発掘し、現地の住人が見いだした碑銘で残存したものの一部を復刻しましたが、それは1059年のハッラーンの統治者の記録であることがわかりました。これがこの時着手されたフィールドワークで唯一大きなものでした。

ライスはイングランドの4人の同僚ならびにトルコ博物館の2人の館員に連れ出され、1959年7月まで戻りませんでした。彼らは13ばかりの壕を切っている大いなるモスクを発掘しました。彼らは遺跡で「″E・フル・フル″についてはシンの寺院、天空と地上の光の王、主よ、私はそれをじつに大いなるものとしました」[※12]と翻訳された楔形文字の書字板の小さな断片を見いだしました。ライスと彼の同僚たちは、それらがシンの寺院に近いところにあったと結論づけました。

彼らはそれらに関連するかもしれないさらなる興味深い発見をし、中世イスラム時代の住居用建物の遺跡の下を掘ると鉄器時代の遺跡を含む地層に至りましたが、そこには建造物はありませんでした。記録にある唯一の建造物はレンガの壇でした。彼らは中期青銅器時代の遺跡を含む地層を掘り下げるまで、住宅の遺跡に至りませんでした。おそらくこの壇は古代の寺院の中庭の一部でしたが、シンの寺院のそれではないでしょうか？

考古学者たちは寺院のひとつを見いだす寸前まで来ていたようであり、多くの愛好家たちが他の一連の発掘の力添えをしていたと考えられ得ますが、以降27年ものあいだこれら以上のことは何も起こりませんでした。そうしているうちにライスは１９６２年に亡くなりました。そして１９８６年にローレンス・ステイガー教授のもと、シカゴ大学東洋研究所からのアメリカの遠征隊がモスクならびにその近辺の発掘作業を行うべくハッラーンに到着しましたが、予期せぬことに全構成員が現場に到着する前にトルコの権威たちが割り込み、アメリカの教授は直ちに全発掘をあきらめるべきと主張しました。崩壊したモスクと近くのイスラムの墓地は、ショベル一杯分の西洋の不信心者たちから守られた現場と見なされており、おそらくこの瓦解の結果以来、西洋の学術関連の人々がハッラーンに戻ることはないとすら考えられました。トルコの学術関連の人々も同様に、彼ら自身の理由によりそこを顧みませんでした。それ以降白日の下にさらされ研究された寺院はないようです。

ハッラーンの異教徒たちは歴史上「サービア教徒」として知られています。この名称がどのようにもたらされたかについては、現存する物語で語られています。※13 ８３０年、バグダッドのカリフが対ビザンティン軍、軍事行動の途上ハッラーンで休息をとった際、興味深い装束に身をまとった人々が混雑の中現れこちらに向かってくるのに気づきました。明らかに回教徒ではなかった彼らに、素性ならびにいずれのコーランの法に守られた者か尋ねました。イスラム教徒が預言者と認識している古代のあらゆる名士たちに帰する神聖な文章に基づき創設されたユダヤ教、キリスト教など他宗教の人々である「啓典の民」をイスラム教徒たちは黙認していますが、これら奇妙な装束の住民は自身はハッラーンの者であると名乗りました。この返答に満足の行かなかったカリフはさらに詰問し、ユダヤ教か、キリスト教かあるいはマギなのか問いましたが、彼らはそれに対し明言しませんでした。これにいら立ったカリフは彼らを異教徒と断じ、処刑の法を施行することも辞さないとし、自身が軍事活動から戻る際まで回教徒か「啓典の民」のうちのいずれかに改宗しないのであれば、彼らを脅かし殺すだろうとしました。

困惑した彼らの多くがイスラム教かキリスト教に転向しましたが、サービア教徒はコーランで認められた民であると忠告するイスラム法の専門家を雇った者もいました。カリフは戻る前に亡くなりましたが、ハッラーンの異教徒たちは自身をサービア教徒と名乗り続け、イスラムの権威たちから認識・黙認されていました。

しかしながら自身の新たな地位をまっとうするためには、彼らが聖書と考える書を示すことが要求されました。イスラムの著述家によれば、彼らはヘルメス・トリスメギストゥスに帰される書の集成である、『ヘルメティカ』の見本を聖なる図書として提示したということです。※14

1、2世紀のあいだローマ帝国の知的世界に重要な変化が起きました。論理に基づいた議論で説明された哲学よりも、むしろ神性にまつわる経験的知識を求める哲学に一層かかわってゆく哲学者たちが現れました。この運動の起源は正確にはわかっていませんが、こういった哲学の撚《よ》り糸が哲学学校で学ばれる公式科目の閾下《いきか》で居残っていたようでした。たしかにピタゴラス思想の復興は不可欠で、それらはのちに新プラトン主義の傘下に収まりましたが、それはおそらく中世にヘレニズムの都市で教鞭を取っていた「裸行者」と呼ばれるインドのヨギの影響でした。加えてエジプトからの強い影響もあり、それらの寺院は引き続き活動していました。最後に異教ならびにキリスト教の双方と、密接な関係のあったグノーシス主義がありました。（＊3）

現在では「ヘルメス思想」と呼ばれるこの新たな哲学的文献に対する疑問の余地なき最初の論及は、3世紀後半に活躍した新プラトン主義者ポルフィリウスの書きものに現れています。※15　この執筆運動は〝ヘルメティカ〟として知られ、主に架空の人物である主人ヘルメス・トリスメギストゥスとその生徒たちとの会話として表現されていました。これらの会話により、ヘルメス思想が会話そのものにより超越された哲学的宗教であること、そして生徒たちが真実を恍惚を伴う形であるいは〝グノーシス〟を経験することがわかります。ある会話でヘルメスは「すべての物事は一であり、一はすべての物事がそれらを作る前から創造者の中にあるということがわかっているすべての物事です」※16と述べています。ヘルメス・トリスメギストゥスの『ポイマンドレース』には「『私は……学びます』と私は言い、『それであり、それ自身の性質を理解し神の知識を得る物事』……彼［ヘルメス］は答えました。『私はあなたが望んでいるものを知っています……。あなたが学びたいと望むすべてを頭に入れておきなさい、そうすれば私が教えてあげます』この導入ののち、生徒は膨大かつ絶えることのない展望を経験しましたが、それは純粋な光に変わり生徒が言うには『光から聖なる言葉がやって来……。この言葉はその光の声でした』そして教師は『さああなたの考えをその光に集中しなさい……そしてそれを知るようになさい』」※17

これらヘルメス的作品が広く行き渡ったのは1970年代でしたが、古代コプトの原本の集成がナグ・ハマディ近くのエジプトの砂漠で見つかり、それらは発見場所の名を冠されました。これら原本の多くはグノーシス主義のものでしたが、その中にはコプト語で書かれた『アスクレーピオス』のふたつの断片を含むヘルメスの小冊子もありました。（＊4）

ふたつの伝統のあいだに緊密な関係性がありながらも、プロティノスに始まる他の古典的新プラトン主義者たちがヘルメスの原本に言及していないのは興味深いです。彼らは神秘主義において共通の興味を分かち合い、さらに「グノーシス主義」的な経験にともにかかわっていた一方、グノーシス主義そのものとは異なっていました。グノーシス主義者たちは世界が悪、堕した神位の創造物であるがゆえに克服されなければならないとの考えを有していましたが、新プラトン主義者たちとヘルメス思想者たちは世界を神の創造物が表現されたもの、そのいずれの部分もがこの神性で満たされているとしました。彼らは世界を愛していたのであり、グノーシス主義者たちは世界を憎んでいたのです。

ギリシャ、ラテンの学者たちが知る限り、これらヘルメス思想の原本は550年頃まで広く行き渡り、のちに姿を消しました。それらが次に現れたのは、アラブあるいはシリアにいたハッラーンのサービア教徒の手においてでした。グリーン教授は考証が困難であったにもかかわらず、「ハッラーンはおそらくヘルメス思想をイスラムにもたらす上での入口のひとつとしての役割をほぼ果たした」[※18]と述べています。

『ヘルメティカ』を聖なる教科書とし続けていたハッラーンのサービア教徒たちは、自身の星信仰にまつわる他のすべての教えを慎んではいませんでした。実際彼らは自身の上演目録として新プラトン主義、占星術そして魔術思想の他にヘルメス思想を加えました。（＊5）それはたやすかったのですが、なぜならヘルメス思想がハッラーンですでに実践されていた、タリスマン魔術と調和した強力な魔術的要素を有していたからです。そしてこうした環境からハッラーンで書かれたであろう『ピカトリクス』という魔術作品が出来しました。（＊6）実際の編纂場所がどこであろうと、それはサービア教徒の広範な影響が漏れ出たものとなっており、古代世界からのすべての魔術、占星術を新プラトン主義ならびにヘルメス主義の枠組に置いています。[※19]

この作品はまず魔術の実践が神の力が吹き込まれている物体を含むものであり、そのための最善の策が魔術的タリスマンの作成だと説明しています。魔術師はすべての星の影響を調停し、統率する必要がありました。『ピカトリクス』は魔術師たちの教科書なのです。（＊7）

バビロニア占星術が決して決定論的でなかった一方、ギリシャの、特にストア派の影響下にあったそれは決定論的でした。魔術は明らかに運命づけられた未来予知から抜け出す方法をもたらしていましたし、星の影響が魔術師たちに有利になるよう働きかける機会をもたらすものでした。これはもちろんバビロニアのナムブルビの儀式が悪いことに対し行ってきたと推測されることそのもので、バビロニア人はたとえば出産や恋愛など自身の生活のすべてにおいて用いられた他の魔術儀式を有していました。

さらにこれらタリスマンの利用は神々が自身の像に内在するという、バビロニアの概念に類似しています。神の存在は日々の務め、すなわち彼らへのお供えなどを通じ偶像中に維持されました。バビロニアでの実践が少なくとも『ヘルメティカ』で表現されている概念の一部の背後にあることは会話の一部で明らかにされており、それによれば古代人たちは神性の「魂に呼びかけていた」、そして「ある神聖な儀式を用いそれらを像の中に吹き込んだ」[※20]のだそうです。生徒であるアスクレピオスはヘルメス・トリスメギストゥスにこれらの神々がどのように像の中に住まうのかを尋ねると、ヘルメスはバビロニア、あるいはアッシリアの聖職者たちが数千年前に行ったことであるが、と前置きし次のように答えました。

それらは……なにか神性を有するものを含むハーブ、石そして香水を用い引き起こされます。そしてなぜ犠牲が讃美歌と称賛、天空の調和を模した甘美な音の旋律とともにもたらされたかご存知ですか？　これらは最後まで行われ崇拝が何度も繰り返されたことで喜ばれ、その像のうちにある天空の存在は永きにわたり人間との交わりに黙って従い続けるかもしれません。こうして人間は神々を作り出すのです。※21

ハッラーンのサービア教徒たちはタリスマンをつくり日々の生活に影響を及ぼし、これを促進する最善の手筈に執心していました。この手筈を整えることが『ピカトリクス』にかかわっていることです。原本にあるように、効果を存分に発揮するためにタリスマンは天で起きている出来事と調和した形で用いられなければならず、そのためには占星術を徹底的に研究、または経験を通じそれに十分精通する魔術師が必要になってきます。占星術上の似たような知識がタリスマン作成の過程で必要不可欠ですが、それらを用い拠り所とする上で天体の動きから選ばれた特定の時間、それらが作成され用いられる上でふさわしい時間があります。

しかし『ピカトリクス』はこれよりさらに先を行っています。それは魔術的なもの、無意識的なものから変容に向かい、タリスマンの魔術的利用と錬金術上の万能薬の利用とが比較される、すなわち錬金術上の手順がつつがなく完了するとともに錬金術師たちに変容がもたらされるのと同様、魔術師たちも変容のプロセスを辿るというものです。タリスマンを正しく作成することにより、ヘルメスの会話にあったような超越的経験が喚起され得るのです。正しく建設された寺院は神性の〝崇拝〟の家でなく神性が〝経験される〟家なのです。しかしそれらがハッラーンでどれほど成功していたものであったかについては、私たちには知り得ないでしょう。

『ヘルメティカ』はヘルメス・トリスメギストゥスに帰された文章の大全に与えられた名前です。これらの文章は多くの世紀におよぶ数多くの著者たちの作品群でした。それらは首尾一貫した内容ではありませんでしたが、相違点よりも共通点を多く有していました。原稿の幅広さから『ヘルメティカ』の「集成」の多くが同一の会話から成っていたというのはありそうもないことです。これは変わる方向へ向かい、私たちが今日有する版は正典の集成という形態を有しています。現代の形態は、15世紀初頭のヨーロッパにやってきた集成の原稿の大元からの日付を有しています。しかし、この形態はコンスタンティノープルでまとめられたより古い編集物からもたらされました。たいていの学者たちはこの集成の最もふさわしい編集者は、中世の著名な学者であったマイケル・プセルスだとしていました。※22

プセルスは11世紀のコンスタンティノープルでじつに卓越した地位を得ており、国の秘書かつ哲学教授でもありました。彼は新プラトン主義研究の復興の道を開き、その著名ぶりはアラブ人やケルト人たちが学ぶためにわざわざ彼のもとを訪れるほどでした。※23　１０５０年頃、彼はヘルメス風の原本で損傷のある原稿を発見するか受理するかしました。おそらくシンの寺院であろうハッラーンの大きな月の寺院の破壊があってからさほどの時間は経っていなかったので、それは重要なことだったかもしれません。

この時期以降ヘルメス的作品はますます重要性を増してきていました。それらは新プラトン主義の知的環境の一部となりましたが、これはアテネのプラトン学園の時代にもなかったことでした。

コンスタンティノープルは1453年5月29日火曜日早朝のアラブ人による捕獲まで、新プラトン主義ならびにヘルメス主義の研究の中心地となっていました。7年ほどのちに『ヘルメティカ』の原稿がフローレンスにあるコジモ・デ・メディチの図書館に到着し、フローレンスではコジモの庇護のもとプラトン思想の復興が起こりました。コジモの保護下にあった学者マルシリオ・フィチーノはプラトンの図書集成の編集に携わり、それらの翻訳に臨むところでしたが、1463年コジモはフィチーノにすべての他の活動をやめ『ヘルメティカ』を翻訳するよう主張しました。コジモの死の数ヶ月前にフィチーノは、その完訳をコジモに手渡すことができました。フランセス・イェイツ博士が述べている通り、「これは風変わりな状況でした。プラトンのすべての仕事が待機しており、それらはフィチーノがヘルメスを迅速に翻訳し終えるのを待たなければなりませんでしたが、それはおそらくコジモが生きているうちにフィチーノにそれを読み聞かせたかったからです。3倍偉大であるというヘルメス・トリスメギストゥスの神秘的なまでの評判に対する、なんという証言なのでしょう」※24

マイケル・プセルスが個人的に有していた筆写からのものと信じられていた『ヘルメティカ』のフィチーノの翻訳は、ヨーロッパ文化の根底から影響を及ぼすこととなりました。この時期についての主導的専門家の一人であるフローレンスのイタリア人エウジェニオ・ガリン教授はきっぱりと次のように述べています。「フィチーノによるヘルメス主義文献翻訳の膨大な重要性ならびに影響につき、十分述べることのできる人物はいません」※25 それはルネサンスを促進した触媒のひとつと証明されるものでした。

＊1　ハッラーンの寺院にまつわる記述向けのヨーロッパでの基礎となる情報源は、チウォルソン著"Die Ssabier und der Ssabismus"を参照願います。これはいまだ英訳されていないままです。翻訳された短いくだりは存在し、ステイプルトン、アゾそしてフサイン共著「10世紀のイラクならびにペルシャでの化学」398〜403頁参照願います。より最近の要約としてコレルストロム著「ハッラーンの星の寺院」47頁以下参照願います。タラマ・グリーン教授の作品『月神の都市』はこれまでの学術上での多くの不確かであった事が網羅されており、ハッラーンのうちに擁されていた知的文脈が探索されています。

＊2　このアーチ道の存在とは別に、かつてロイドとブライスが行ったような十字軍がハッラーンを擁していたとの推測の証拠となる文書はなく、実際すべての証拠からはむしろその逆のことが推測されるほどです。それにもかかわらずこのアーチの存在は説明を要するもので、南西塔と境を接する城の部屋に見いだされました。この部屋は「この建物の歴史における晩年に」再建されたのだそうです。このアーチ道は元々1149年にヌールッディーンにより破壊された、エデッサにあるハギア・ソフィアの大聖堂からもたらされたのかもしれず、ヌールッディーンは自身が増補していたモスクでの建設作業向けに多くの石をハッラーンに運んだ人物でした。これら石の幾分かは城の建設用にも用いられたと想定するのは理由のないことではないでしょう。ロイドとブライスの共著「ハッラーン」79、102頁ならびに103頁のイラスト参照願います。

＊3　ヘルメス思想の起源にまつわる議論については、イェイツ著『ジョルダーノ・ブルーノとヘルメスの伝統』4〜7頁参照願います。

＊4　この図書館にはプラトンの『共和国』の一部ならびにヘルメス・トリスメギストゥス著『8番目、9番目の講和』に触れている別の小冊子も有しており、ヘルメスの著書はヘルメス崇拝者による『神への謝恩の祈り』

＊5　ロビンソン著『英語でのナグ・ハマディ図書館』300～307頁参照願います。ハッラーンから多くの資料を得た著述家による中世スペインの魔術教科書の起源（メソポタミア、エジプト、イラン、インド）をたどったディヴィッド・ピングリー教授の重要な作品で、ピングリーはハッラーンのサービア教徒とカリフのマアムーンとの出会いが830年頃であるとの自身の信念を重要なものとし、ハッラーンの作品が醸し出す内容に変化があったことを紹介しています。彼が述べるに、ハッラーンで用いられた魔術には悪い力はなく、むしろ良い力として働いたとのイスラムの権威を説得する必要があったことを述べています。結果、サービア教徒の人々はより霊的、かつ積極的な枠組に魔術の実践を置いた「にせのヘルメス作品」を作成し始めました。ピングリー著「〝ガヤト・アル＝ハキム〟のいくつかの起源」15頁参照願います。彼の議論の正否がいずれにせよ、『ピカトリクス』がたしかに霊性の奉仕へ魔術を正しく置く作品の一例です。

＊6　イェイツ著『ジョルダーノ・ブルーノ』54頁参照願います。グリーン著『月神の都市』179頁参照願います、そして『ピカトリクス』中の天体崇拝者とハッラーンのサービア教徒とのあいだに、緊密な関係性が存在したと（438頁で）述べているハートナー著「『ピカトリクス』付記」参照願います。彼はまた作品すべてがハッラーンを経てやってきたメソポタミアの構成要素など他文化からの多くの資料を提供している新プラトン主義の見方にその基盤を置いていることを指摘しています（440頁）。一方ガリン教授は著書『ルネサンスでの占星術』（48頁）において『ピカトリクス』が多くの古い作品を編集したものであったが、アラブ圏スペインで書かれたと推測しています。1256年にカスティーリャ王アルフォンソがアラブ語からスペイン語に翻訳させましたが、このスペイン語訳からもたらされたラテン語版は15世紀の学者たちに利用され、右記学者たちすべてがその重要性に同意していました。ガリンいわく「実際には『ピカトリクス』のラテン語版はルネサンスでの著名な作品群を理解する上で、『コルプス・ヘルメティクム』やアルブマサーの著作同様必要不可欠です」ガリン著『ルネサンスにおける占星術』47頁参照願います。

＊7　『ピカトリクス』の議論はイェイツ著『ジョルダーノ・ブルーノ』49～55頁参照願います。ドイツ語版は存在し、ヘルムト・リッテルとマーティン・プレスナー共訳"Das Ziel des Weisen von Pseudo-Magriti"です。

18 バビロンからボッティチェリへ

15世紀、キリスト教教会は混乱のうちにありました。現世での神の意思の表現は、議論により分かれました。ローマの司教を秀でたものとした法王レオ一世により、内密に成立した時ですら滑稽であったキリスト教界の結束ぶりは１０５４年、東方教会が西側と分裂し真っぷたつとなり１９６５年に無効とされるまで互いに破門し合っていました。

それ以降ローマは少なくとも15世紀まではコンスタンティノープルとの対話をやめていましたが、コンスタンティノープルがトルコからの軍事的圧力に直面した際、西側の王の援助を乞うことを決意しました。その代価はローマとの調停でしたが、それは事実上法王を認めることに他なりませんでした。

１４３８年、東側の帝国皇帝ならびに東方正教会総主教が、分裂中の教会をひとつにまとめることを目的とした教会評議会のためイタリアにやってきました。評議会はフェッラーラで始まりましたがじきに疫病に襲われ、当時法王を援助していた銀行家であるコジモ・デ・メディチのお膝元フィレンツェでの開催へと変更されましたが、すでに偉大とされていたメディチの威信はこれにより増大しました。

コジモ自身は教会の分裂にかかわりがまったくなかったこともあり、この評議会がフィレンツェ、イタリアそして自身にとって計り知れない価値を持つものとなることには気づいていませんでした。

評議会は1438年10月8日にフェッラーラで始まり、1439年8月26日に皇帝がフィレンツェを出発するとともに終了しました。合併については7月6日に話し合われましたが、皇帝が条約を自身の国民に伝えることをあまりにも恐れていました。このことは1452年、すなわちコンスタンティノープルがトルコにより陥落する前の年まで極秘とされました。評議会期間中コンスタンティノープルの総主教がコンスタンティノープルに居続けた女帝同様亡くなったこともあり、それはまったくもって時間の無駄だったように見えました。

評議会そのものがそのようなものであった一方、イタリアで評議会が行われたことは無駄ではありませんでした。東方正教会にとっては、皇帝が聖職者を含む650人以上の学者たちの集団とともにイタリアと親交をなした機会でもありました。学者たちは昔の教会の神父たちの原本同様、聖書に書かれていることの起源となる原本から引用する必要性を予期していたので、ギリシャの初期の原稿を数多く持ち込んでいました。これらの原稿すべてがキリスト教の主題にかかわっていたわけではありませんでしたが、西側ではそれまで知られていなかった他の作品も数多くあり、なかにはそれまではアドリア海をなんとか越えてきた『ティマエウス』の2、3の部分のみであったプラトンの作品が含まれていました。

皇帝とともに居合わせたこれら学者たちの中に、評議会のあいだ「プレトン」の名を冠していたゲオルギウス・ゲミストスがいました。彼はペロポネソス半島にあるミストラの自身が営む学校の哲学教師でした。反キリスト教の新プラトン主義者で反アリストテレス思想に傾倒していた彼は、ユスティニアヌス帝の異教崇拝ならびにアテネのプラトン学園双方の鎮圧以前に存在していた異教の活力を復興させるという野心的な計画を永らく心に抱いていたのであり、つまるところ名前を除くすべてにおいて異教の哲学者だったのです。

異教の実践へと逆戻りしたあらゆるキリスト教徒に死の罰が要求されたコンスタンティノープルの法が存在したため、プレトンは自身の本当の思想を内密にし、真意はミストラの彼の学校に出席した中で選ばれた「手ほどきを受けた人々」たちにのみ明かされていました。※1　フィレンツェでの彼の経験はこれらすべてをも変えることとなりました。

プレトンがフィレンツェにとってそうであったように、フィレンツェはプレトンにとって重要なものとなりました。それはじつに特別な都市で、フィレンツェの街が差し出した知的自由を探求する時間を有したことにプレトンは気づきました。彼はギリシャの聖職者たちをイタリアにもたらした忠告者の一人でしたが、実際に評議会に出席するよう要求されたわけではなかったことがわかっています。結果的に彼はかなり多くの時間にわたり、フィレンツェの人文主義者たちと過ごすことができました。

フィレンツェは人文主義の学びの中心地で、その伝統によりプレトンが表現しようとした考え向けのじつに肥沃な土壌がもたらされましたが、フィレンツェの際立った知的環境は聖職的関与ならびに束縛による足枷が外された1、2世代にわたる世俗的学びの結果だったからです。教会の教えによりもたらされた罪の意識から自由になった環境のもと、人間の品位が強調されました。教会がヨーロッパのどこかで「文化的検閲官」として振る舞うことが可能であった一方、その令状ははるばるフィレンツェにまでは至りませんでした。"studia humanitatis" という語は、〝ヒューマニスト（人文主義者）〟の語からもたらされた興味の幅を論じるものとなりました。

アリストテレスは西側の学術界を席巻していましたが、ギリシャにまつわる知識ならびに施設・便宜がますます増えていったことを受け、人文主義者たちはプラトンの作品のわずかにしか接し得なかったにもかかわらず彼の教えを強調し始めました。こういった変化は「イタリア人文主義の父」であるペトラルカがギリシャ語を学び、おそらくローマ帝国が終焉して以来、西側で初めてプラトンの作品のより多くの手稿を得るよう努めた際である14世紀に始まりました。

フィレンツェでの評議会までのあいだ、都市での先導者が人文主義者たちの援護者でなく、活発であった人文主義者たちそのものであったことは、フィレンツェ世俗界でのプラトン主義を学ぶ気風の熱狂ぶりを反映したものでした。フィレンツェでの政治的・経済的状況もまたこういった自由な哲学を推奨するもので、フィレンツェは当時共和国にしてヨーロッパで5番目に大きな都市で、ヨーロッパで最も大きな銀行であったメディチの銀行がありました。

プレトンはこの都市で自身の気性に合う生活を見いだしましたが、実際彼のそこでの滞在は自身の人生でも転機となりました。彼はフィレンツェでの経験を受け、すべての衒《てら》いをやめ異教への信仰を公にしました。未来に向けての熱意を彼にもたらした何かがフィレンツェで起きましたが、この異教信仰復興への熱意は彼をして「数年のうちに全世界は同じ宗教を奉じひとつとなるでしょう」※2と言わしめたという記録もあります。キリストあるいはモハメッドの信仰でなく、古代ギリシャの異教の神秘的伝統の復活を意味する「異邦人のそれとさほど異なっていない他の信仰」※3と彼は説明しています。彼が木星、太陽そして星々の崇拝を欲していたのは明らかです。プレトンのプラトン主義により、私たちはハッラーンならびに360年にキリスト教を拒み異教を奉じたユリアヌス帝の宗教を思い出します。プレトンは死ぬ前、公式に次のように宣言しました。「モハメッドとキリストは忘れられるでしょう。そして絶対的な真実が再び全宇宙に咲き誇るでしょう」※4

フィレンツェにいるあいだ、プレトンは自身の聴衆である人文学者たちに一連の講義を披露しました。彼は自身が憎むアリストテレスとプラトンとの違いにつき語りました。彼は普遍的な新プラトン主義という宗教への信仰について、「ひとつの考え、ひとつの魂、ひとつの説教」※5と披露しています。彼は自身の聴衆の中により多くの知識への渇望と同種のものを吹き込みましたが、その中の一人であったコジモ・デ・メディチは特に鼓舞されました。

コジモ・デ・メディチはフィレンツェにプラトンの学びをもたらすことに成功しました。それは新たなそして明らかに新鮮な知的潮流を支持することにより増してくる、満足以上のものを意味したようでした。コジモはむしろ個人的な深い興味を有しており、彼はプレトンの語ったことにじかに応え、教会によっては満たされなかった、そしてプラトンの作品の中に見いだされると彼が考えた真実への希求を自身のうちに発見しました。しかし、これは彼がヘルメス・トリスメギストゥスの作品を発見するまでのことでした。プレトンのプラトン主義ならびにプセルスの伝統への明らかな忠実さにかかわらず、プレトンがヘルメスの作品に言及したか否かはわかっていません。もちろん彼は自身の「手ほどきを受けた人々」向けにそれらをもたらしていたかもしれませんが、実際のところは私たちには確かめ得ません。

プレトンとの議論ののち、コジモは自身の残りの人生での考えを占めることになる計画を先導しましたが、それは古来の伝統下でのプラトン学園を設立することでした。しかし、彼はまず教師と教科書を集める必要がありました。あいにく1439年の夏、プレトンは東側に戻り以降西側に戻ることはありませんでした。おそらくこれを理由に、コジモの案は多くの年月のあいだ消滅に瀕していました。彼はそのあいだに自身の図書館向けのギリシャの原稿・写本を代理人に探させ、それは最終的に一万点ばかりになりました。1453年、コンスタンティノープルがトルコの軍門に下り、コンスタンティノープルを逃れた牧師や学者たちにより西側へもたらされた数ダースの原稿が現れ始めました。

4年後、ギリシャの哲学者であるジョン・アルギロポウロスがコジモ・デ・メディチの勧めでフィレンツェに旅し、アリストテレスとプラトンにつき講義を行いました。彼はコジモにとって自身の古代のプラトン学園の復興を進める上で脳裏に描いていたような人物ではありませんでしたが、彼がはるばる来てくれたことによりアイデアが次々と浮かび集まってきました。2年後の1459年、コジモは自身の主治医の息子を彼が学んでいたボローニャ大学から召喚しましたが、その少年がコジモのプラトン学園の長として選ばれた人物である、マルシリオ・フィチーノでした。

フィレンツェでの評議会が行われた際まだ5歳であったマルシリオ・フィチーノは、慈愛のさなか徹底的な教育を授かりました。彼は標準科目とは別に、ギリシャ哲学ならびにギリシャ語を音楽とともに学びました。彼は当初自身の生涯が教会のうちにあると考えましたが、信念が揺らぎそれを継続することはできなくなりました。

ジョン・アルギロポウロスによる講義はフィチーノを魅了し、フィレンツェでの大主教が講義にそれ以上出席することのないよう彼に禁じました。しかしこういった制限には彼を黙らせる効果はなかったようで、フィレンツェ以外の都市では最も危険な告発であった異端として、彼は大司教に訴えられました。それでもフィチーノはフィレンツェを去りボローニャで学び始めましたが、コジモからの召喚によりそれも中断となりました。

26歳の時、フィチーノはカレッジにあるメディチのカントリー・ハウス（ヴィッラ）に落ち着きました。これはコジモの学園の場となり、これ以降学者、芸術家、銀行家、法律家、商人、政治家そして神父たちがしばしば訪れました。コジモはギリシャ語で書かれたプラトンの全作品の原稿をも手に入れていたので、フィチーノにそれらを渡し翻訳するよう告げました。フィチーノは翻訳を継続しましたが１４６０年頃のある時点で突如作業は止められ、コジモの手中にめぐってきたマイケル・プセルス自身が書き写した『ヘルメティカ』の翻訳に全精力を注ぐよう告げられ、その翻訳はコジモが亡くなる直前の１４６４年に完成しました。

プラトンの対話における発想、そして特に『ヘルメティカ』における発想があらわになったことにより、プラトンがプレトンに及ぼしたような大いなる影響がフィチーノに及び、彼は古代の異教の復興を開始するに至りました。彼はプラトン主義を神学理論の一種と見なし、１４６７年から１４６９年のあいだ『プラトン神学』と銘打ったプラトンの注釈書を書きました。この頃までに彼は異教の実践ならびに儀式に深く関与していました。彼はメディチのカントリー・ハウスを彼自身が有益と考えた黙想の道具である、占星術にまつわる絵画で飾りました。彼はまたオルフェウスの讃美歌を定期的に歌唱することを主導しました。

しかし彼の世界観の礎石となったのは2冊の図書による影響で、それらはすなわち『ヘルメティカ』――なかでも〝アスクレーピオス〟と呼ばれる対話――と『ピカトリクス』でした。フィチーノはハッラーンで広範に発展した芸術、バビロニア人ならびに彼らの占星術に多くを負っている、タリスマン魔術を用いる人物へと転向しました。

フィチーノと彼の同時代人たちは、ヘルメス・トリスメギストゥスがプラトンやピタゴラスとくらべ計り知れないほど昔の時代を生きた、果てしなく賢明な古代エジプトの賢人であると信じていました。プラトン、ピタゴラス双方とも自身の神学を、近い時代の教師から受け継いだ人物と彼らは考えていたのです。彼らは哲学がかつてはより純粋かつグノーシス的経験の起源に対しより緊密であったものの、後世に至り研究は進むもその原形は損なわれたと信じていました。古代に書かれたもの、特にエジプトのものの中に真実が模索されましたが、それはエジプトという国が知恵の源泉と信じられていたからで、ヘルメティックな教科書の中には「神性の灯りの光」（＊1）が輝いていると信じられていました。

ルネサンス時代に『ヘルメティカ』が発見されたことに伴い〝アスクレーピオス〟がもたらされましたが、フランセス・イェイツ博士によればそれが受け入れられたことにより起きたことは、「ルネサンスでの魔術の復興での主要因のひとつ」※6でした。彼女が説明している通り、魔術はグノーシス主義的手法による世界へのアプローチとともに定着しました。魔術儀式ならびに魔術上の武装具を用いることで、悪い物質は取り除かれ神性の力は引き降ろされました。魔術師は「精霊あるいは星の力を捉え、それらを保存・温存し用いる」※7像、タリスマンを作成しました。もちろんこれはまさに『ピカトリクス』で網羅されている主題でした。

フィチーノは彼が教え実践した魔術につきとても経験に富んでいましたし、彼の同僚の一人はその前提を論じました。たとえば太陽により授与された力を望む人がいた場合、太陽の色である金色のマントを身につけ、太陽に捧げられた植物を原料として造られたお香を焚きながら、太陽の像が乗せられた祭壇の正面での儀式をなす必要がありました。そして太陽の聖油を塗りつつ、太陽に向けオルフェウスの讃美歌を歌うのでした。※8

すべてを見る永遠の目を有する祝福された者よ、耳を傾けなさい……。黄金の琴座と宇宙の動きの調和を有するあなた、そしてあなたは高潔な行動をするよう指令し季節を育むのです。世界の主を笛で奏で、火の円による光があなたの途上にあります……。あなたの光は生命と果実を与えます……。正義の目と生命の光が……私の言葉を聞き手ほどきを受けた者たちに生命の甘美さを示すのです。※9

フィチーノ自身はヘルメス主義的な実践を順守することを通じ、生命に調和がもたらされることを望むすべての人々向けの手引きを書きましたが、これが１４８９年に出版された『リベル・デ・ヴィタ（生命の書）』（＊2）でした。３番目の部分では個人の利用向けに天体の力を引きつけ凝集させる技術が扱われており、その一例を挙げると「太陽からの力を肉体と霊に受けたいのであれば……金属や石の中でいずれが太陽にかかわるものなのかを知るとよく、植物についても同様に知るとなおよいでしょう、最もよいのは動物のそれらを知ることです」[※10] フィチーノはそれぞれの天体が支配するすべての物の一覧を作成しました。[※11] 太陽の力を自身にもたらしたい人々に向け、フィチーノは「太陽にまつわる事象を身につけ、太陽の場所に住んでいるのであれば太陽を見、太陽を聴き、太陽を嗅ぎ、太陽を想像し、太陽を思い、太陽を望むことさえもしなさい」[※12] 概してフィチーノはタリスマンでなく、クリームや油のように飲んだり塗ったりする医薬品を調合する要領を取り入れ、星あるいは天体の影響を引きつけるのを好みました。[※13] それにもかかわらず彼はタリスマンを作成する規則をも承知しており、それは天体の動きが有益と見なされるあいだに指輪やペンダントを身につけるというものでした。

そのようなやり方で月、金星、火星そして他のあらゆる天体向けのタリスマンも作成が可能でした。そして音楽とオルフェウスの讃美歌も併せ、タリスマンを身につけた人物の運命を変えるために用いられました。特に土星の歓迎されざる影響である、憂鬱の原因と戦うのに使われました。なぜなら土星は哲学者にとって必須である、長時間にわたる研究を支配するので、哲学者は制限と憂鬱とを帯びる傾向があったからです。木星の力を用い戦うという意欲的な段階を踏むのも哲学者にとって重要だったので、すべての哲学者たちならびに学者たちは木星の匂い、音楽、色そして像に囲まれるよう命じられました。このようにいにしえのバビロニア人、エジプト人そしてプラトン主義者たちから得た自身の権威を描き出すことで、「人は運命が有する悪意を避け得る」[※14]とフィチーノは書いています。

フィチーノはバビロニアの先達につき無学ではありませんでした。実際、彼らの魔術と儀式を承知もしていました。しかし彼は彼らの技芸を自身のそれにくらべ幾分劣るものと見なしており、なぜなら彼らが超自然そのものである神性よりもむしろ神性の力の使者として創造された「ダイモン」を呼び寄せようとしていたからでした。「カルデア人たちは宗教の修得者でした。というのはカルデア人である占星術師たちはエジプト人たち以上に天の調和を通じ、土製の像へダイモンを引き降ろそうとしたと私たちは感づいているからです」[※15]　この経緯に関する彼の知識は神の使者であるダイモンが像に引き寄せられるのみならず、そこに留まり続けるための手段を説明する〝アスクレーピオス〟からおそらくもたらされました。これまですでに見てきたヘルメス・トリスメギストゥスとの対話をここで再掲しましょう。

それらは……なにか神性を有するものを含むハーブ、石そして香水を用い引き起こされます。そしてなぜ犠牲が讃美歌と称賛、天空の調和を模した甘美な音の旋律とともにもたらされたかご存知ですか？　これらは最後まで行われ崇拝が何度も繰り返されたことで喜ばれ、その像のうちにある天空の存在は永きにわたり人間との交わりに黙って従い続けるかもしれません。こうして人間は神々を作り出すのです。[※16]

起きた変化は像のうちに住まう、換言すれば像に内在する神の側面が人格化されたことで、神学は魔術の方向へ向かったのです。

バビロニア人たちは自身の像に神性の力を注入させようとしました。ハッラーンのサービア教徒たちは、その力を寺院の中へ誘い込もうとしました。ルネサンスの「マギ」は神性を自身のアートの中に封入しようとし、一つひとつそれぞれが神性の純粋な結晶、すなわちそれを見つめる人を変え得るタリスマンとなるかもしれないとしました。そして彼らの創造物の尋常でない強制力を目の当たりにした時、私たちは彼らは成功したと言わずにいられるでしょうか？

たとえばボッティチェリが『プリマヴェーラ』を描いた際、彼はフィチーノが表現したヘルメス主義的な魔術世界に取り組んでいました。フランセス・イェイツ博士はこの絵画を特別な目的が念頭に有されていた作品と見なしており、「私がここで言いたいのは……フィチーノの魔術を研究する文脈において、この絵画は魔術への実践上での応用として、そして見る人に対し健康に良く元気を回復させる土星的でない影響のみを与えるよう整えられた複雑なタリスマンとして見られ始めるということです」※17 フランセス・イェイツは少なくともボッティチェリの他作品のいくつかについても同じ光のもとにあると見なしており、〝ヴィーナスの誕生〟について彼女は「彼女の働きは同じであり、性交により伝わる霊魂を星から引き降ろし、彼女の愛らしい姿を携帯する人、または見る人に送り届けてゆくことです」※18

ボッティチェリの絵画は、金星の神性の力を引き降ろし貯えるためのタリスマンでした。女神は自身の像のうちに内在しているのであり、イシュタル＝シュム＝エレシュもそれに賛同したでしょう。

＊1　イェイツ著『ジョルダーノ・ブルーノ』16頁参照願います。『ヘルメティカ』の古色ぶりに対するルネサンスでの態度についての議論は、1～19頁参照願います。

＊2　"De Vita Triplici"としても知られています。

訳者あとがき

まず本書翻訳・出版の機会をくださった株式会社太玄社社長・今井様、翻訳をご推奨の上、今井様と訳者とを橋渡しくださったANTHEM Co., Ltd. CEO・Anthem Akira様にお礼申し上げます。大変お世話になりました。誠にありがとうございました。また編集、校閲をご担当いただきました山田可実様にもじつにお世話になりました。特に読者の多くの方々にとって、より読みやすくわかりやすいであろう訳文、日本語文章を随所で提示くださったことに感謝申し上げます。ありがとうございました。

本書邦訳の底本：マイケル・ベイジェント『古代メソポタミアでの占星術』/Michael Baigent "Astrology in Ancient Mesopotamia" (Bear & Company, 2015（＊1）の欧米での古代メソポタミア占星術研究における位置付けにつき、かの占星術家ニコラス・キャンピオンは"A fine general account"(＊2)、すなわちメソポタミア占星術の概要記述を擁する優れた図書、と表現しています。

訳者の知る限り、ではありますが、２０２１年現在も右記図書を凌駕するであろう、キャンピオンの言う「概要記述を擁する優れた図書」は欧米でもリリースされていませんが、古代メソポタミアの２０２１年時点での最新研究を踏まえた"A fine general account"は近い将来、欧米では出版される日は来るのかもしれません。ただし、その際もベイジェントの一冊は右記最新図書においても参考文献としてリストアップされる事は間違いないものと訳者は考えます。

著者マイケル・ベイジェント（１９４８－２０１３）は著者紹介文にある通り、本書以外にも邦訳書を複数有する方なので、読者の中にはライターとしての氏をご存知の方はいらっしゃるかもしれません。

訳者が最初に読んだ氏の文章はマイケル・ベイジェント、ニコラス・キャンピオン、チャールズ・ハーヴェイ共著『マンディーン占星術：国と集団の占星術への導入』/Michael Baigent, Nicholas Campion, Charles Harvey "Mundane Astrology: An Introduction to the Astrology of Nations and Groups"（Thorsons, 1995/First published by the Aquarian Press, 1984）収録、マンディーン占星術の歴史に関する文章でしたが、そこで氏が展開していた、豊富な文献・資料に裏付けられた占星術史紹介文章に衝撃を受けたのを憶えています。

本書をご購入の上、お読みくださった皆様にもお礼申し上げます。ありがとうございます。

２０２１年10月　倉本和朋

＊1…最初は１９９４年、Arkana社より『バビロニアの前兆から：占星術と古代メソポタミア』/"From the Omens of Babylon: Astrology and Ancient Mesopotamia" というタイトルで出版されました。

＊2…ニコラス・キャンピオン『世界の宗教における占星術と宇宙論』/Nicholas Campion "Astrology and Cosmology in the World's Religions"（NEW YORK UNIVERSITY PRESS, 2012）１２５頁参照。

注釈

導入

※1　ルゥ『古代のイラク』381。
※2　サッグズ『バビロンであった偉大さ』489。
※3　パーポラ『エッサルハドゥン王とアッシュールバニパル王へのアッシリアの学者たちからの手紙』2：xxi。

1　アマチュア考古学者たち

※1　ワリス＝バッジ『アッシリア学の勃興と進歩』34。
※2　レイヤード『ニネヴェとその遺跡』2：340。
※3　『二人の王』18－19。

2　古代の遺物をめぐっての争い

※1　ローリンソン、ジョージ『少将サー・ヘンリー・クレズウィック・ローリンソンの回顧録』180。

3　対をなすふたつの河川の土地

※1　『創世記』2：10－14。
※2　ヘロドトス『歴史』1：119。
※3　ビビー『ディルムンを探して』188－200参照。
※4　同右、66－68。
※5　ヘイエルダール『ティグリスの遠征旅行』208頁以下。
※6　ロビンソン編『英語でのナグ・ハマディ図書館』154－155収録「統治者の本質」89－90。

4　ニネヴェの王室図書館

※1　ウォーターマン『アッシリア帝国の王の書状』手紙6付録、4：213。
※2　パーポラ『アッシリアの学者たちからの手紙』34、1：25。オッペンハイム「最後のアッシリア王国での占いと天の観察」114－119も参照。
※3　ルゥ『古代のイラク』325。
※4　ロックバーグ＝ハルトン『バビロニアの天の占いの様相』271。
※5　パーポラ『アッシリアの学者たちからの手紙』43、1：31。
※6　ウェイドナー"Die astrologische Serie ENUMA ANU ENLIL"14：177。
※7　ロックバーグ＝ハルトン『バビロニアの天の占いの様相』216。
※8　パーポラ「アッシリアの図書館の記録」11。

※9　ワイズマン「アッシリアの板に書かれた文章」7－8。
※10　パーポラ「アッシリアの図書館の記録」8。
※11　パーポラ『アッシリアの学者たちからの手紙』2：xvi。
※12　同右、1：vii。
※13　同右、2：xii － xiv。
※14　同右、2：xiv。
※15　オッペンハイム「バビロニアの占い師の手引き」203（24行目）。ロックバーグ＝ハルトン『バビロニアの天の占いの様相』8－9も参照。
※16　ラムベルト、ミラード共著『アトラ＝ハシーズ』59。
※17　同右、57。
※18　スター『太陽神への質問』xxxiv。
※19　『ダニエル書』、1：7。
※20　同右、2：1－12。
※21　パーポラ『アッシリアの学者たちからの手紙』2：xiv。
※22　同右、xvii － xix。
※23　同右、120、1：89；121、1：89－91。2：103、2：105も参照。
※24　同右、2：xvii。
※25　オッペンハイム「メソポタミア社会での知性のありか」43。

※26　オッペンハイム「最後のアッシリア王国での占いと天の観察」114－119。
※27　パウサニアス、1：xvi（1：81）。
※28　ネウゲバウアー『天文学上の楔形文字の原本』1：115。
※29　同右、1：10、注釈44。

5　アッシリアの学者たちからの手紙

※1　パーポラ『アッシリアの学者たちからの手紙』15、1：13。議論向けの2：22－23も参照。
※2　同右、277、1：223。
※3　同右、13、1：9－11。
※4　部分的な一覧が同右332、1：285にあり。
※5　同右、65、1：43。紀元前669年3月26日の日付は同右2：70にあり。
※6　トンプソン『大英博物館にあるニネヴェとバビロンの魔術師と占星術師からの報告』183、2：lxiv－lxv。これは書字板K－188からで、著者の正式な名前はパーポラ『アッシリアの学者たちからの手紙』2：501参照。
※7　トンプソン『大英博物館にあるニネヴェとバビロンの魔術師と占星術師からの報告』162：lxi。
※8　同右、17：xxxiv－xxxv。
※9　パーポラ『アッシリアの学者たちからの手紙』51、1：35。

※10 同右、41、1：29。
※11 トンプソン『大英博物館にあるニネヴェとバビロンの魔術師と占星術師からの報告』154：lx。
※12 同右、73：xlvi。
※13 ウォーターマン『王の書状』659、1：457。
※14 トンプソン『大英博物館にあるニネヴェとバビロンの魔術師と占星術師からの報告』170：lxii。
※15 ウォーターマン『王の書状』477、1：337。
※16 トンプソン『大英博物館にあるニネヴェとバビロンの魔術師と占星術師からの報告』235：lxxv。この部分は彼の作品では翻訳がなされていません。オッペンハイム「占いと天の観察」118での議論ならびにスター『太陽神への質問』xxxii参照。
※17 パーポラ『アッシリアの学者たちからの手紙』12、1：9。
※18 同右、65、1：43。
※19 同右、66、1：43。
※20 同右、2：15。トンプソン『大英博物館にあるニネヴェとバビロンの魔術師と占星術師からの報告』55、xliiiにある書字板を論じています（トンプソンの翻訳は誤りを含みます）。
※21 パーポラ『アッシリアの学者たちからの手紙』12、1：9。
※22 同右、13、1：11。
※23 同右。

※24 同右、110、1：75。
※25 同右、2：50（ABL 1216に言及）。
※26 ウォーターマン『王の書状』356、1：247－249。
※27 同右、352、1：245。

6 前兆に関する名高き双書、『エヌマ・アヌ・エンリル』

※1 レイナー『アンミサドゥカの金星書字板』9、21－23。
※2 同右、9、21、33。
※3 同右、29。
※4 ウェイドナー"Historisches Material in der babylonischen Omina-Literatur" 231。
※5 同右、236。
※6 クレイマー『シュメール人』147。
※7 同右、122。
※8 同右、138。
※9 ウェイドナー"Die astrologische Serie" 14：175、注釈21。
※10 シェイル"Notules"、139頁以下。
※11 ヴィロロー「カトナのシリアの町」312頁以下。
※12 ウェイドナー"Die astrologische Serie" 14：176。

※13　同右、トンプソン『大英博物館にあるニネヴェとバビロンの魔術師と占星術師からの報告』200：lxviii に言及。

※14　ウェイドナー"Die astrologische Serie"14：176。

※15　詳細はハンガー、ピングリー共著『ムル・アピン』、ファン・デル・ワルデン「バビロニアの天文学Ⅱ」13−26、ファン・デル・ヴェルデン『立ち上がりつつある科学Ⅱ』70−86、レイナー『エヌマ・アヌ・エンリル』6−9参照。

※16　レイナー『エヌマ・アヌ・エンリル』6。

※17　同右、181。

※18　パーポラ『アッシリアの学者たちからの手紙』13、1：11。

※19　ウェイドナー"Die astrologische Serie"14：184頁以下。

※20　同右、189。

※21　セイス「バビロニアの天文学と占星術」3：150。

※22　ロックバーグ＝ハルトン『バビロニアの天の占いの様相』10、注釈9。レイナー『エヌマ・アヌ・エンリル』10、14。

7　超自然的なものとメソポタミアの宗教

※1　ヤコブセン『闇のなかの宝』3。

※2　オッペンハイム『古代メソポタミア』183。

※3 アプレイウス『黄金の驢馬』２４１。
※4 スコット『ヘルメティカ』１１７（Corpus Hermeticum, １：７）。
※5 ヘイデル『ギルガメッシュ叙事詩と旧約聖書との類似性』X、ⅰ、13－15（69頁）。
※6 アプレイウス『黄金の驢馬』２４１。
※7 ヤコブセン『闇のなかの宝』３－４。
※8 オッペンハイム『古代メソポタミア』１８３。
※9 ヤコブセン『闇のなかの宝』６。
※10 フランクフォート『王権と神々』２３７－２３９。
※11 クレイマー『シュメール人』３２８。
※12 ヘイデル『ギルガメッシュ叙事詩』IX、ⅱ、18（66頁）。
※13 ヤコブセン『闇のなかの宝』１５２－57。
※14 プリチャード編『古代近東』中のクレイマー、２：１３９。
※15 同右、１４０－１４１。
※16 ヤコブセン『闇のなかの宝』１６０－１６１。
※17 オッペンハイム「メソポタミアの占いの考え方」39。
※18 同右、１６４。
※19 ヤコブセン『闇のなかの宝』１５０。
※20 ロックバーグ＝ハルトン『バビロニアの天の占いの様相』11。

※21　サックス「バビロニアのホロスコープ」54。
※22　キャプライス『アッカドのナムブルビの原本』8。
※23　オッペンハイム『古代メソポタミア』202。
※24　ロックバーグ＝ハルトン「メソポタミアでの運命と占い」363－364。
※25　同右、365。
※26　ロックバーグ＝ハルトン『バビロニアの天の占いの様相』15－16。
※27　キャプライス『アッカドのナムブルビの原本』2。

8　シン

※1　パーポラ『アッシリアの学者たちからの手紙』117、1：83、2：101。
※2　トンプソン『大英博物館にあるニネヴェとバビロンの魔術師と占星術師からの報告』124、2：lvi－lvii。
※3　同右、119、2：lvi。
※4　ロックバーグ＝ハルトン『バビロニアの天の占いの様相』38－39。
※5　ラングドン『セム人の神話』153。
※6　ガッド「ナボニドゥスのハッラーン銘刻」47頁以下。
※7　リングレン、H『古代近東の宗教』57にトールクヴィスト"Babyloniska Hymner och Boner"、63の引用があります。

※8 トンプソン『大英博物館にあるニネヴェとバビロンの魔術師と占星術師からの報告』94：lii。
※9 同右、106：liv。
※10 ウォーターマン『王の書状』1214、2：341。
※11 トンプソン『大英博物館にあるニネヴェとバビロンの魔術師と占星術師からの報告』30：xxxvii。
※12 同右、69：xlvi。
※13 ロックバーグ＝ハルトン『バビロニアの天の占いの様相』8。
※14 同右。
※15 ウォーターマン『王の書状』1006、2：197－199。
※16 ロックバーグ＝ハルトン『バビロニアの天の占いの様相』19。
※17 同右、216。
※18 同右。
※19 同右、232。
※20 同右、176。
※21 同右、104。
※22 同右、108。
※23 同右、141。
※24 同右、170。
※25 同右、108。

※26 同右、141。

※27 プトレマイオス『テトラビブロス』2：9（191－193）。

※28 ロックバーグ＝ハルトン『バビロニアの天の占いの様相』57にネウゲバウアー、ピングリー共著『ヴァラ・ハミヒラのパンチャ・シッダーンティカー』第2部、VI、9－10の引用があります。

※29 ロックバーグ＝ハルトン『バビロニアの天の占いの様相』179（14ニサンヌ－月I）。同じ未来予知は180頁（28／29キスリム－月IX）、182頁（28ニサンヌ－月I）にあります。別の金星の前兆は205頁（28アラーサムナ－月VIII）にあります。

※30 同右、205。

※31 同右、235、そして注釈2（エヌマ・アヌ・エンリル書字板21）。未来予知が失われた187頁（エヌマ・アヌ・エンリル書字板20）、同じ未来予知のある170頁（エヌマ・アヌ・エンリル書字板19）も参照。

※32 同右、189と191、共に同じ報告。

※33 同右、214。

※34 パーポラ『アッシリアの学者たちからの手紙』40、1：29、61、1：39。日付は同右40、2：49、61、2：66。

9 シャマシュ

※1 パーポラ『アッシリアの学者たちからの手紙』117、1：83。

※2　シケリアのディオドロス『シケリアのディオドロス』2：30。
※3　パーポラ『アッシリアの学者たちからの手紙』326、2：342－343。
※4　トンプソン『大英博物館にあるニネヴェとバビロンの魔術師と占星術師からの報告』178、2：lxiii。
※5　パーポラ『アッシリアの学者たちからの手紙』2：402－403。
※6　同右、104、1：71；2：89－91。
※7　サッグズ『バビロンであった偉大さ』362。
※8　パーポラ『アッシリアの学者たちからの手紙』280、1：229；2：270－272。
※9　同右。
※10　同右、2：36。
※11　プルタルコス『人生』II・「アレキサンドリア」527。
※12　パーポラ『アッシリアの学者たちからの手紙』2：271。
※13　ラムベルト「儀式の一部」110－11。
※14　パーポラ『アッシリアの学者たちからの手紙』2：428－29。
※15　トンプソン『大英博物館にあるニネヴェとバビロンの魔術師と占星術師からの報告』29：xxxviii。

10　イシュタル

※1　ハインペル『近東の金星の神位たちのカタログ』14－15。

※2 歌のなかの歌、6：10。
※3 パーポラ『アッシリアの学者たちからの手紙』2：182、注釈321。
※4 ヘロドトス『歴史』1：cxcix。
※5 M・ストゥルガ『楔形文字研究ジャーナル』25（1973年）：217頁のレヴューで記した書字板CT 4845。
※6 ギャレリー「ケゼルトゥの女性たちの服役義務」335、338。
※7 サッグズ『神との直面』351。
※8 同右、465。
※9 パーポラ『アッシリアの学者たちからの手紙』2：111。
※10 同右、40。
※11 同右、407。
※12 トンプソン『大英博物館にあるニネヴェとバビロンの魔術師と占星術師からの報告』206、2：lxix。
※13 同右、243B：lxxvi。

11 ニヌルタ

※1 ラムゼイ『修復された占星術』50。
※2 ホーン『現代占星術の教科書』165。

※3　ラングドン『セム人の神話』１３６－１３７。
※4　アモス５：26。
※5　シケリアのディオドロス『シケリアのディオドロス』２：30。
※6　同右。
※7　フランクフォート『王権と神々』３１９にスロー＝ダンジン"Rituels accadiens"１３８の引用があります。
※8　ウォッターズ『ホラリー占星術』49。
※9　トンプソン『大英博物館にあるニネヴェとバビロンの魔術師と占星術師からの報告』１００、２：liii。
※10　同右、90、２：li; １２４、２：lvi － lvii; １７５、２：lxiii。
※11　同右、１７７、２：lxiii。
※12　パーポラ『アッシリアの学者たちからの手紙』２：３４３。
※13　トンプソン『大英博物館にあるニネヴェとバビロンの魔術師と占星術師からの報告』１７６：lxiii。パーポラ『アッシリアの学者たちからの手紙』３２６、１：２８１にある同じ手紙も参照。
※14　トンプソン『大英博物館にあるニネヴェとバビロンの魔術師と占星術師からの報告』１０７：liv。
※15　同右、１０３：liv。
※16　ラングドン『セム人の神話』１１９－１２４。

※17　トンプソン『大英博物館にあるニネヴェとバビロンの魔術師と占星術師からの報告』216：lxxi。
※18　ウォッターズ『ホラリー占星術』48-49。
※19　グリーン『マンディーンあるいは国の占星術』48。

12　ネルガル

※1　トンプソン『大英博物館にあるニネヴェとバビロンの魔術師と占星術師からの報告』103、2：liv。
※2　同右、98、2：liii。
※3　同右、146、2：lviii。
※4　同右、272、2：lxxxviii。
※5　ウォッターズ『ホラリー占星術』45。
※6　グリーン『運命の占星術』39。

13　マルドゥク

※1　サッグズ『バビロンであった偉大さ』385。
※2　リヴィングストーン『アッシリアとバビロニアの学者たちの神秘的な神話上の解釈上の作品』123、8行目。
※3　同右、125、1行目。

※4 同右、260。
※5 ラムベルト「バビロニアの三つの文芸上の祈祷文」47－66にあるマルドゥク55以下への祈祷を参照。
※6 フランクフォート『王権と神々』319。
※7 ヘイデル『バビロニアの創世記：創造の物語』36（エヌマ・エリシュ、4：13－14）。
※8 サッグズ『バビロンであった偉大さ』387。
※9 ラムゼイ『修復された占星術』52。
※10 トンプソン『大英博物館にあるニネヴェとバビロンの魔術師と占星術師からの報告』268、2：lxxxi。パーポラ『アッシリアの学者たちからの手紙』40、1：29ならびに61、1：39もさらなる具体例のために参照。
※11 パーポラ『アッシリアの学者たちからの手紙』298、1：255。
※12 トンプソン『大英博物館にあるニネヴェとバビロンの魔術師と占星術師からの報告』185：lxv。
※13 同右、162：lxi。
※14 同右、186：lxvi。
※15 同右。同右187：lxviも参照。
※16 同右、145：lxvi。
※17 同右、91：li。

※18　同右、92：lii。
※19　例えば同右192：lxvii。
※20　同右、96：liii。
※21　同右、103：liv。
※22　パーポラ『アッシリアの学者たちからの手紙』289、1：243。
※23　トンプソン『大英博物館にあるニネヴェとバビロンの魔術師と占星術師からの報告』195：lxvii－lxviii。
※24　ウォーターマン『王の書状』519、1：363－65。
※25　ラムゼイ『修復された占星術』52。
※26　エバーティン『星の影響の組み合わせ』54。

14　ナブ

※1　パーポラ『アッシリアの学者たちからの手紙』2：55、注釈94。
※2　ラングドン『セム人の神話』159。
※3　トンプソン『大英博物館にあるニネヴェとバビロンの魔術師と占星術師からの報告』184、2：lxv。
※4　ローリンソン「ビルス・ニムルドについて」17。
※5　同右、17－18。

※6 フランクフォート『王権と神々』319。
※7 トンプソン『大英博物館にあるニネヴェとバビロンの魔術師と占星術師からの報告』218、2：lxxi。同右216c、2：lxxi：217、2：lxxi; 225、2：lxxiii; 226、2：lxxiiiも参照。
※8 同右、221、2：lxxii。同右200、2：lxviii; 220、2：lxxii; 222、2：lxxii; 223、2：lxxiiも参照。
※9 パーポラ『アッシリアの学者たちからの手紙』70、1：47。46、1：31：71、1：47も参照。
※10 同右、71、1：47。
※11 ウォッターズ『ホラリー占星術』44頁、ベイジェント、キャンピオン、ハーヴェイ共著『マンディーン占星術』221。
※12 同右。
※13 トンプソン『大英博物館にあるニネヴェとバビロンの魔術師と占星術師からの報告』224：lxxiii。

15 **天文学　ムル・アピン**

※1 パーポラ『アッシリアの学者たちからの手紙』100、1：69。
※2 トンプソン『大英博物館にあるニネヴェとバビロンの魔術師と占星術師からの報告』。例えば1、2：xxxiiiを参照。
※3 プファイアー『アッシリアの国の手紙』317：214。

※4　パーポラ『アッシリアの学者たちからの手紙』53、1：35。
※5　トンプソン『大英博物館にあるニネヴェとバビロンの魔術師と占星術師からの報告』82：xxxxvii。
※6　ヘイデル『バビロニアの創世記』44（エヌマ・エリシュ、5：3－4）。
※7　ファン・デル・ヴェルデン『立ち上がりつつある科学Ⅱ』64頁以下。ウェイドナー "Handbuch der babylonischen Astronomie" K８５３８、１０７頁以下も参照。
※8　右記第6章、74－75頁参照。
※9　ファン・デル・ヴェルデン『立ち上がりつつある科学Ⅱ』69。
※10　レイナー『エヌマ・アヌ・エンリル』6。
※11　短いながらもわかりやすい　ファン・デル・ヴェルデン『立ち上がりつつある科学Ⅱ』70－71を参照。
※12　ファン・デル・ヴェルデン「獣帯の歴史」２１９。
※13　プトレマイオス『アルマゲスト』3：7、4：8。
※14　同右、8：6。
※15　サックス、ハンガー共著『天文学上の日記』1：12。
※16　ファン・デル・ヴェルデン「獣帯の歴史」96－97。
※17　サックス、ハンガー共著『天文学上の日記』1：43頁以下。
※18　サックス、ハンガー共著『天文学上の日記』巻一、二。最近の日記についてはサックス「バビロ

ニアの観察に基づく天文学」47を参照。

16　侵略

※1　ダニエル書5：22、7：1、8：1。
※2　プリチャード『旧約聖書にかかわる古代近東の原本』312頁以下。
※3　同右、315。
※4　同右。
※5　エズラ1：2－4、2クロニクル36：23、ダニエル書1：21、6：29、10：1。
※6　ファン・デル・ヴェルデン『立ち上がりつつある科学Ⅱ』103－4。
※7　同右、107－108。
※8　同右、125。
※9　サックス、ハンガー共著『天文学上の日記』57、2行目。
※10　アーボー、サックス共著「バビロンからのアケメネス朝の月にまつわる二つの原書」18。
※11　ファン・デル・ヴェルデン『立ち上がりつつある科学Ⅱ』126。
※12　同右、127。
※13　同右、144。
※14　サックス「バビロニアのホロスコープ」54－57。
※15　同右、57。

※16 同右、60。
※17 ファン・デル・ヴェルデン「バビロニアの天文学Ⅱ」7。
※18 プラトン『ティマエウス』42（91－93）。
※19 ディオゲネス・ラエルティオス『傑出した哲学者たちの一生』2：45（1：175）。
※20 メックラー編"Academicorum Philosophorum Index Herclanensis" 13、col. 3、36。
※21 キュモン『ギリシャ人ならびにローマ人のあいだでの占星術と宗教』30。
※22 キケロ"De Divinatione"、87、2：xlii。
※23 ネウゲバウアー『天文学上の楔形文字の原本』22－23、1：16。
※24 ストラボ『地理学』6、16：i（3：146）。
※25 アーボー「バビロニアの天体の理論について」210。
※26 ネウゲバウアー『天文学上の楔形文字の原本』1：7－8。
※27 同右、1：115。
※28 ウェイドナー"Gestirn-Darstellungen auf babylonischen Tontafeln"Tafel 1のVAT 7851。
※29 同右のVAT7847。Tafeln9、10。これら3つのイラストはファン・デル・ヴェルデン『立ち上がりつつある科学Ⅱ』81に示されています。
※30 ウェイドナー"Gestirn-Darstellungen auf babylonischen Tontafeln" 22－23。
※31 プリニウス『博物誌』7：37（2：12）。
※32 サックス「バビロニアのホロスコープ」69。

※33 ネウゲバウアー、ヴァン・ホアゼン『ギリシャのホロスコープ』76－78。
※34 プロクルス "Procli Diadochi in Platonis Timaeum commentaria" 24－29、3：125。
※35 タルデュー "Sabiens Coraniques et 'Sabiens' de Harran" 22－23。グリーン『月神の都市』167－168。

17 ハッラーン

※1 グリーン『月神の町』100（イブン・シャッダドを引用）。
※2 タルデュー "Sabiens Coraniques" 13－18、22－23。
※3 チウォルソン "Die Ssabier" 2：382－98。
※4 同右、381－82。
※5 ステイプレトン、アゾ、フサイン共著「イラクでの錬金術」、ロイド、ブライス共著「ハッラーン」97。
※6 ライス「中世ハッラーンの研究」44。スコット『ヘルメティカ』100、注釈1も参照。
※7 ライス「中世ハッラーンの研究」43（ディマシュクィを引用）。
※8 ロイド、ブライス共著「ハッラーン」92、94（ヤクゥトを引用）。
※9 同右、79、102ならびに103頁の口絵。
※10 同右、78。
※11 彼の報告はライス「中世ハッラーンの研究」48頁以下を参照。

※12 『アナトリアの研究10』（1960年）8、「ハッラーン」を参照。
※13 スコット『ヘルメティカ』97－99を参照。チウォルソン"Die Ssabier" 2：14頁以下に翻訳があるアン＝ナディムを引用。
※14 スコット『ヘルメティカ』101、注釈1。
※15 同右、92。ポルフィリウス「アネボへの手紙」を引用しています。
※16 同右289にある『アスクレーピオス』。
※17 同右115－117にある「ポイマンドレース」。
※18 グリーン『月神の都市』162。
※19 ガリン『ルネサンスでの占星術』48、54。
※20 スコット『ヘルメティカ』359にある『アスクレーピオス』。
※21 同右、361。
※22 同右、25。
※23 クリバンスキー『中世におけるプラトン主義の伝統の継続』19。
※24 イェイツ『ジョルダーノ・ブルーノ』13。
※25 ガリン『ルネサンスでの占星術』64－65。

18 バビロンからボッティチェリへ

※1 ウッドハウス『ゲオルギウス・ゲミストス・プレトン』8。

※2 ガリン『ルネサンスでの占星術』58。

※3 同右。

※4 同右。

※5 同右。

※6 イェイツ『ジョルダーノ・ブルーノ』41。

※7 同右、45。

※8 ウォーカー『霊的、悪魔的魔術：フィチーノからカンパネラまで』32‐33。19、22‐23も参照。

※9 アタナッサキス『オルフェウスの讃美歌』№．８、12‐15。

※10 フィチーノ『生命の書』90。

※11 同右、90‐91、１４６‐１４７。

※12 同右、１３１。ウォーカー『霊的、悪魔的魔術』30‐35も参照。

※13 同右、１１０。

※14 同右、１６７。

※15 同右、１８１。

※16 スコット『ヘルメティカ』３６１（アスクレーピオス、３：３８ａ）。３５９、３３９も参照。

※17 イェイツ『ジョルダーノ・ブルーノ』77。

※18 同右、77‐78。

索引

※頻出語句については、章ごとの初出ページを掲載

【あ行】

【か行】

【さ行】

【た行】

【な行】

【は行】

【ま行】

【や行】

【ら行】

【わ行】

参考文献 ※図書名和訳は英語で書かれたもののみ

アーボー、A「バビロニアの天体の理論について」/Aaboe, A. "On Babylonian Planetary Theories." CENTAURUS 5 (1958): 209-277.

アーボー、A＆A・サックス共著「バビロンからのアケメネス朝の月にまつわる二つの原書」/Aaboe. A., and A. Sachs. "Two Lunar Texts of the Achaemenid Period from Babylon." CENTAURUS 14 (1969): 1-22.

アタナッサキス、A・N『オルフェウスの讃美歌』/Athanassakis, A. N. "The Orphic Hymns." Atlanta, Ga.: Society of Biblical Literature, 1988

アナストス、M・V「プレトンの暦と礼拝」/Anastos, M. V. "Pletho's Calendar and Liturgy." DUMBARTON OAKS PAPERS 4(1948): 183-305.

アプレイウス『黄金の驢馬』（ロバート・グレイヴス訳）/Apuleius. "The Golden Ass." Translated by Robert Graves. Harmondsworth, U.K.: Penguin Book, 1976.

イェイツ、フランセス『ジョルダーノ・ブルーノとヘルメスの伝統』/Yates, Frances. "Giordano Bruno and the Hermetic Tradition." London: Routledge and Kegan Paul, 1978.

ヴィロロー、C「カトナのシリアの町」/Virolleaud, C. "The Syrian Town of Katna." ANTIQUITY 3 (1929): 312-317.

ウーリー、チャールズ・L『シュメール人』/Woolley, Charles L. "The Sumerians." New York: Norton, 1965.

ウェイドナー、E・F "Die astrologische Serie ENUMA ANU ENLIL."/Weidner, E. F. "Die astrologische Serie ENUMA ANU ENLIL." ARCHIV FUR ORIENTJORSCHUNG 14 (1941-44): 172-195, 308-318.

ウェイドナー "Die astrologische Serie ENUMA ANU ENLIL."/Weidner. "Die astrologische Serie ENUMA ANU ENLIL." ARCHIV FUR ORIENTJORSCHUNG 17 (1954-56): 71-89.

ウェイドナー "Die astrologische Serie ENUMA ANU ENLIL."/Weidner. "Die astrologische Serie ENUMA ANU ENLIL." ARCHIV FUR ORIENTJORSCHUNG 22 (1968-69): 65-75.

ウェイドナー "Ein Hauskalender aus dem alten Babylonien."/Weidner. "Ein Hauskalender aus dem alten Babylonien." RIVISTA DEGLI STUDI ORIENTALI 32 (1957): 185-196.

ウェイドナー"Gestirn-Darstellungen auf babylonischen Tontafeln. Sitzungsberichte" /Weidner. "Gestrirn-Darstellungen auf babylonischen Tontafeln. Sitzungsberichte" (Osterreichische Akademie der Wissenschaften), 254, Band 2. Vienna: Hermann Bohlaus, 1967.

ウェイドナー"Handbuch der babylonischen Astronomie."/Weidner. "Handbuch der babylonischen Astronomie." Leipzig, Germany: J. C. Hinrichs, 1915.

ウェイドナー"Historisches Material in der babylonischen Omina-Literatur."/Weidner. "Historisches Material in der babylonischen Omina-Literatur." ALTORIENTALISCHE STUDIEN. Edited by Bruno Meissner. Leipzig, Germany: Harrassowitz, 1928-29.

ウォーカー、D・P『霊的、悪魔的魔術：フィチーノからカンパネラまで』/ Walker, D. P. "Spiritual and Demonic Magic: From Ficino to Campanella." Notre Dame, Ind.: University of Notre Dame Press, 1975.

ウォーターマン、レロイ『アッシリア帝国の王の書状』/Waterman, Leroy. "Royal Correspondence of the Assyrian Empire." 4 vols. Ann Arbor: University of Michigan Press, 1930.

ウォッターズ、バーバラ・H『ホラリー占星術と出来事の判断』/Watters, Barbara H. "Horary Astrology and the Judgement of Events." Redmond, Washington: Valhalla, 1973.

ウッドハウス、クリストファー・M『ゲオルギウス・ゲミストス・プレトン：最後のヘレネス』/Woodhouse, Christopher M. "George Gemistos Plethon: The Last of the Hellenes." Oxford, U.K.: Clarendon, 1986.

エバーティン、ラインホルト『星の影響の組み合わせ』（アルフレッド・G・ルーズデール、リンダ・クラツチ共訳）/Ebertin, Reinhold. "The Combination of Stellar Influences." Translated by Alfred G. Roosedale and Linda Kratzsch. Reprint. Tempe, Ariz.: American Federation of Astrologers, 1981.

オーツ、ジョアン『バビロン』/Oates, Joan. "Babylon." London: Thames and Hudson, 1979.

オッペンハイム、A・レオ「バビロニアの占い師の手引き」/Oppenheim, A. Leo. "A Babylonian Diviner's Manual." JOURNAL OF NEAR EASTERN STUDIES 33 (1974): 197-210.

オッペンハイム『古代メソポタミア』/Oppenheim. "Ancient Mesopotamia." Rev. ed. Chicago: University of Chicago Press, 1977.

オッペンハイム「最後のアッシリア王国での占いと天の観察」/Oppenheim. "Divination and Celestian Observation in the Last Assyrian Empire." CENTAURUS 14 (1969): 97-135.

オッペンハイム「メソポタミアの占いの考え方」/Oppenheim. "Perspectives on Mesopotamian Divination." In LA DIVINATION EN MESOPOTAMIE ANCIENNE. Rencontre Assyriologique Internationale. Paris: Presses Universitaires de France, 1966.

オッペンハイム「メソポタミア社会での知性のありか」/Oppenheim. "The Position of the Intellectual in Mesopotamian Society." DAEDALUS (Spring 1975): 37-46.

カーティス、ジョン編『メソポタミアの発見の50年』/Curtis, John, ed. "Fifty Years of Mesopotamian Discovery." London: The British School of Archaeology in Iraq, 1982.

ガッド、C・J「ナボニドゥスのハッラーン銘刻」/Gadd, C. J. "The Harran Inscriptions of Nabonidus." ANATOLIAN STUDIES 8 (1958): 35-92.

ガッド『古代東方での神の支配の発想』/Gadd. "Ideas of Divine Rule in the Ancient East." London: Oxford University Press, 1948.

ガリン、エウジェニオ『ルネサンスでの占星術：生命の獣帯』（キャロリン・ジャクソン、ジューン・アレン共訳）/Garin, Eugenio. "Astrology in the Renaissance: The Zodiac of Life." Translated by Carolyn Jackson and June Allen. London: Routledge, 1983.

キケロ "De Divinatione"/Cicero. "De Divinatione." Translated by William Armistead Falconer. London: Heinemann, 1979.

キャプライス、リチャード『アッカドのナムブルビの原本』/Caplice, Richard. "The Akkadian Namburbu Texts." Malibu, Calif.: Undena, 1974.

ギャレリー、M・L「ケゼルトゥの女性たちの服役義務」/Gallery, M. L. "Service Obligations of the Kezertu-Women." ORIENTALIA 49 (1980): 333-338.

キュモン、フランツ『ギリシャ人ならびにローマ人のあいだでの占星術と宗教』/Cumont, Franz. "Astrology and Religion among the Greeks and Romans." New York and London: G. P. Putnam's Sons, 1912.

ギル、ジョセフ『フィレンツェ評議会』/Gill, Joseph. "The Council of Florence." Cambridge: Cambridge University Press, 1959.

グリーン、H・S『マンディーンあるいは国の占星術』/Green, H. S. "Mundane

or National Astrology." Reprint. North Hollywood: Symbols and Signs, 1977.

グリーン、タマラ『月神の都市』/Green, Tamara. "City of the Moon God." Leiden, Netherlands: Brill, 1992.

グリーン、リズ『運命の占星術』/Greene, Liz. "The Astrology of Fate." London: George Allen and Unwin, 1984.

クリステラー、ポール・オスカー『ルネサンスでの人間の概念』/Kristeller, Paul Oskar. "Renaissance Concepts of Man." New York: Harper and Row, 1972.

クリバンスキー、レイモンド『中世におけるプラトン主義の伝統の継続』/Klibansky, Raymond. "The Continuity of the Platonic Tradition during the Middle Ages." London: London Warburg Institute, 1939.

クレイマー、サムエル・ノア『歴史はシュメールで始まる：歴史上の39の最初のもの』/Kramer, Samuel Noah. "History Begins at Sumer: Thirty-nine Firsts in Recorded History." London: Thames and Hudson, 1958.

クレイマー『シュメール人』/Kramer. "The Sumerians." Chicago: University of Chicago Press, 1963.

コーンウォール、P・B「ディルムンからの二通の手紙」/Cornwall, P. B. "Two Letters from Dilmun."JOURNAL OF CUNEIFORM STUDIES 6, no. 4 (1952): 137-142.

ゴルマン、ピーター『ピタゴラス：その人生』/Gorman, Peter. "Pytagoras: A Life." London: Routledge and Kegan Paul, 1979.

コレルストロム、N「ハッラーンの星の寺院」/Kollerstrom, N. "The Star Temples of Harran." In HISTORY AND ASTROLOGY, edited by Annabella Kitson, 47-60. London: Unwin Paperbacks, 1989.

サックス、A「バビロニアのホロスコープ」/Sachs, A. "Babylonian Horoscopes." JOURNAL OF CUNEIFORM STUDIES 6 (1952): 49-75.

サックス「バビロニアの観察に基づく天文学」/Sachs. "Babylonian Observational Astronomy." PHILOSOPHICAL TRANSACTIONS OF THE ROYAL SOCIETY 276 (1974): 43-50.

サックス「バビロニア後期の星のカタログ」/Sachs. "A Late Babylonian Star Catalogue." JOURNAL OF CUNEIFORM STUDIES 6 (1952): 146-150.

サックス、A＆H・ハンガー共著『天文学上の日記とそれに関連するバビロニアの原本』/Sachs, A., and H. Hunger. "Astronomical Diaries and Related Texts

from Babylonia." 2 vols. Vienna: Austrian Academy of Sciences, 1988-89.

サッグズ、H・W・F『メソポタミアとイスラエルでの神との直面』/Saggs, H. W. F. "The Encounter with the Divine in Mesopotamia and Israel " London: Athlone Press, 1978.

サッグズ『バビロンであった偉大さ』/Saggs. "The Greatness That Was Babylon." London: Sidgwick and Jackson, 1962.

ザフラン、E「土星とユダヤ人」/Zafran, E. "Saturn and the Jews." JOURNAL OF THE WARBURG AND COURTAULD INSTITUTES 42 (1979): 16-27.

シェイル、V "Notules."/Sheil, V. "Notules." REVUE D'ASSYRIOLOGIE ET D'ARCHIOLOGIE ORIENTALE 14, no. 3 (1917): 135-144.

シケリアのディオドロス『シケリアのディオドロス』（C・H・オールドファーザー他訳）/Diodorus Siculus. "Diodorus of Sicily." Translated by C. H. Oldfather and others. 9 vols. London: Heinemann, 1933.

シレイコ、V "Mondlaufprognosen aus der Zeit der ersten babylonischen Dynastie."/Sileico, V. "Mondlaufprognosen aus der Zeit der ersten babylonischen Dynastie." ZEITSCHRIFT FUR ASSYRIOLOGIE, new series, 9, no. 43 (1936): 308-314.

スコット、W編『ヘルメティカ』/Scott, W., ed. "Hermetica." Reprint, Boulder, Colo.: Hermes House, 1982. Originally published in Oxford, U.K.: Clarendon, 1924-36.

スター、イヴァン『太陽神への質問』/Starr, Ivan. "Queries to the Sun God." Helsinki: Helsinki University Press, 1990.

スター『占い師の儀式』/Starr. "The Rituals of the Diviner." Malibu, Calif.: Undena, 1983.

ステイプルトン、H・E「錬金術の遺物」/Stapleton, H. E. "The Antiquity of Alchemy." AMBIX 5 (1953): 1-43.

ステイプルトン、H・E＆R・F・アゾ、M・H・フサイン共著「十世紀のイラク、ペルシャでの錬金術」/Stapleton, H. E., R. F. Azo, and M. H. Husain. "Chemistry in Iraq and Persia in the Tenth Century AD." MEMOIRS OF THE ASIATIC SOCIETY OF BENGAL 8 (1927): 340-343, 398-404.

ストラボ『地理学』（H・C・ハミルトン、W・ファルコナー訳）/Strabo. "Geography." Translated by H. C. Hamilton and W. Falconer. 3 vols. London: Henry G. Bohn, 1854-57.

スロー＝ダンジン、フランセス "Rituels accadiens."/Thureau-Dangin, Francois. "Rituels accadiens." Paris: Leroux, 1921.

セイス、A・H「バビロニアの天文学と占星術」/Sayce, A. H. "The Astronomy and Astrology of the Babylonians." TRANSACTIONS OF THE SOCIETY OF BIBLICAL ARCHAEOLOGY 3" (1974): 145-339.

ゾーシムス『ゾーシムス伯爵の歴史』/Zosimus. "The History of Count Zosimus." London: J. Davis, 1814.

タルデュー、M "Sabiens Coraniques et 'Sabiens' de Harran."/Tardieu, M. "Sabiens Coraniques et 'Sabiens' de Harran." JOURNAL ASIATIQUE 274 (1986): 1-44.

チウォルソン、D・A "Die Ssabier und der Ssabismus"/Chwolsohn, D. A. "Die Ssabier und der Ssabismus." 2 vols. Saint Petersburg: Buchdruckerei der Kaiserlichen Akademie der Wissenschaften, 1856

ディオゲネス・ラエルティオス『傑出した哲学者たちの一生』（R・D・ヒックス訳）/Diogenes Laertius. "Lives of Eminent Philosophers." Translated by R. D. Hicks. 2 vols. London: Heinemann, 1925.

トゥールミン、ステファン＆ジューン・グッドフィールド『天空の織物』/ Toulmin, Stephen, and June Goodfield. "The Fabric of the Heavens." London: Hutchinson, 1961.

トールクヴィスト、クヌート "Babyloniska Hymner och Boner."/Tallqvist, Knut. "Babyloniska Hymner och Boner." Helsinki: Finska orientsallskapet, 1953.

トンプソン、R・キャンプベル『大英博物館にあるニネヴェとバビロンの魔術師と占星術師からの報告』/Thompson, R. Campbell. "The Reports of the Magicians and Astrologers of Nineveh and Babylon in the British Museum." 2 vols. London: Luzac, 1900.

ネウゲバウアー、オットー『天文学上の楔形文字の原本』/Neugebauer, Otto. "Astronomical Cuneiform Texts." 3 vols. London: Lund Humphries, 1955.

ネウゲバウアー『古代における正確な科学』/Neugebauer."The Exact Sciences in Antiquity." Providence, R. I.: Brown University Press, 1957.

ネウゲバウアー「バビロニア天文学での水時計」/Neugebauer. "The Water Clock in Babylonian Astronomy." ISIS 37 (1947): 37-43.

ネウゲバウアー、オットー＆ディヴィッド・ピングリー『ヴァラ・ハミヒラのパンチャ・シッダーンティカー』/Neugebauer, Otto and David Pingree. "The Pancasiddhantika of Varahamihira." 2 vols. Copenhagen: Munksgaard, 1970-71.

ネウゲバウアー、オットー＆H・B・ヴァン・ホアゼン『ギリシャのホロスコープ』/Neugebauer, Otto and H. B. Van Hoesen. "Greek Horoscopes." Philadelphia: American Philosophical Society, 1959.

ハートナー、W「ピカトリクスについての覚え書き」/Hartner, W. "Notes on PICATRIX." ISIS 56 (1965): 438-451.

パーポラ、S「アッシリアの図書館の記録」/Parpola, S. "Assyrian Library Records." JOURNAL OF NEAR EASTERN STUDIES 42 (1983): 1-29.

パーポラ『エッサルハドゥン王とアッシュールバニパル王へのアッシリアの学者たちからの手紙』/Parpola. "Letters from Assyrian Scholars to the Kings Esarhaddon and Assurbanipal." 2 vols. Neukirchen-Vluyn, Germany: Butzon & Berker / Neukirchener Verlag. 1970-83.

ハインペル、W『近東の金星の神位たちのカタログ』/Heimpel, W. "A Catalogue of Near Eastern Venus Deities." Malibu, Calif.: Undena, 1982.

パウサニアス『ギリシャの叙述』（W・H・S・ジョーンズ訳）/Pausanias. "Description of Greece." Translated by W. H. S. Jones. 5 vols. London: Heinemann, 1918-35.

パリス、スヴェント・アーゲ『バビロニアのアキトゥの祝祭』/Pallis, Svend Aage. "The Babylonian Akitu Festival." Copenhagen: Bianco Lunos Bogtrykkeri, 1926.

パリス『メソポタミアでの初期の調査』/Pallis. "Early Explorations in Mesopotamia." Copenhagen: I kommission hos Munksgaard, 1954.

パロット、アンドレ『バベルの塔』（エドウィン・ハドソン訳）/Parrot, Andre. "The Tower of Babel." Translated by Edwin Hudson. London: SCM Press, 1955.

ハワード、M「ニムルドからの象牙の書き板の技術上の論述」/Howard, M. "Technical Description of the Ivory Writing-Boards from Nimrud." IRAQ 17 (1955):14-20.

ハンガー、H＆ディヴィッド・ピングリー共著『ムル・アピン：楔形文字における天文学上の概要』/Hunger, H., and D. Pingree. "MUL.APIN: An Astronomical Compendium in Cuneiform." Horn, Austria: F. Berger, 1989.

ピアース、アルフレッド『占星術の教科書』/Pearce, Alfred. "The Text-Book of Astrology." London: Mackie, 1911.

ビビー、ジェフリー『ディルムンを探して』/Bibby, Geoffrey. "Looking for Dilmun." London: Penguin Books, 1972.

ピングリー、ディヴィッド「メソポタミアの天文学と他文明における星の前兆」/Pingree, D. "Mesopotamian Astronomy and Astral Omens in Other Civilizations." In MESOPOTAMIEN UND SEINE NACHBARN, edited by Hans-Jorg Nissen and Johannes Renger, 613-631. Berlin: Reimer, 1982.

ピングリー「“ガヤト・アル＝ハキム”のいくつかの起源」/Pingree. "Some of the Sources of the GHAYAT AL-HAKIM." JOURNAL OF THE WARBURG AND COURTAULD INSTITUTES 43 (1980): 1-15.

ピングリー、ディヴィッド＆E・レイナー「季節の時間についての新バビロニアの報告」/Pingree, David and E. Reiner. "A Neo-Babylonian Report on Seasonal Hours." ARCHIV FUR ORIENTJORSCHUNG 25 (1974-77): 50-55.

ファン・デル・ワルデン、B・L「バビロニアの天文学II：36の星々」/Van der Waerden, B. L. "Babylonian Astronomy II : The Thirty Six Stars." JOURNAL OF NEAR EASTERN STUDIES 8 (1949): 6-26.

ファン・デル・ワルデン「バビロニアの天文学III」/Van der Waerden. "Babylonian Astronomy III : The Earliest Astronomical Computations." JOURNAL OF NEAR EASTERN STUDIES 10 (1951): 20-34.

ファン・デル・ワルデン「獣帯の歴史」/Van der Waerden. "History of the Zodiac." ARCHIV FUR ORIENTJORSCHUNG 16 (1953): 216-230.

ファン・デル・ワルデン『立ち上がりつつある科学II：天文学の誕生』/Van der Waerden. "Science Awakening II : The Birth of Astronomy." Leiden, Netherlands: Noordhoff International Publishing, 1974.

フィチーノ、マルシリオ『生命の書』（チャールズ・ボア訳）/Ficino, Marsilio. "The Book of Life." Translated by Charles Boer. Irving, Texas: Spring Publications, 1980.

ブーシェ＝ルクレルク、アウグスト"L'astrologie grecque"/Bouche-Leclercq, Auguste. "L'astrologie grecque." Paris: Leroux, 1899.

フーバー、ピーター・J『バビロンIならびにウルIIIの天文学上の日付』/Huber, Peter J. "Astronomical Dating of Babylon I and Ur III ." Malibu, Calif.:Undena, 1982.

フェイガン、シリル『占星術上の起源』/Fagan, Cyril. "Astrological Origins." Saint Paul, Minn.: Llewellyn, 1971.

フック、S・H『バビロニアならびにアッシリアの宗教』/Hooke, S. H. "Babylonian and Assyrian Religion." London: Hutchinson's University Library,

1953.

プトレマイオス『テトラビブロス』（F・E・ロビンズ訳）/Ptolemy. "Tetrabiblos." Translated by F. E. Robbins. Cambridge, Mass.: Harvard University Press/London: Heinemann, 1971.

プファイアー、ロバート・ヘンリー『アッシリアの国の手紙』/Pfeiffer, Robert Henry. "State Letters of Assyria." New Haven, Conn.: American Oriental Society, 1935.

ブラック、ジェレミー&アンソニー・グリーン共著『神々、悪魔たちと古代メソポタミアの象徴』/Black, Jeremy, and Anthony Green. "Gods, Demons and Symbols of Ancient Mesopotamia." London: British Museum Press, 1992.

プラトン『ティマエウス』（R・G・バリー訳）/Plato. "Timaeus." Translated by R. G. Bury. London: Heinemann, 1981.

フランクフォート、ヘンリ『王権と神々』/Frankfort, Henri. "Kingship and the Gods." Chicago: University of Chicago Press, 1978.

フランクフォート、ヘンリ&H・A・フランクフォート、トルキル・ヤコブセン、J・ウィルソン編『哲学以前：古代人の知的冒険』/Frankfort, H., H. A. Frankfort, T. Jacobsen, and J. Wilson, eds. "Before Philosophy: The Intellectual Adventure of Ancient Man." Baltimore: Penguin Books, 1971.

プリチャード、ジェイムス・B『旧約聖書にかかわる古代近東の原本』/Pritchard, James B. "Ancient Near Eastern Texts Relating to the Old Testament." 2nd ed. Princeton, N.J.: Princeton University Press, 1955.

プリチャード編『古代近東』/Pritchard, ed. "The Ancient Near East." Vol. 2. Princeton, N.J.: Princeton University Press, 1975.

プリニウス『博物誌』（ジョン・ボストック、H・T・ライリー共訳）/Pliny. "The Natural History." Translated by John Bostock and H. T. Riley. 6 vols. London: Bohn's Classical Library, 1855-57.

プレイス、ヴィクトール "Ninive et l'Assyrie."/Place, Victor. "Ninive et l'Assyrie." 3 vols. Paris: Imprimerie imperiale, 1867-70.

プロクルス "Procli Diadochi in Platonis Timaeum commentaria."/Proclus. "Procli Diadochi in Platonis Timaeum commentaria." Edited by Ernestus Diehl. Leipzig, Germany: Teubner, 1903.

ヘイエルダール、トール『ティグリスの遠征旅行：私たちの始まりを探して』/Heyerdahl, Thor. "The Tigris Expedition: In Search of Our Beginnings." London:

Allen and Unwin, 1980.

ベイジェント、マイケル&ニコラス・キャンピオン、チャールズ・ハーヴェイ共著『マンディーン占星術：国と集団の占星術への導入』/Baigent, Michael, Nicholas Campion, and Charles Harvey. "Mundane Astrology: An Introduction to the Astrology of Nations and Groups." Wellingborough, U.K.: Aquarian Press, 1984.

ヘイデル、アレクサンダー『バビロニアの創世記：創造の物語』/Heidel, Alexander. "The Babylonian Genesis: The Story of Creation." Chicago: University of Chicago Press, 1942.

ヘイデル『ギルガメッシュ叙事詩と旧約聖書との類似性』/Heidel. "The Gilgamesh Epic and Old Testament Parallels." Chicago: University of Chicago Press, 1963.

ベイリー、L・R「黄金の子牛」/Bailey, L. R. "The Golden Calf." HEBREW UNION COLLEGE ANNUAL 42 (1971): 97-115.

ヘシオドス『ホメーロス風讃歌とホメロド』（フー・G・エヴェリン＝ホワイト訳）/Hesiod. "The Homeric Hymns and Homerica." Translated by Hugh G. Evelyn-White. Reprint. London: Heinemann, 1977.

ベッグ、イアン『黒い処女崇拝』/Begg, Ean. "The Cult of the Black Virgin." London: Penguin Books, 1985.

ヘロドトス『歴史』（ウィリアム・ベロー訳）/Herodotus. "The Histories." Translated by William Beloe. 2 vols. London, 1825.

ホーン、マーガレット『現代占星術の教科書』/Hone, Margaret. "The Modern Text-Book of Astrology." 2nd ed. London: L. N. Fowler, 1962.

ホドソン、F・R編『古代世界における天文学の場所』/Hodson, F. R., ed. "The Place of Astronomy in the Ancient World." London: Oxford University Press, 1974.

ポムポニオ『ナブ』/Pomponio. "Nabu." Rome: Istituto di Studi del Vicino Oriente, 1978.

マイスナー、B "Uber Genethlialogie bei den Babylonieren."/Meissner, B."Uber Genethlialogie bei den Babylonieren." KLIO 19 (1925): 432-434.

マローアン、マックス・エドガー・ルシエン『ニムルドとその遺跡』/Mallowan, Max Edgar Lucien. "Nimrud and Its Remains." London: Collins, 1966.

メイヨ、ジェフ『天体と人間の振る舞い』/Mayo, Jeff. "The Planets and Human Behavior." Romford, U.K.: Fowler, 1973.

メックラー、S編"Academicorum Philosophorum Index Hercianensis."/Mekler, S., ed. "Academicorum Philosophorum Index Hercianensis." Berlin: Weidmann, 1902.

メラート、ジェイムス『近東での最古の文明』/Mellaart, James. "Earliest Civilisations of the Near East." London: Thames and Hudson, 1978.

ヤコブセン、トルキル「メソポタミア」/Jacobsen, Thorkild. "Mesopotamia." In BEFORE PHILOSOPHY, edited by H. Frankfort, H. A. Frankfort, T. Jacobsen, and J. Wilson. Baltimore: Penguin Books, 1971.

ヤコブセン『シュメールの王の一覧』/Jacobsen. "The Sumerian King List." Chicago: University of Chicago Press, 1939.

ヤコブセン『闇のなかの宝』/Jacobsen. "The Treasures of Darkness." New Haven, Conn.: Yale University Press, 1976.

ユング、カール・グスタフ『アイオーン』（R・F・C・ハル訳）/Jung, C. G. "Aion." Translated by R. F. C. Hull. 2nd ed. London: Routledge and Kegan Paul, 1978.

ユング『思い出、夢、反射』/Jung. "Memories, Dreams, Reflections." London, 1979.

ライス、O・S「中世ハッラーンの研究」/Rice, O. S. "Studies in Medieval Harran." ANATOLIAN STUDIES 2 (1952): 36-83.

ラッサム、ホルムズド『アッシュールとニムロドの地』/Rassam, Hormuzd. "Asshur and the Land of Nimrod." New York: Eston and Mains, 1897.

ラバト、 R "Manuel d'epigraphic akkadienne"/Labat, R. "Manuel d'epigraphic akkadienne." Paris: Librarie Orientaliste Paul Geuthner, 1952.

ラファエル『マンディーン占星術』/Raphael. "Mundane Astrology." London: Foulsham, circa 1910.

ラムゼイ、ウィリアム『修復された占星術』/Ramesey, William. "Astrology Restored." London: R. White, 1653-55.

ラムベルト、W・G「身代わりの王向けの儀式の一部」/Lambert, W. G. "A Part of the Ritual for the Substitute King." ARCHIV FUR ORIENTFORSCHUNG 18 (1957-58): 109-112.

ラムベルト「身代わりの王向けの儀式：新たな断片」/Lambert. "The Ritual for

the Substitute King: A New Fragment." ARCHIV FUR ORIENTFORSCHUNG 19 (1959-60): 119.

ラムベルト「バビロニアの３つの文献上の祈祷文」/Lambert. "Three Literary Prayers of the Babylonians." ARCHIV FUR ORIENTFORSCHUNG 19 (1959-60): 47-66.

ラムベルト「アッシュールバニル統治下の初期の二つの原本」/Lambert. "Two Texts from the Early Part of the Reign of Ashurbanipal." ARCHIV FUR ORIENTFORSCHUNG 18 (1957-58): 382-387.

ラムベルト、Ｗ・Ｇ＆Ａ・Ｒ・ミラード共著『アトラ＝ハシーズ：バビロニアの洪水の物語』/Lambert, W.G., and A. R. Millard. "Atra-Hasis: The Babylonian Story of the Flood." Oxford, U.K.: Clarendon, 1969.

ラロシュ、Ｅ "Catalogue des textes hittites"/Laroche, E. "Catalogue des textes hittites." REVUE HITTITE ET ASIANIQUE 14 (1956): 32-38, 69-116; 15 (1957): 30-89; 16 (1958): 18-64.

ラングドン、スティーヴン・Ｈ『バビロニアの創造叙事詩』/Langdon, Steven H. "The Babylonian Epic of Creation." Oxford, U.K.: Clarendon, 1923.

ラングドン『セム人の神話』/Langdon. "Semitic Mythology." New York: Cooper Square, 1964.

ラングドン『アンミサドゥカの金星書字板』/Langdon. "The Venus Tablets of Ammizaduqa." London: Oxford University Press, 1928.

ランツベルガー、Ｂ＆Ｊ・Ｖ・キナー・ウィルソン共著「『エヌマ・エリシュ』の五番目の書字板」/Landsberger, B., and J. V. Kinner Wilson. "The Fifth Tablet of the ENUMA ELIS." JOURNAL OF NEAR EASTERN STUDIES 20 (1961): 154-169.

リヴィングストーン、アラスデアー『アッシリアとバビロニアの学者たちの神秘的な神話上の解釈上の作品』/Livingstone, Alasdair. "Mystical and Mythological Explanatory Works of Assyrian and Babylonian Scholars." Oxford, U.K.: Clarendon, 1986.

リッテル、ヘルムト＆マーティン・プレスナー共訳 "PICATRIX: Das Ziel des Weisen von Pseudo-Magriti."/Ritter, H., and M. Plessner, trans. "PICATRIX: Das Ziel des Weisen von Pseudo-Magriti." Studies of the Warburg Institute 27. London: Warburg Institute, 1962.

リリー、ウィリアム『キリスト教占星術』/Lilly, William. "Christian Astrology."

London: John Partridge, 1647.

リングレン、H『古代近東の宗教』（ジョン・ストゥルディ訳）/Ringgren, H. "Religions of the Ancient Near East." Translated by John Sturdy. London: SPCK, 1973.

ルー、ジョージス『古代のイラク』/Roux, Georges. "Ancient Iraq." Reprint. Harmondsworth, U.K.: Penguin Books, 1977.

レイナー、E『エヌマ・アヌ・エンリル、書字板 50-51』/Reiner, E. "Enuma Anu Enlil, Tablets 50-51." Malibu, Calif.: Undena, 1981.

レイナー『アンミサドゥカの金星書字板』/Reiner. "The Venus Tablet of Ammisaduqa." Malibu, Calif.: Undena, 1975.

レイヤード、オースティン・ヘンリー『ニネヴェとバビロンの遺跡での発掘』/ Layard, Austen Henry. "Discoveries in the Ruins of Nineveh and Babylon." London: John Murray, 1853.

レイヤード『ニネヴェとその遺跡』/Layard. "Nineveh and Its Remains." 2 vols. London: John Murray, 1849.

ロイド、セトン『メソポタミアの考古学』/Lloyd, Seton. "The Archaeology of Mesopotamia." London: Thames and Hudson, 1978.

ロイド『埃のなかの基盤』/Lloyd. "Foundations in the Dust." Rev. ed. London: Thames and Hudson, 1980.

ロイド、セトン&W・ブライス「ハッラーン」/Lloyd, S., and W. Brice. "Harran." ANATOLIAN STUDIES 1 (1951): 77-111.

ローリンソン、ジョージ『少将サー・ヘンリー・クレズウィック・ローリンソンの回顧録』/Rawlinson, George. "A Memoir of Major-General Sir Henry Creswicke Rawlinson." London: Longmans, Green, and Co., 1898.

ローリンソン 、ヘンリー・クレズウィック「ビルス・ニムルドあるいはボルシッパの大いなる寺院について」/Rawlinson, Henry Creswicke. "On the Birs Nimrud, or the Great Temple of Borsippa." JOURNAL OF THE ROYAL ASIATIC SOCIETY 18 (1861): 1-33.

ロックバーグ＝ハルトン、フランチェスカ『バビロニアの天の占いの様相：エヌマ・アヌ・エンリルの月蝕の書字板』/Rochberg-Halton, Francesca. "Aspects of Babylonian Celestial Divination: The Lunar Eclipse Tablets of Enuma Anu Enlil." Horn, Austria: F. Berger, 1988.

ロックバーグ＝ハルトン「バビロニアの宇宙論」/Rochberg-Halton. "Babylonian Cosmology." In THE ENCYCLOPEDIA OF COSMOLOGY: HISTORICAL, PHILOSOPHICAL, AND SCIENTIFIC FOUNDATIONS OF MODERN COSMOLOGY, edited by N. Hetherington. New York: Garland, 1993.

ロックバーグ＝ハルトン「メソポタミアでの運命と占い」/Rochberg-Halton. "Fate and Divination in Mesopotamia." ARCHIV FUR ORIENTFORSCHUNG 19 (1982): 363-371.

ロバーツ、J・J・M『最も初期のセム人の神殿』/Roberts, J. J. M. "The Earliest Semitic Pantheon." Baltimore: Johns Hopkins University Press, 1972.

ロビンソン、ジェイムス・M編『英語でのナグ・ハマディ図書館』/Robinson. James M., ed. "The Nag Hammadi Library in English." Leiden, Netherlands: Brill, 1977.

ワイズマン、D・J「アッシリアの板に書かれた文章」/Wiseman, D. J. "Assyrian Writing-Boards." IRAQ 17 (1955): 3-13.

ワリス＝バッジ、E・A『ナイルとティグリスのそばで』/Wallis-Budge, E. A. "By Nile and Tigris." 2 vols. London: John Murray, 1920.

ワリス＝バッジ『アッシリア学の勃興と進歩』/Wallis-Budge. "The Rise and Progress of Assyriology." London: Martin Hopkinson, 1925.

■著者紹介

マイケル・ベイジェント
(Michael Baigent, 1948-2013)

研究者、ライター。彼の最も知られた著作として"Holy Blood, Holy Grail"（1982年。邦訳書として『レンヌ＝ル＝シャトーの謎－イエスの血脈と聖杯伝説』〈リチャード・リー、ヘンリー・リンカーンとの共著、林和彦訳／柏書房、1997年〉あり）がある。
キリスト教信仰、フリーメーソン団の主義、聖杯伝説にまつわる多くのドキュメンタリーに出演。2001年から2011年まで"FREEMASONRY TODAY"（『今日のフリーメーソン団の主義』誌）に携わり、14冊の著書・共著を著した。主な著書・共著として"The Dead Sea Scrolls"（1991年。邦訳書として『死海文書の謎』〈リチャード・リーとの共著、高尾利数訳／柏書房、1995年〉あり）、"The Temple and the Lodge"（1989年。邦訳書として『テンプル騎士団とフリーメーソン』〈リチャード・リーとの共著、林和彦訳／三交社、2006年〉あり）、"Mundane Astrology"（『マンディーン占星術』、ニコラス・キャンピオン、チャールズ・ハーヴェイとの共著。1984年）がある。

■訳者紹介

倉本和朋
(くらもとかずとも)

1968年生まれ、占い師。2004年、西洋占星術に興味を抱き、2007年、松村潔の図書を読み本腰を入れ学び始める。2008年より西洋占星術洋書読み、2010年よりそれら洋書のレヴュー書きに着手。amazon.co.jpでの占い関連書籍レヴュー324件、うち208件は西洋占星術関連洋書レヴュー（2021年9月現在)。著書として『西洋占星術洋書ガイドブックVol. 1～5』『西洋占星術家年鑑』（ともに電子書籍、説話社)、『マンディーン占星術』（松村潔・芳垣宗久・賢龍雅人との共著、説話社）などがある。

古代メソポタミア占星術

2021年11月16日　初版発行

著　者――マイケル・ベイジェント
訳　者――倉本和朋

装　幀――長澤 均［papier collé］
編　集――山田可実
D T P ――小粥 桂

発行者――今井博揮
発行所――株式会社太玄社
電話：03-6427-9268　FAX：03-6450-5978
E-mail：info@taigensha.com　HP：https://www.taigensha.com/
発売所――株式会社ナチュラルスピリット
〒101-0051　東京都千代田区神田神保町3-2　高橋ビル2階
電話：03-6450-5938　FAX：03-6450-5978
印　刷――中央精版印刷株式会社

ISBN 978-4-906724-70-3 C0011
落丁・乱丁の場合はお取り替えいたします。定価はカバーに表示してあります。

●陰陽五行と玄学を極める本格的出版社、太玄社の本

ブレイディの恒星占星術

恒星と惑星の組み合わせで読み解くあなたの運命

ベルナデット・ブレイディ 著／さくらいともみ 訳

A5 判・並製／定価 本体 4500 円+税

英国屈指の占星術家による
名著の邦訳版、
ついに登場！

恒星の神話や伝説を背景にした本質的な意味、出生時の太陽と同時に上昇あるいは下降するとき、軸や各惑星とリンクするとき、どのような影響や作用が生じるのかを歴史的人物や事件を交えながら明らかにします。

お近くの書店、インターネット書店、および小社でお求めになれます。